CB000812

O NOVO REGIME
DA REABILITAÇÃO URBANA

CENTRO DE ESTUDOS DE DIREITO DO ORDENAMENTO, DO URBANISMO E DO AMBIENTE
FACULDADE DE DIREITO DA UNIVERSIDADE DE COIMBRA

O NOVO REGIME
DA REABILITAÇÃO URBANA

O NOVO REGIME
DA REABILITAÇÃO URBANA

AUTOR
CEDOUA / FACULDADE DE DIREITO DE COIMBRA

EDITOR
EDIÇÕES ALMEDINA, SA
Av. Fernão Magalhães, n.º 584, 5.º Andar
3000-174 Coimbra
Tel.: 239 851 904
Fax: 239 851 901
www.almedina.net
editora@almedina.net

PRÉ-IMPRESSÃO I IMPRESSÃO I ACABAMENTO
G.-C. GRÁFICA DE COIMBRA, LDA.
Palheira – Assafarge
3001-453 Coimbra
producao@graficadecoimbra.pt

Julho, 2010

DEPÓSITO LEGAL
314785/10

Os dados e as opiniões inseridos na presente publicação
são da exclusiva responsabilidade do(s) seu(s) autor(es).

Toda a reprodução desta obra, por fotocópia ou outro qualquer
processo, sem prévia autorização escrita do Editor, é ilícita
e passível de procedimento judicial contra o infractor.

Biblioteca Nacional de Portugal – Catalogação na Publicação

O NOVO REGIME DE REABILITAÇÃO URBANA

O novo regime de reabilitação urbana / [org.] Centro de Estudos
de Direito do Ordenamento, do Urbanismo e do Ambiente da
Faculdade de Direito da Universidade de Lisboa
ISBN 978-972-40-4287-9

I – UNIVERSIDADE DE LISBOA. Faculdade de Direito. Centro de
Estudos de Direito do Ordenamento, do Urbanismo e do Ambiente

CDU   349

NOTA PRÉVIA

A presente publicação reúne os textos das aulas do Curso de Pós-Graduação de curta duração sobre "O Novo Regime Jurídico da Reabilitação Urbana", ministrado pelo Centro de Estudos de Direito do Ordenamento, do Urbanismo e do Ambiente (CEDOUA), nos dias 5, 6, 12 e 13 de Fevereiro de 2010, e integra-se na série de "Temas CEDOUA", justamente criada para dar corpo aos "Cursos Temáticos" do CEDOUA, e inaugurada com a vinda a lume, em Março deste ano, da obra "Empreendimentos Turísticos".

O CEDOUA agradece a todos os que, com a sua empenhada dedicação e o seu profundo saber, colaboraram no referido "Curso Temático", dando um valioso contributo para o estudo e a reflexão de um instituto de importância primordial para o aumento da "intensidade urbana" e do "valor urbano", bem como para a "conservação da alma" das nossas cidades, e que constitui, seguramente, uma trave mestra do urbanismo pós-moderno.

Coimbra, Julho de 2010
O Presidente do Conselho Directivo do CEDOUA
(Prof. Doutor Fernando Alves Correia)

REABILITAÇÃO URBANA: CONCEITO E PRINCÍPIOS

SUZANA TAVARES DA SILVA
Professora da Faculdade de Direito de Coimbra

As reflexões breves que se seguem foram elaboradas para apoio à leccionação do módulo "conceito e princípios da reabilitação urbana", integrado no curso temático "o novo regime da reabilitação urbana", promovido pelo CEDOUA. Apresentam-se, por essa razão, como anotações sumárias, desprovidas de referências bibliográficas, destinando-se fundamentalmente a apoiar a concretização aplicativa futura do novo regime jurídico-legal.

I. *A "nova reabilitação urbana": de um instituto jurídico urbanístico a uma anunciada realidade complexa e transversal onde se entrecruzam diferentes políticas*

A *reabilitação urbana* é um conceito que surge associado, historicamente, quer a uma componente urbanística de *recuperação do edificado*, aproximando-se, nesta acepção, de uma política de efectivação do dever de conservação dos imóveis, previsto no art. 10.° do RGEU e no art. 89.° do RJUE, quer a uma componente de valorização do património cultural, que aponta para uma *requalificação e revitalização* dos centros históricos. Mais tarde, o interesse do "público" pela reabilitação urbana é também incentivado pela assimilação, por influência europeia, das correntes urbanístico-ambientais de promoção do ambiente urbano[1].

---

[1] Cf. Livro Verde sobre o Ambiente Urbano – COM (90) 218 final.

O regime jurídico anterior, aprovado pelo Decreto-lei n.° 104/2004, de 7 de Maio, denotava claramente estas influências e limitações, ao anunciar-se como uma forma de intervenção do Estado para combater *"a degradação das condições de habitabilidade, de salubridade, de estética e de segurança de significativas áreas urbanas do País"*. Neste contexto, foi concebido como *um regime jurídico excepcional* da reabilitação urbana de zonas históricas e de áreas críticas de recuperação e reconversão urbanística". O conceito de reabilitação urbana apresentado por este diploma revelava-se, por esta razão, *excessivamente dependente do direito do urbanismo,* estribando-se na acepção de reabilitação urbana como *recuperação do edificado* – "entende-se por «reabilitação urbana» o processo de transformação do solo urbanizado, compreendendo a execução de obras de construção, reconstrução, alteração, ampliação, demolição e conservação de edifícios, tal como definidas no RJUE, com o objectivo de melhorar as suas condições de uso, conservando o seu carácter fundamental, bem como o conjunto de operações urbanísticas e de loteamento e obras de urbanização que visem a recuperação de zonas históricas e de áreas críticas de recuperação e reconversão urbanística" (art. 1.°/2 do Decreto-Lei n.° 104/2004).

Hoje, a *reabilitação urbana* consiste, segundo o legislador, na *"forma de **intervenção integrada** sobre o tecido urbano existente, em que o património urbanístico e imobiliário é mantido, no todo ou em parte substancial, e **modernizado** através da realização de obras de remodelação ou de beneficiação dos sistemas de infra-estruturas urbanas, dos equipamentos e dos espaços urbanos ou verdes de utilização colectiva e de obras de construção, reconstrução, ampliação, alteração, conservação ou demolição de edifícios"* (art. 2.°/*j*) do Decreto-Lei n.° 307/2009, de 23 de Outubro – NRJRU). Trata-se de uma acepção mais próxima da *requalificação,* mas que, como iremos ver, não consegue ainda assimilar e dar resposta aos verdadeiros desafios que esta política tem de enfrentar.

Com efeito, a reabilitação urbana é actualmente um domínio no qual se entrecruzam necessariamente diferentes políticas. Para além do destaque, em nosso entender excessivo, que é dado à política urbanística, *metamorfoseada* em política das cidades, a reabilitação urbana é uma arena privilegiada para a realização de *milestones* relevantes de outras políticas económico-sociais igualmente essenciais para o bem-estar da população, como a política habitacional, a política de protecção e valorização do património cultural, a política do ambiente, a política de apoio à juventude e à terceira idade, para referir apenas as mais relevantes. A título instrumental, não podemos deixar de sublinhar que a reabilitação urbana se apoia ainda em importantes dimensões de política fiscal e económica (benefícios fiscais[2]), de política financeira (subsídios públicos[3] e endividamento municipal) e até de coesão económico-social e económico-territorial, potenciando fenómenos de federalismo, hoje tão em voga.

O legislador optou, portanto, como aliás o próprio confessa no preâmbulo do diploma, por adoptar um *conceito amplo de reabilitação urbana*, que não se atem a aspectos da vertente imobiliária ou patrimonial, mas que aponta antes para uma *disciplina integrada, coordenada* e *dirigida* (acrescentamos nós) das intervenções, à semelhança do que aconteceu noutros países, onde as crises nos *inner cities* reclamaram uma intervenção estadual de âmbito nacional, regional e local para resolver fenómenos que estão para além da degradação do edificado (ex. congestionamento urbano e redução da poluição, urbanismo inclusivo, etc). Mas no final verificamos que em muitos aspectos o legislador não se desprende da matriz urbanística do regime jurídico adoptado em 2004, sobretudo ao insistir na qualificação dos *planos de pormenor de reabilitação urbana* como uma modalidade específica dos planos de pormenor previstos e regulados no RJIGT.

Em termos empíricos, o novo regime jurídico tem um propósito claro: instituir um *regime jurídico eficaz* que permita a efectiva concretização daquelas políticas no respeito pelas estruturas proprietárias consolidadas existentes no terreno. Todavia, a necessidade de tornar eficaz o actual regime jurídico, superando as dificuldades enfrentadas pelo regime jurídico anterior que não cumpriu os objectivos esperados, obrigaram o legislador a uma (re)ponderação dos bens e interesses em presença que tende a favorecer mais o interesse público (as políticas), diminuindo a intensidade da protecção dos direitos dos proprietários enquanto *"direito à manutenção da propriedade de um edifício degradado"*.

---

[2] Cf. art. 71.º do EBF e ponto 2.23 da Lista I anexa ao CIVA (bens à taxa de 5%).

[3] Continuam ainda em vigor os diversos programas de apoio à habitação: RECRIA, RECRIPH, REAHABITA e o SOLARH. A estes soma-se hoje o Programa Jessica que prevê a atribuição de verbas dos Fundos Estruturais (FEDER) para a criação de Fundos de Desenvolvimento Urbano (público-privados) destinados a apoiar programas integrados de desenvolvimento urbano.

10   *Suzana Tavares da Silva*

Esta (re)ponderação dos bens e direitos em presença, atendendo ao recorte constitucional do direito de propriedade na C.R.P., não se nos afigura, em si, inconstitucional, por se fundamentar na *ineficácia* revelada pelas soluções anteriores e, nessa medida, permitir que a actual solução se declare conforme ao *princípio da exigibilidade*. Já o teste derradeiro – o da conformidade das medidas como a *venda forçada de imóveis* com o *princípio da proporcionalidade em sentido restrito* – requer a ponderação de todas as finalidades subjacentes às medidas, incluindo a necessidade de diminuição da "pegada ecológica", que depende, em boa parte, de uma redução do consumo de combustíveis e de emissões poluentes, a qual, por seu turno, depende de uma racionalização do transporte, intimamente relacionada com a reordenação da vida nas cidades, objectivo que este regime jurídico pretende expressamente alcançar (esta é, aliás, uma das linhas privilegiadas para a elegibilidade dos projectos no âmbito do financiamento europeu). Neste enquadramento, a legitimação constitucional das medidas restritivas exige uma *abordagem macro*, no âmbito da qual os benefícios alcançados com a prossecução da política se hão-de de revelar prevalecentes.

Por conseguinte, a reabilitação urbana é, em nosso entender, um fenómeno complexo, resultante da intersecção de várias linhas de acção política que hoje tentam densificar e tornar efectivo o *princípio da sustentabilidade*. Longe de se circunscrever a uma realidade estritamente urbanística, embora esta finalidade figure também entre os fins da política de ordenamento do território e do urbanismo (art. 3.°/*f*) da LBPOT), a reabilitação urbana responde sem dúvida a outras preocupações e objectivos, como se infere de uma leitura atenta do art. 3.° do NRJRU, onde avultam sobretudo razões ambientais e sócio-económicas.

Por esta razão, a reabilitação urbana deve ser entendida como uma *política autónoma* da política de ordenamento do território e do urbanismo, com princípios e regras próprios, que lhe conferem um *ADN* intransmissível a outros regimes jurídicos, gerais ou especiais, que se ocupem da gestão do território. Por outras palavras, a ponderação de direitos e bens jurídicos que subjaz a alguns institutos jurídicos consagrados no regime jurídico da reabilitação urbana, de que é exemplo a já mencionada *venda forçada de imóveis*[4], não pode ser transposta para o regime geral

---

[4] A primeira experiência neste sentido foi ensaiada no art. 48.°/4*c*), da Lei n.° 6/2006, de 27/2, que aprovou o NRAU.

de execução dos planos, o que denota bem o carácter *sui generis* desta matéria.

A reabilitação urbana comporta também, como já tivemos oportunidade de afirmar anteriormente noutra sede, um *embrião do "novo direito administrativo"* ao pretender legitimar as medidas adoptadas no âmbito da implementação das linhas políticas pré-estabelecidas (os objectivos) não apenas nas normas legais, mas também em "soluções a ajustar" entre os diversos actores públicos e privados chamados à realização destas tarefas (os *stakeholders* da reabilitação estão expressamente identificados nos arts. 69.° a 73.° do NRJRU). Não se trata ainda de um verdadeiro corte com os princípios e o modelo tradicional das políticas públicas, mas encontramos já algumas referências a esquemas novos de *discricionariedade de implementação*, como acontece com a execução através de um *esquema de "administração conjunta"* (art. 40.° do NRJRU), cujo diploma regulamentador aguardamos com expectativa, e com a *concertação de interesses* (art. 72.° do NRJRU). Será fundamental que estes regimes se desenvolvam como concretizações normativas do princípio da repartição do risco entre Estado e Sociedade, um princípio que é fundante da nova estadualidade e que se vem incorporando nas diversas políticas públicas, embora com maior vigor nos domínios já europeizados.

Em suma, a reabilitação urbana constitui uma *política autónoma*, que nasce da necessidade de dar efectividade a outras políticas, e que, por essa razão, e pelo facto de assentar num regime jurídico que é necessariamente restritivo de direitos fundamentais, procura nos novos princípios do direito público um recorte jurídico independente. Veremos, contudo, através do estudo dos princípios gerais que delimitam e orientam a "nova política de reabilitação urbana", que a solução legislativa alcançada acaba por não se revelar tão inovadora quanto à partida se poderia esperar, optando por "pedir emprestados" demasiados instrumentos ao direito do ordenamento do território. Apesar de se apresentar como uma realidade mais complexa do que a prevista no diploma anterior, onde se configurava como um verdadeiro regime urbanístico especial, a reabilitação urbana não deixa, porém, de se apoiar nos institutos e instrumentos normativos daquele ramo de direito, acabando por *"urbanizar"* esta política, coarctando alguns aspectos da sua autonomia, que tornam a não augurar bons resultados na sua aplicação.

O exemplo mais emblemático continua a ser, em nosso entender, a *obsessão* do legislador pela planificação. Superou o problema anterior da falta de articulação entre o diploma da reabilitação urbana e a lei de bases do Património Cultural (Lei n.º 107/2001, de 8 de Setembro), quando ambos tinham como "território privilegiado de aplicação" os centros históricos, pois o legislador actual não deixa dúvidas quanto aos termos da articulação entre os instrumentos de planeamento: o plano de pormenor de reabilitação urbana *prevalece* sobre o plano de pormenor de salvaguarda do património cultural, embora *incorporando os objectivos e o conteúdo* daquele num esquema de *co-participação* das administrações envolvidas (arts. 21.º e 28.º do NRJRU e art. 70.º do Decreto-Lei n.º 309/2009, de 23 de Outubro). Ficou assim resolvida a falta de articulação, mas não ficou sanada a falta de razoabilidade e "uma certa tacanhez de vistas" do legislador, ao pretender reduzir, simplistamente, o conteúdo de instrumentos complexos e estratégicos para a implementação de *políticas dinâmicas* como são a salvaguarda e valorização do património cultural e a reabilitação urbana, às quais subjaz uma incontornável dimensão social, no primeiro caso pela dimensão da cidadania inerente, a no segundo por razões de sustentabilidade financeira, a um "conjunto de elementos determináveis a régua e esquadro". Até quando este modelo de desenvolvimento das políticas com incidência territorial?

II. *Os princípios da reabilitação urbana*

O art. 4.º do NRJRU elenca um conjunto de princípios gerais da política de reabilitação urbana que procuramos analisar mais em pormenor.

Em primeiro lugar, refere-se o *princípio da responsabilização,* que constitui os proprietários e demais titulares de direitos sobre os edifícios no dever de promover e suportar financeiramente a reabilitação do edificado (art. 6.º – dever de conservação). Este princípio estabelece como orientação genérica a *privatização do financiamento* das operações de reabilitação urbana, o que significa que o cálculo dos respectivos custos deve ser repercutido sobre os proprietários dos imóveis e não sobre os contribuintes em geral, solução que não poderia ser diferente atendendo ao modelo social e económico em que nos localizamos.

A questão que devemos colocar a propósito do conteúdo deste princípio é, porém, a de saber se o *financiamento privado* se irá circunscrever *à reabilitação do edificado,* que deve ser suportado directamente pelo proprietário e demais titulares de direitos sobre os imóveis, ou se tenderá a abranger também uma parte dos *custos com a renovação das infra-estruturas*, através da sua repercussão indirecta, no âmbito das TRIU's, sempre que essas obras não venham a ser financiadas directamente pelos proprietários ou pelos restantes executores. Neste contexto, será importante analisar a conformidade legal e constitucional dos regulamentos municipais que venham a aprovar a fórmula de cálculo das referidas TRIU's, os quais gozam de uma indicação legal expressa no sentido de incluir um regime especial (art. 67.º do NRJRU) de incentivo à realização deste tipo de intervenções, e não podem deixar de conformar-se com os apertados critérios estabilizados na jurisprudência a propósito da configuração deste tributo como uma "verdadeira taxa"[5]. Com efeito, não deixa de ser pertinente notar que nos artigos respeitantes ao financiamento se afirme que o Estado e os municípios *podem* conceder apoios financeiros, que as entidades gestoras *podem* contrair empréstimos, e que *podem* ser constituídos fundos de investimento imobiliário para financiar esta actividade, ao passo que no art. 6.º se estipule que os proprietários *têm o dever* de assegurar a reabilitação dos seus edifícios ou fracções.

Em segundo lugar, o *princípio da subsidiariedade da acção pública* salvaguarda o *"direito à primeira palavra"* dos proprietários e demais titulares de direitos sobre os imóveis nas operações de reabilitação urbana. A necessidade de imprimir eficácia a este regime jurídico impede, contudo, que aqueles disponham em absoluto dessas operações, deixando na sua disponibilidade a opção pela realização das operações ou mesmo a determinação do momento da sua realização, sob pena de poder comprometer os objectivos desta política. Com efeito, a operação de reabilitação nas áreas previamente delimitadas tem de operar como uma *"actividade a uma só vontade"* para que o resultado final seja alcançado. Assim se justifica, como vimos, o *enpowerment* das entidades públicas no novo regime. Todavia, dita o *princípio da proporcionalidade*, que soluções mais restritivas de direitos fundamentais dos titulares dos imóveis apenas possam ser accionadas uma vez esgotada a via da execução privada ou conjunta. Encontramos ao longo do diploma várias refracções deste princípio (ex. art. 29.º execução das operações de reabilitação urbana simples, 35.º/4 iniciativa dos proprietários na delimitação de unidades de intervenção ou de execução, 55.º/2 obrigação de reabilitar).

---

[5] Cf. Ac. do TC N.º 357/99.

Segue-se o *princípio da solidariedade intergeracional,* um princípio cujo conteúdo legalmente definido não se reconduz, à primeira vista, ao conceito tradicional de *solidariedade intergeracional* entendido como uma repartição no tempo (diacrónica) dos custos em bens de investimento ou de utilização duradoura, e que está na base dos vários esquemas de *project finance* para infra-estruturas, mas antes a uma dimensão do *princípio da sustentabilidade.* Pese embora esta dissonância, uma leitura atenta do diploma, permite-nos inferir a existência de várias normas que incorporam verdadeiras soluções de solidariedade intergeracional, como acontece com a instituição dos *fundos de investimento imobiliário,* que respondendo a exigências imediatas de natureza financeira (obtenção de rendimento disponível imediato para custear as operações de reabilitação) permitem "diluir a conta" das operações de reabilitação urbana pelas gerações futuras. A incerteza, como se percebe pelas dúvidas suscitadas na recente apresentação do *Programa JESSICA*[6], reside sobretudo na existência de interessados em investir em projectos de retorno reduzido ou até duvidoso, o que obrigará, certamente, a alguma imaginação do mercado de capitais para tornar estes fundos mais atractivos, para além dos benefícios fiscais já consagrados.

Em quarto lugar surge o *princípio da sustentabilidade,* que neste diploma se alarga ao domínio da sustentabilidade financeira, sendo definido pelo legislador como uma *sustentabilidade sócio-cultural e ambiental.* Congratulamo-nos, desde logo, com a amplitude que é dada ao princípio e com as exigências que se impõem a partir da sua aplicação, as quais podemos definir, de forma sucinta, na verificação cumulativa dos seguintes requisitos para a aprovação de uma operação de reabilitação: *sustentabilidade social* (o resultado da operação terá de revelar um ganho em termos de bem-estar da população, entendido este não apenas como a melhoria das condições de habitabilidade, mas também segundo outros factores, como a integração e inclusão sócio-cultural, o rejuvenescimento dos grupos de moradores em articulação com a integração intergeracional, etc.), *sustentabilidade cultural* (o resultado da operação deve consubs-

---

[6] O Programa JESSICA (Apoio europeu conjunto para o investimento sustentável nas zonas urbanas) é uma iniciativa conjunta da Comissão Europeia, do Banco Europeu de Investimento e da Banca de Desenvolvimento do Conselho da Europa (CEB), lançada em 2006, à qual Portugal aderiu, e que permite às cidades beneficiarem de investimentos inovadores que combinam subsídios e empréstimos da UE – *v. http://ec.europa.eu/regional_policy/funds/2007/jjj/jessica_en.htm.*

tanciar a melhor solução possível em termos de preservação da identidade cultural do edificado e respectiva valorização, salvaguardando o valor cultural dos bens imóveis e conjuntos intervencionados) e *sustentabilidade financeira* (o resultado da intervenção deve assentar na solução mais eficiente sob o ponto de vista da alocação urbanística do edificado e da previsão de que os investimentos realizados tenham um retorno no menor espaço de tempo possível, o que envolve, também, a determinação de prazos razoáveis para a conclusão das operações). Todas estas componentes devem encontrar expressão clara na *estratégia de reabilitação urbana* (art. 30.º e 33.º do NRJRU), o que desde logo revela que cada área a reabilitar pode e deve obedecer a linhas estratégias diferentes, sem prejuízo da necessária articulação e coerência entre si, de forma a responder às exigências deste princípio.

O *princípio da integração* destina-se, em primeira linha, à delimitação das áreas de reabilitação urbana e da elaboração do programa da unidade de intervenção no contexto do programa de acção territorial. Com efeito, este princípio revela que um dos objectivos primordiais da reabilitação é realizar uma intervenção que permita dar resposta adequada às deficiências reveladas pela área intervencionada em consonância com as qualidades e potencialidades que a mesma encerra, atentando nas suas componentes morfológica, económica, social, cultural e ambiental. Da aplicação deste princípio resulta, pois, a necessidade de fundamentação expressa e sustentada de opções que apontem para uma *renovação/requalificação* dos espaços urbanos (ex. deslocação de bairros sociais, criação de novas zonas comerciais e de serviços que contribuam para congestionar o trânsito, etc).

Já o *princípio da coordenação* mostra que a reabilitação urbana é uma actividade que exige, necessariamente, o envolvimento de todos os interessados: entidades públicas estaduais e municipais, privados proprietários e privados financiadores. Para tanto, é necessário instituir mecanismos de *coordenação dos diferentes interesses* envolvidos, de modo a poder alcançar uma solução de consenso, pois ela dificilmente emergirá de forma espontânea. As orientações traçadas pelo legislador para a *construção do consenso* (orientadoras do procedimento de coordenação) são as seguintes: 1) *prevalência do interesse público municipal na delimitação da área de reabilitação* definido na sequência de um procedimento onde é garantida a participação estadual e dos interessados (cabe à assembleia municipal definir as áreas de reabilitação urbana, de acordo com a proposta formulada pela câmara municipal após ponderação do parecer do IHRU e do resultado da consulta pública – art. 14.º/1 do NRJRU); 2) *prevalência da decisão municipal em matéria de execução das operações de reabilitação* quer nas *operações simples* (limitadas à reabilitação do edificado art. 8.º/2 do NRJRU), em que a execução por iniciativa dos particulares fica também sujeita à gestão da entidade gestora e à estratégia pré-estabelecida, quer nas *operações sistemáticas* (que envolvem qualificação de infra-estruturas, equipamentos e espaços verdes e urbanos de utilização colectiva – art. 8.º/3 do NRJRU), que devem ser activamente promovidas pelas entidades gestoras, sem prejuízo do dever de reabilitação do edificado pelos particulares, uma vez que o município tem sempre a possibilidade de optar por assumir directamente a gestão da operação (art. 36.º do NRJRU), em vez de a delegar em empresas do sector empresarial local (SRU's ou outras).

Trata-se, portanto, de uma política, que embora extravase em nosso entender o nível municipal, é *legalmente orientada para uma preponderância/prevalência do interesse público municipal*. Nesta conformação, lamentamos que o legislador não tenha optado, ao menos, por instituir, a jusante, mecanismos adequados de *accountability* da mesma, pois a *monitorização* das operações de reabilitação estabelecida no art. 19.º, sendo apenas submetida à apreciação da assembleia municipal, deixa muito a desejar quanto à bondade do controlo que um regime jurídico que comprime direitos fundamentais com esta intensidade certamente mereceria. Por outro lado, esta falta de apetrechamento no controlo de resultados revela também que a mudança de paradigma no modelo de implementação das políticas ainda está muito atrasada entre nós, e que temos sido "maus alunos" no processo de aprendizagem dos ensinamentos europeus.

Com o *princípio da contratualização* o legislador pretende densificar através de esquemas de concertação entre a iniciativa pública e a iniciativa privada, traduzidos, essencialmente, na possibilidade de as entidades gestoras lançarem mão de *concessões de reabilitação urbana* (art. 42.º do NRJRU) ou de *contratos de reabilitação urbana* (art. 43.º do NRJRU) como formas de execução das operações de reabilitação urbana a cargo da entidade gestora. Há muito que se louva o recurso à contratualização como instrumento de execução de políticas públicas sempre que as actividades a desenvolver gozem intrinsecamente de uma vocação para a satisfação em ambiente de mercado. É assim no património cultural, no urbanismo, e também no ambiente, pelo que não poderia deixar de ser também assim na reabilitação urbana (para referir apenas áreas funcionalmente próximas).

Todavia, o recurso à contratualização pressupõe não só o respeito pelo *direito da concorrência* (art. 42.°/3 e 43.°/5 do NRJRU), mas também pelo *princípio da eficiência,* de modo a neutralizar não apenas as soluções que destorçam o normal funcionamento do mercado, mas igualmente os benefícios excessivos alcançados em consequência de fenómenos de *free--ridering* dos poderes públicos inerentes às entidades públicas adjudicantes, assim se justificando a limitação das parcerias/contratualização às operações de reabilitação urbana sistemática, ou seja, às que envolvem a *requalificação* das infra-estruturas (art. 11.°/5 do NRJRU).

Acrescente-se ainda, a propósito do *princípio da contratualização*, que as operações de reabilitação urbana a desenvolver sob a égide deste novo regime jurídico em nada se assemelham às experiências já desenvolvidas entre nós, muitas com sucesso, no contexto dos *projectos avulsos de management.* Na verdade, não devemos transpor os princípios e a dinâmica contratual que presidiu a iniciativas concretas de âmbito nacional, geridas de forma centralizada, segundo legislação especial, para uma realidade diversificada, de iniciativa condominial municipal/sociedade, e que não poderá sequer contar com o suporte financeiro que sustentou experiências como a Expo 98, a Porto Capital Europeia da Cultura, o Euro 2004 e até o Programa Polis. O NRJRU é tributário de algum *know-how* na dinamização de projectos urbanísticos aí experimentados e desenvolvidos, mas não pode alicerçar-se nos mesmos moldes contratuais, pois a sistematicidade dos projectos, o enquadramento normativo do Código dos Contratos Públicos e o modelo de financiamento aqui preconizados vão exigir "um olhar mais atento" quanto à repartição do risco e à boa gestão financeira global dos projectos.

Na enunciação legal do *princípio da protecção do existente* é manifestada uma ancoragem no conteúdo típico da segurança jurídica e protecção da confiança, condimentada com uma nota de proporcionalidade. Dele resulta, fundamentalmente, o *reconhecimento da força constitutiva dos factos sobre a força normativa dos planos*, revelando-se, nesta medida, como um *contra-princípio da legalidade em sentido amplo.* Ao abrigo do mesmo são permitidas intervenções no edificado que não respeitem os planos vigentes à data das mesmas, desde que estas *não agravem* as desconformidades pré-existentes ou tenham como resultado a melhoria das condições de segurança e salubridade da edificação ou delas resulte uma melhoria das condições de desempenho e segurança funcional, estrutural e construtiva da edificação e desde que o sacrifício decorrente do cumprimento das normas violadas se revele desproporcionado em face da desconformidade criada ou agravada pela realização da intervenção.

Desta conformidade ressalta, desde logo, uma possibilidade preocupante: as intervenções podem acarretar um agravamento das desconformidades existentes com as soluções do plano agora em vigor, desde que se apure, no juízo de ponderação final, que essas desconformidades devem ceder perante a melhoria das condições de segurança e salubridade ou desempenho e segurança do edificado (art. 51.º do NRJRU). A formulação patenteia, desde logo, que o princípio não se destina apenas a proteger o existente, podendo abranger, também, *situações de consolidação/reforço do existente*. Embora o legislador não seja especialmente exigente no que respeita à fundamentação das licenças ou admissibilidade das comunicações prévias que envolvam a preservação, consolidação ou até ampliação da edificação existente em desconformidade com normas legais ou regulamentares posteriores (art. 51.º/4 do NRJRU), deve entender-se, em harmonia com o *princípio da coerência do sistema* (articulação com o art. 60.º do RJUE), que essa fundamentação tem de ser *especialmente rigorosa*, sob pena de a reabilitação urbana poder servir de pretexto para a instituição de situações de manifesta injustiça (ex. para dispensa de cumprimento das normas técnicas sobre acessibilidades no caso de obras de reconstrução de habitações privadas – art. 3.º do Decreto-Lei n.º 163/2006, de 8 de Agosto).

A correcta aplicação deste princípio exige também, ao nível da avaliação judicial da conformidade legal das excepções admitidas, que se atente na jurisprudência que os tribunais administrativos têm vindo a proferir no que respeita à *salvaguarda de direitos adquiridos* no sentido da manutenção da "identidade do edifício originário"[7] e que se permita ao julgador o acesso aos critérios definidos na avaliação ambiental estratégica, que hoje constitui o principal instrumento de limitação da *discricionariedade do planeamento*.

Quase a terminar, surge o *princípio da justa ponderação*, que é, provavelmente, o princípio mais denso e de difícil recorte que se encontra entre o leque dos princípios escolhidos pelo legislador para definir as

---

[7] Cf., por todos, AC. TCA Sul, de 13.03.2009, Proc. 03667/08.

orientações da política de reabilitação urbana. Este princípio faz apelo directo à necessidade de pautar todas as decisões adoptadas em matéria de operações de reabilitação urbana pelo *critério da justa ponderação dos interesses em presença*. Assim, quer a delimitação da área de reabilitação, quer a escolha do tipo de operação, quer do modelo de execução devem consubstanciar a "melhor solução" no que respeita à ponderação de todos os interesses em presença, permitindo cumprir os objectivos da política, através da utilização dos meios menos invasivos e restritivos, alcançando soluções que acautelam adequadamente todos os interesses em jogo e acarretam um benefício superior ao sacrifício que impõem. Este princípio, se vier a ser correctamente aplicado pela jurisprudência, constituirá a melhor garantia dos interessados no controlo da juridicidade dos actos de aplicação dos instrumentos de execução de política urbanística, sobretudo nos casos de arrendamento forçado e de venda forçada.

Sublinhe-se que este princípio, apesar de consagrado em lei, por derivar directamente do princípio da proporcionalidade, que tem foro de princípio constitucional como subprincípio do princípio do Estado de direito consagrado no art. 2.º da C.R.P., permite ao tribunal não apenas avaliar da juridicidade do acto de aplicação da medida, mas também da interpretação normativa que venha a ser feita dos preceitos legais na aplicação ao caso concreto. Este acesso dos juízes ao texto constitucional para desaplicação de normas e segmentos normativos interpretativos em sede de fiscalização concreta de constitucionalidade constitui um dos meios mais importantes de garantia dos administrados, que infelizmente é aplicado muitas vezes de forma incorrecta pelos tribunais, quando teimam em mobilizar o princípio da legalidade como limite ao seu poder de controlo, eximindo-se do controlo de juridicidade perante a actividade administrativa pretensamente vinculada à lei[8].

Por último, o *princípio da equidade* visa assegurar a justa repartição dos encargos e benefícios decorrentes da execução das operações de reabilitação urbana. São vários os instrumentos legais que procuram dar concretização a este princípio de entre os quais destacamos a possibilidade de

---

[8] Exemplo desta realidade é o Ac STA, de 06.03.2007, no Proc. N.º 0873/03, no qual se pode ler que *"os princípios constitucionais da igualdade, da proporcionalidade, da justiça e da imparcialidade, funcionando como limite interno da discricionariedade, só têm autonomia e só relevam juridicamente no âmbito da actividade discricionária, consumindo-se na actividade vinculada no princípio da legalidade".*

constituição de um *fundo de compensação* (art. 68.º do NRJRU) para a gestão dos mecanismos de perequação compensatória no âmbito das operações de reabilitação urbana, e a possibilidade de estabelecer um *regime especial de cálculo das compensações* devidas ao município pela não cedência de áreas para implantação de infra-estruturas urbanas, equipamentos e espaços urbanos e verdes de utilização colectiva (art. 67.º/3 do NRJRU).

A consagração de mecanismos de *perequação compensatória* no âmbito das operações de reabilitação urbana mostra que o direito do ordenamento do território e do urbanismo não integram apenas instrumentos normativos do ordenamento do território em sentido restrito, ou seja, regras sobre a ocupação e uso dos solos, mas também instrumentos normativos dos mecanismos de compensação e redistribuição de vantagens e ónus decorrentes do planeamento urbano em matéria de conteúdo da propriedade privada do solo, sendo este hoje o domínio normal – face à instituição de *mecanismos especiais intra-sistémicos de garantia dos direitos fundamentais*, seja no domínio das restrições, como é aqui o caso, seja no domínio da socialidade, como acontece, comprovadamente, com as indemnizações compensatórias pelo cumprimento das obrigações de serviço público – onde se há-de jogar a tutela jurídica da restrição do direito de propriedade face às restrições impostas pelo plano.

Para além dos princípios acabados de referir, que se integram na categoria de princípios legais enunciados no NRJRU (sem prejuízo daquilo que a propósito de cada um fomos sublinhando como refracções de dimensões constitucionais), devemos atentar ainda nos *princípios constitucionais plasmados no art. 266.º/2* da C.R.P. (igualdade, proporcionalidade, justiça, imparcialidade e boa-fé) e naqueles que hoje resultam da *internormatividade* (transparência, participação, boa administração), pois todos contribuem, a seu modo, para densificar as regras do novo regime jurídico da reabilitação urbana.

REABILITAÇÃO URBANA EM PORTUGAL: EVOLUÇÃO E CARACTERIZAÇÃO

DULCE LOPES
Assistente da Faculdade de Direito da Universidade de Coimbra

I. Linhas de evolução

Até data recente, a reabilitação urbana era vista como um parente pobre das demais políticas ou, pelo menos, das demais tendências de ocupação do território.

A difícil operacionalização da reabilitação urbana, a preferência pela construção nova, mais ajustada a novas exigências de qualidade e, muitas vezes, disponibilizada a mais baixos preços, e a crença numa inesgotável capacidade de expansão urbana das cidades, tornavam a reabilitação urbana uma opção pouco atractiva para os investidores e, mesmo, para os proprietários.

Actualmente, as políticas de reabilitação urbana são vistas como uma das mais desejáveis tendências de ocupação do território, já que com elas se contraria um modelo de desenvolvimento urbanístico assente na expansão urbana, com os consequentes alargamento de perímetros e perda de área necessária a uma ocupação natural e racional do território.

A reabilitação é, assim, percebida como primeiro óptimo, já que permite a consolidação e ocupação de áreas urbanizadas e edificadas, evitando os desperdícios territoriais, financeiros, ambientais e sociais que caracterizam a expansão urbana. São, efectivamente, por demais evidentes as consequências positivas desta política pública em termos territoriais (impedindo a consumpção de novos espaços), financeiros (promovendo a racionalização das infra-estruturas e equipamentos existentes), ambientais (provendo à valorização do património construído e do ambiente urbano das cidades) e sociais (funcionando como mecanismo de identificação e integração sócio-cultural, bem como de desenvolvimento ou revitalização do tecido económico da *urbe*).

O momento em que se passou desta visão estreita da reabilitação urbana para um seu entendimento como opção estratégica de ocupação do território é pouco preciso. Se é possível traçar grandes linhas de evolução, estas parecem ser mais nítidas num horizonte temporal amplo, como, aliás, foi feito no âmbito do texto *Guidance on Urban Rehabilitation*[1], da OCDE.

Neste, aponta-se como tendência, nos anos 60 e 70, a reabilitação dos centros históricos e a ligação indissociável deste ao património cultural; nos anos 80, afirma-se a reabilitação urbana como política urbana e de desenvolvimento local, nos anos 90, acentua-se o papel dos planos territoriais e o desafio do desenvolvimento sustentável, enquanto que nos anos 2000 se dá especial ênfase à cultura urbana e ao reconhecimento da diversidade cultural.

Qualquer uma das perspectivas anteriores é essencial para uma consideração integrada da reabilitação urbana, pelo que, mais do que um vector isolado, é essencial uma composição harmónica de todas as tendências que se foram acamando em matéria de reabilitação urbana. É este *mix* de perspectivas e interesses que deve servir de orientação para a reabilitação urbana na actual década, de forma a que, mais do que um exercício doutrinário, se converta esta numa política operacional e com efeitos visíveis.

II. **Reabilitação urbana e direito do urbanismo**

a. A reabilitação urbana como capítulo especial do direito do urbanismo

É debatível se a renovação urbana deve ser compreendida como um *capítulo especial* do direito do urbanismo ou como um ramo de direito autónomo, mas intimamente ligado ao direito do urbanismo.

---

[1] Council of Europe Publishing, Estrasburgo, 2004, p. 21 e ss.

Os desideratos da reabilitação urbana têm tradicionalmente sido aliados a institutos próximos do direito do urbanismo, como sucedia como as áreas críticas de recuperação e reconversão urbanística, previstas na Lei dos Solos, e com o instituto das expropriações.

Em qualquer um destes casos, porém, trata-se de institutos que podem servir (e servem, efectivamente) de instrumento de concretização de outras políticas, como as do património cultural, pelo que não serão os melhores exemplos de integração da reabilitação urbana no seio do urbanismo.

No entanto, quanto mais peso assume o vector do planeamento urbanístico em Portugal e quanto mais se (re)compreende a actuação dos poderes públicos em sede urbanística, como essencialmente de regulação ou de promoção (e não de execução directa), mais sentido faz aproximar a reabilitação urbana do direito do urbanismo, convertendo-se aquela em *capítulo especial* deste[2].

A afirmação da reabilitação urbana como uma parte especial do direito do urbanismo assenta nos seguintes vectores:

i. A expressa consideração da reabilitação como função pública incluída no âmbito material dos direitos do ordenamento do território e do direito do urbanismo[3], como resulta dos artigos 3.º, alínea *f*) e 6.º, alíneas *h*), *i*) e *j*), da Lei de Bases da Política de Ordenamento do Território e do Urbanismo[4].

ii. O recurso a instrumentos urbanísticos, seja a instrumentos de planeamento, em particular a planos de pormenor[5], seja a instrumentos

---

[2] André Folque, *Curso de Direito da Urbanização e da Edificação*, Coimbra Editora, Coimbra, 2007, p. 11 e 12, integra a reabilitação urbana no âmbito do direito da edificação, que, a par do direito do planeamenro urbanístico constitui um dos núcleos fundamentais do direito do urbanismo.

[3] Mobilizamos indiferenciadamente as expressões ordenamento do território e do urbanismo, não só em virtude da fluidez destes conceitos, como da dificuldade em traçar os seus contornos (ver, por todos, Fernando Alves Correia, *Manual de Direito do Urbanismo*, Vol I, 4.ª ed, Almedina, Coimbra, 2009, p. 72-99). No entanto, qualquer que seja o conceito de que partamos, a natureza e acções da política de reabilitação urbana incluem--se no campo territorial, espacial e materialmente mais definido do direito do urbanismo.

[4] Lei n.º 48/98, de 11 de Agosto, alterada pela Lei n.º 54/2007, de 31 de Agosto.

[5] Durante muito tempo, na ausência de verdadeiros planos de salvaguarda, foram os planos de reabilitação urbana que cumpriram, bem ou mal, a finalidade destes, tendo sido muitas vezes designados de planos de reabilitação e salvaguarda.

de execução dos planos ou de gestão urbanística, como sucede com as expropriações e demolições, como os utensílios base para a definição de uma política de reabilitação urbana;

iii. A comunhão de interesses relativamente ao direito do urbanismo geral, uma vez que também na reabilitação urbana o foco principal é colocado na (re)definição dos usos e ocupações do solo proibidas, admitidas ou condicionadas;

iv. A partilha de princípios que enformam o direito do ordenamento do território e do urbanismo, designadamente de princípios que constituem uma marca distintiva do direito do urbanismo, como sucede com os princípios da ponderação, da compatibilidade de usos e da separação de usos incompatíveis.

E é esta aproximação entre o urbanismo e a reabilitação urbana que nos permite chegar a soluções de interpretação e integração de lacunas, sempre que o Decreto-Lei n.° 307/2009, de 23 de Outubro, que estabelece o regime jurídico da reabilitação urbana em áreas de reabilitação urbana, não nos apresente uma solução imediatamente mobilizável para o caso.

Esta integração da temática da reabilitação urbana no âmbito do direito do urbanismo não nos faz esquecer, porém, as especificidades que a mesma reveste, e que enformam as preocupações e acções dos poderes públicos no momento da definição e execução das políticas de reabilitação urbana.

A natureza especial da reabilitação urbana prende-se, sobretudo, com o facto de o seu objecto (o seu *chão*) se encontrar já física e humanamente comprometido. Na reabilitação urbana coloca-se, assim, com maior acuidade do que num urbanismo dirigido à regulamentação de espaços dominantemente desocupados, a necessidade de aliviar os parâmetros e indicadores urbanísticos que espartilham o uso do solo e de proteger os direitos e expectativas legítimas dos particulares, nos quais se incluem não apenas os proprietários, mas ainda outros ocupantes dos locais a reabilitar.

Estas especialidades conduzem a que, ao *nível dos instrumentos*, seja prevista uma regulamentação particular de alguns deles, por exemplo identificando-se a modalidade de plano de pormenor de reabilitação urbana, regulando-se, de forma mais precisa, os termos em que a intervenção coerciva em áreas de reabilitação urbana é possível ou ajustando--se exigências cuja aplicação nestas áreas poderia ser de difícil concretização, como sucede com a perequação de benefícios e encargos e os próprios parâmetros urbanísticos.

Mas estas especialidades também se reflectem ao nível da ponderação de *interesses* a efectuar no âmbito do direito do urbanismo e ao nível dos *princípios* que este ramo de direito deve prosseguir. Por um lado porque existe uma tensão intrínseca e, por isso mesmo, a necessidade de articulação íntima da reabilitação com a expansão urbana[6]; por outro lado, porque há princípios que adquirem, no âmbito da reabilitação urbana, uma força normativa especial, como sucede com o princípio da protecção do existente que assumiu, no Decreto-Lei n.º 307/2009, de 23 de Outubro, uma marcada feição extensiva (cfr. artigo 4.º, alínea h), e artigo 51.º)[7], por oposição à regulamentação da garantia do existente prevista no artigo 60.º do Regime Jurídico da Urbanização e Edificação (RJUE)[8].

---

[6] A necessidade de justificação e de programação da expansão urbana são exigências urbanísticas que, indirectamente, demonstram a imperiosidade de proceder à intervenção no existente, requalificando-o. Efectivamente, no momento da tomada de decisão sobre prioridades de intervenção, é necessário demonstrar a indispensabilidade de expansão por referência à insuficiência ou inadequação do tecido urbano consolidado e da necessidade de construção de novos imóveis por referência à adaptação ou reconstrução dos existentes, o que traduz uma preferência legal da reabilitação urbana relativamente à expansão da *urbe*.

[7] Alves Correia, *Manual ....,* cit., p. 678-679, refere que a jurisprudência alemã tem vindo a reconhecer uma garantia da existência excepcional ou extensiva, para garantir a capacidade funcional do edifício, desde que haja uma indissolúvel conexão funcional, sob pena de, sem aquele alargamento ou modificação, a construção ficar sem objecto. No caso português, a cláusula de protecção do existente, para além de abarcar a possibilidade de ampliação quando a da realização destas obras resulte uma melhoria das condições de desempenho e segurança funcional, estrutural e construtiva da edificação, chega mesmo a ser aplicável às obras de construção que visem a substituição de edifícios previamente existentes, o que a torna uma cláusula de grande valor no âmbito da reabilitação urbana, mas também uma cláusula com efeitos imprevisíveis. Deve, por isso, ser temperada pelas opções de uso do solo inscritas nos planos de pormenor de reabilitação urbana ou instrumentos próprios e ser objecto de cabal fundamentação pelo interessado, no momento em que este dá início ao procedimento de gestão urbanística aplicável.

[8] Aprovado pelo Decreto-Lei n.º 555/99, de 16 de Dezembro, e alterado pelas Leis n.os 13/2000, de 20 de Julho, e 30-A/2000, de 20 de Dezembro, pelo Decreto-Lei n.º 177/2001, de 4 de Junho, pelas Leis n.os 15/2002, de 22 de Fevereiro, e 4-A/2003, de 19 de Fevereiro, pelo Decreto-Lei n.º 157/2006, de 8 de Agosto, pela Lei n.º 60/2007, de 4 de Setembro, e pelos Decretos-Leis n.os 18/2008, de 29 de Janeiro, 116/2008, de 4 de Julho, e 26/2010, de 30 de Março.

Avance-se que a noção de protecção do existente prevista no Decreto-Lei n.º 307/2009, se encontra alinhada, ao contrário do que sucede com a noção de garantia

b. A reabilitação urbana como política urbanística excepcional ou de ocorrência normal?

Uma breve sinopse da reabilitação urbana em Portugal mostra-nos, até data recente, um enquadramento normativo parcelar e fragmentário. Efectivamente, dentro do edifício urbanístico, a consideração das exigências da reabilitação urbana era pouco visível, surgindo, em grandes pinceladas, por três vias principais[9]:

i. A aprovação de programas estatais de apoio aos Municípios, seja de financiamento da recuperação de imóveis degradados [é o exemplo do Programa de Recuperação de Imóveis Degradados (PRID)][10], seja de um misto de comparticipação financeira e de apoio administrativo-institucional, cuja face visível são os gabinetes técnicos locais que, durante muito tempo, tiveram a seu cargo a elaboração de planos ou acções direccionados para áreas de reabilitação urbana[11];

ii. A previsão de institutos direccionados para a reabilitação urbana de áreas com especiais necessidades e carências, como sucedia com as

---

do existente prevista no artigo 60.° do RJUE, com o conceito de obras de reconstrução com preservação das fachadas neste regulado [artigo 2.°, alínea n)]. Isto, precisamente, porque a introdução da possibilidade de ampliação da edificação existente, desde que dela não resulte edificação com cércea superior à das edificações confinantes mais elevadas, com sujeição ao procedimento de comunicação prévia, teve como intuito gerar um mecanismo procedimentalmente mais célere para promoção da reabilitação do edificado.

[9] Para uma outra aproximação sistemática ver Rui Manuel Amaro Alves, *Políticas de Planeamento e Ordenamento do Território no Estado Português,* Fundação Calouste Gulbenkian para a Ciência e Tecnologia, Lisboa, 2007, p. 340 e ss.

[10] Decreto-Lei n.° 704/76, de 30 de Setembro, relançado pelo Decreto-Lei n.° 449/83, de 26 de Dezembro

[11] DESPACHO 4/SEHU/85, de 4 de Fevereiro. O Programa de Reabilitação Urbana permitia o estabelecimento de contratos de colaboração financeira em que o Estado comparticipava 50% das obras municipais de infraestruturas, a instalação de equipamentos e a recuperação de habitações e financiava, por dois anos (e mais 6 meses a 75%), a criação de Gabinetes de composição multidisciplinar. Pelo DESPACHO 1/88 do SEALOT (seguido pelo Despacho 23/90 do SEALOT), foi criado Programa de Recuperação de Áreas Urbanas Degradadas, no qual se previa a comparticipação a fundo perdido até ao limite de 75% dos encargos com as remunerações do pessoal dos gabinetes técnicos locais (PRAUD/GTL) e a comparticipação a fundo perdido até ao limite de 20% dos encargos a assumir pelo município com a operação (PRAUD/OBRAS).

Reabilitação urbana em Portugal: evolução e caracterização   27

áreas de recuperação e reconversão urbanística, previstas na Lei dos Solos (Decreto-Lei n.° 794/76, de 5 de Novembro), e com a Lei n.° 91/95, de 2 de Setembro, que criou um regime especial para as áreas urbanas de génese ilegal.

iii. A previsão de mecanismos excepcionais de intervenção, que se aplicam a áreas legislativamente delimitadas. É o caso do regime jurídico desenhado para a concretização da Expo 98, da Porto – Capital Europeia da Cultura 2001, do enquadramento normativo do Programa Polis[12] e, mais recentemente, do Decreto-Lei n.° 117/2008, de 9 de Julho, que procedeu à constituição da sociedade Frente Tejo, S.A., sociedade anónima de capitais exclusivamente públicos, que tem objecto a realização das operações de requalificação e reabilitação urbana da frente ribeirinha de Lisboa.

Foi apenas com o Decreto-Lei n.° 104/2004, que, apesar da designação (regime excepcional de reabilitação urbana), se regulamentou esta matéria de forma global. Desiderato este que havia já sido tentado, mas sem sucesso prático, pelo regime jurídico de renovação urbana, previsto no Decreto-Lei n.° 8/73, de 8 de Janeiro[13].

O Decreto-Lei n.° 104/2004, incluía disposições tanto sobre as dimensões de planeamento ou programação da reabilitação urbana, como sobre a execução daqueles ditames normativos, fazendo, assim, um acompanhamento "do início ao fim da linha" das operações de reabilitação urbana. Foi também com este diploma que se previu a constituição de sociedades de reabilitação urbana, e se definiram os contornos da sua actuação.

Provavelmente por isso, i.e., por apelar para instrumentos empresariais de direito privado – e também pela limitação do objecto da reabilita-

---

[12] Joana Mendes, "Programa Polis – programa ou falta de programa para a requalificação das cidades", *Revista do CEDOUA*, n.° 7, 2001, p. 83-100.

[13] Este diploma incumbia ao Fundo de Fomento da Habitação e às câmaras municipais a elaboração e execução de planos de urbanização de pormenor que visem a renovação de sectores urbanos sobreocupados ou com más condições de salubridade, solidez, estética ou segurança contra risco de incêndio. A regulamentação do mesmo é, porém, muito extensa, debruçando-se sobre a execução (sobretudo coerciva) das disposições de planeamento e as consequências dela decorrentes (designadamente as possibilidades de aumento de rendas e a regulamentação da ocupação dos imóveis reabilitados), sendo, assim, um percursor dos actuais diplomas que regem a reabilitação urbana.

ção urbana às zonas históricas[14] e às áreas críticas de recuperação e reconversão urbanística –, tenha aquele Decreto-Lei merecido o epíteto de excepcional. No entanto, note-se que a mobilização do regime jurídico previsto neste diploma (mesmo das disposições claramente excepcionais ou exorbitantes) poderia ser feita na ausência da constituição de sociedades de reabilitação urbana, cabendo, neste caso, aos Municípios a condução de tal tarefa (artigo 36.º).

O Decreto-Lei n.º 307/2009, que estabelece actualmente o regime jurídico da reabilitação urbana em áreas de reabilitação urbana (em desenvolvimento da Lei de autorização n.º 95-A/2009, de 2 de Setembro), confirma e acentua esta vocação global da reabilitação urbana, convertendo-a em definitivo numa política (municipal) normal e alinhada com as tendências modernas do direito administrativo: a empresarialização, a contratação público-privada e a simplificação procedimental.

III. Reabilitação urbana e património cultural

Apesar das considerações precedentes, não há como negar a ligação inicial entre a reabilitação urbana e o direito do património cultural.

Esta ligação genética resulta de uma compreensão ampla do património cultural, que abrange não apenas os bens individualmente considerados, mas também o contexto que os envolve[15]. Este conceito amplo de património cultural presente na nossa legislação do património cultural – actualmente a Lei n.º 107/2001, de 8 de Setembro –, encontrava-se já subjacente à Carta de Veneza sobre a Conservação e o Restauro de

---

[14] Para uma crítica à utilização deste conceito de contornos muito imprecisos, sobretudo se comparada com o conceito de centro histórico que enforma, ainda que não explicitamente, a legislação do património cultural, cfr. Suzana Tavares da Silva, "Reabilitação urbana e valorização do património cultural – dificuldades na articulação dos regimes jurídicos", Boletim da Faculdade de Direito, Vol. LXXXII, 2006, p. 368-382. Esta autora considerava que o facto de não ter precedido autorização legislativa para que fosse definido o conceito de zonas históricas contra o disposto na Lei do Património Cultural, conduziria a uma inconstitucionalidade e ilegalidade qualificada do Decreto-Lei n.º 104/2004.

[15] Glória Teixeira e Sérgio Silva, "Direito do Património Cultural", *Revista da Faculdade de Direito da Universidade do Porto*, 2008, p. 27.

Monumentos e Lugares, de 1964, que prolongou o conceito de monumento ao espaço urbano ou rural que dá testemunho de uma civilização particular, de uma evolução significativa ou de um acontecimento histórico.

A própria noção de reabilitação surge na Resolução (76) 28 do Comité de Ministros do Conselho da Europa, de 14 de Abril de 1976, *sobre a adaptação de leis e regulamentos às exigências da conservação integrada do património arquitectónico.*

Neste documento é considerada uma dimensão da política de conservação integrada dos monumentos que passa pela sua revitalização (possível alteração de uso ou objectivo, mas conservando a dignidade do imóvel) e reabilitação (definida como a forma pela qual se procede à integração dos monumentos e edifícios antigos (em especial os habitacionais) no ambiente físico da sociedade actual, «*(...) através da renovação da sua estrutura interna e adaptação às necessidades da vida contemporânea, preservando ao mesmo tempo, cuidadosamente, os elementos de interesse cultural.*»

Não obstante a focalização do património cultural em monumentos, conjuntos ou sítios que revistam interesse cultural relevante, e que, por isso, devam ser objecto de especial protecção e valorização, esta aproximação não esgota as exigências de reabilitação de toda uma área, quando esta careça de intervenções que excedam a intervenção na criação arquitectónica isolada ou no conjunto imobiliário protegido. Por isso, apesar de, de acordo com Carla Amado GOMES, a maior tangente entre disciplinas que almejam regular o uso e ocupação do solo acontecer quando há normas que simultaneamente almejam à correcção do ordenamento urbanístico e à integração, nesse espaço, de um imóvel classificado[16], deve continuar a distinguir-se a reabilitação urbana de uma área da tutela dos bens classificados ou em vias de classificação que ela integra, uma vez que os regimes jurídicos aplicáveis são diferenciados: a tutela do património cultural assenta nas ideias força de protecção e valorização, enquanto que a reabilitação urbana apela, a mais das vezes, para a de adaptação física e funcional dos imóveis.

A diferença entre reabilitação e património cultural não reside, porém, apenas no regime jurídico aplicável, pois também o bem jurídico

---

[16] "Direito do Património Cultural, Direito do Urbanismo, Direito do Ambiente: O que os Une e o que os Separa", Revista da Faculdade de Direito da Universidade de Lisboa, Vol XLII, N.º 1, 2001, p. 358.

protegido é diferente. Santiago González-Varas Ibáñez[17] distingue a este propósito entre o *bem cultural*, como o bem tutelado pela reabilitação urbana, que é aquele que não pode ou deve ser agraciado pelo nível de protecção elevado conferido pela legislação do património cultural aos *bens de interesse cultural*.

Por esse motivo – e apesar de a actual legislação do património cultural ter considerado como medida de protecção o registo patrimonial de inventário e ter integrado, no seu âmbito potencial de aplicação, os bens de interesse municipal –, não deixa de fazer sentido prever, nos instrumentos de planeamento municipal, um catálogo de bens de relevo estritamente urbanístico (bens que constituam um elemento relevante de identificação, coesão e valorização da imagem do conjunto urbano) e aos quais se aliem limitações de uso, ocupação e transformação urbanística, em regra incluindo-os em áreas de reabilitação urbana. Estar-se-á aqui a estabelecer um nível de protecção intermédia, ao qual não devem ser alheios mecanismos de compensação dos interessados, atribuindo-se a estes a contrapartida, designadamente financeira, pelo encargo especial que suportam[18].

E é desta diferenciação entre reabilitação de património cultural que parte o nosso legislador ao distinguir, ao mesmo nível e escala de planeamento, duas modalidades específicas de planos: o plano de pormenor de reabilitação urbana e o plano de pormenor de salvaguarda. No entanto, a relação entre ambos, nas áreas de solo rural e solo urbano correspondentes à totalidade ou parte de um bem imóvel classificado e respectiva zona de protecção é de clara convergência.

Efectivamente, seja dos artigos 21.º, n.os 2 e 3 e 28.º do Decreto-Lei n.º 307/2009, seja do artigo 70.º do Decreto-Lei n.º 309/2009, de 23 de Outubro, resulta uma adaptação material do regime jurídico dos planos de pormenor de reabilitação urbana cuja área de intervenção contenha ou coincida com bens imóveis classificados ou em vias de classificação, e res-

---

[17] La Rehabilitación Urbanística, Aranzadi Editorial, Pamplona, 1998, p. 30 e p. 84 e ss.

[18] Note-se que o procedimento de classificação como bem de interesse municipal, a levar a efeito ao abrigo da Lei n.º 107/2001, de 8 de Setembro, implica o diálogo com os proprietários dos imóveis em causa, os quais terão que dar o seu consentimento para que os mesmos venham a ser classificados (artigo 18.º, n.º 4), o que, no entanto, não sucede no âmbito do arrolamento ou catalogação que se configura como um procedimento de cariz planificatório e que pode ser imposto aos interessados.

Reabilitação urbana em Portugal: evolução e caracterização   31

pectivas zonas de protecção, de modo a que aqueles prossigam os objectivos e fins dos planos de pormenor de salvaguarda, tendo também para aquelas áreas o respectivo conteúdo e estando dependentes de parecer obrigatório e vinculativo do Instituto de Gestão do Património Arquitectónico e Arqueológico, I.P. (IGESPAR, I. P)[19].

Pode questionar-se, no entanto, o porquê desta prevalência em concreto dos planos de pormenor de reabilitação urbana, relativamente aos planos de salvaguarda, uma vez que são estes, e não aqueles, que assumem carácter obrigatório (cfr. artigo 53.º, n.º 1 da Lei n.º 107/2001). Pensamos terem sido as seguintes as razões essenciais para esta preferência legislativa:

i. A existência de vários planos de pormenor de reabilitação urbana (e de salvaguarda), que se encontram actualmente em fase de revisão ou muito próximos desta, e que os Municípios pretendem manter;

ii. O escopo material e territorial mais amplo dos planos de pormenor de reabilitação urbana, relativamente aos planos de salvaguarda, introduz dimensões adicionais (de enquadramento e estética urbana) que podem contribuir para a valorização do património cultural;

iii. O facto de o urbanismo (e dentro dele da reabilitação urbana) constituir, nas palavras de Casalta Nabais, "um instrumento de concretização da disciplina integral do território, na qual não podem deixar de estar compreendidos os valores ou bens ambientais e culturais", o que exclui um conflito *real* entre os interesses culturais e os interesses urbanísticos[20].

De qualquer das formas, o lançar dois olhares simultâneos e tendencialmente convergentes sobre o território – uma realidade contínua, não obstante as classificações legais e administrativas que sobre ele incidem –,

---

[19] O carácter vinculativo do parecer do IGESPAR. I.P., apenas existe nas áreas para as quais detenha competências específicas no âmbito do património cultural, não devendo extravasar territorialmente o seu âmbito de intervenção. Também de um ponto de vista material, na medida em que a realização de obras de mera alteração no interior de bens imóveis nas zonas de protecção, sem impactes arqueológicos, não está sujeita a parecer prévio favorável do IGESPAR [artigo 51.º, n.º 2, alínea *a*), do Decreto-Lei n.º 309/2009], o parecer a emitir pelo IGESPAR, sobre a reestruturação interna e/ou fundiária de imóveis situados na zona de protecção de imóveis classificados ou em vias de classificação no âmbito da proposta de plano de pormenor, não deve ter carácter vinculativo.

[20] *Introdução ao Património Cultural*, Almedina, Coimbra, 2004, p. 58.

encontra-se assegurado pela colaboração dos Municípios com o IGES-PAR, I.P. na elaboração dos planos de pormenor de reabilitação urbana, pelo que a solução de não duplicação de instrumentos de planeamento a que se chegou foi, efectivamente, a melhor. Trata-se, enfim, de acoplar, nas palavras de Suzana Tavares da Silva, a um primeiro nível de intervenção, meramente urbanístico, um nível de intervenção secundário (que pode existir ou não) de âmbito urbanístico cultural[21].

IV. A reabilitação urbana e o direito à habitação

O direito à habitação e as políticas públicas adoptadas para a sua concretização em situações de pobreza e exclusão social, nem sempre têm sido promotoras de um direito à cidade e da qualidade de vida urbana.

Pelo contrário, as várias tentativas legislativas de promover o acesso à habitação, seja própria, seja arrendada, constituíram tradicionalmente um dos principais obstáculos ao adequado ordenamento urbano e, em particular, à reabilitação urbana.

Por um lado, um dos factores-chave da degradação do parque habitacional residiu no desinvestimento dos proprietários, na sequência do congelamento das rendas ou da sua reduzida actualização[22]. A tentativa de resposta a esta questão passou recentemente, ainda que com limitado

---

[21] Suzana Tavares da Silva, "Reabilitação urbana ...", *cit.*, p. 354-355.

[22] Desinvestimento este que foi, em grande medida, potenciado pela jurisprudência dos nossos Tribunais Judiciais, que amiúde considerou existir abuso do direito, sempre que as atribuições patrimoniais das partes no contrato de arrendamento (as que se traduzem, do lado do senhorio, na obrigação de realizar as obras e do lado do arrendatário, na obrigação de pagar a renda) fossem desiguais ou desequilibradas, de tal modo que, a admitir-se a obrigação de o senhorio realizar as obras de conservação, o arrendatário se locupletaria injustamente à custa do senhorio. Veja-se, no entanto, o Acórdão do Supremo Tribunal de Justiça de 26 de Outubro de 1999, proferido no processo 99A740, no qual se julgou que, se o senhorio intencionalmente degradar o locado, para depois invocar os altos custos da reparação e assim forçar o inquilino a sair ou, eventualmente, originar a demolição do prédio, estar-se-á perante um "venire contra factum proprium", se o senhorio viesse então invocar abuso de direito por parte do locatário. Sobre estas oscilações jurisprudenciais e sua apreciação, cfr. *O Provedor de Justiça e a Reabilitação Urbana*, Provedoria de Justiça – Divisão de Documentação, Lisboa, 2004, p. 59 e ss.

Reabilitação urbana em Portugal: evolução e caracterização 33

sucesso, pela nova legislação do arrendamento urbano[23] e pela íntima ligação nela estabelecida entre a reabilitação dos edifícios (regime jurídico das obras em prédios arrendados) e a actualização das rendas.

Por outro lado, a construção de habitação pública e subsidiada, ainda que integrada em programas de realojamento, revelou-se uma resposta nem sempre adequada aos problemas da habitação dos mais carenciados, e, em muitos casos constitiu um factor de agravamento dos problemas sociais e urbanísticos de pobreza, exclusão social e segregação urbana[24].

Para reverter, na medida do possível, estas situações, o Programa Nacional da Política de Ordenamento do Território identifica como vectores basilares a elaboração de um Programa Estratégico da Habitação, no âmbito do qual o Estado assumirá o papel de regulador adquirindo ou arrendando imóveis, e a implementação de programas municipais de resposta às graves carências habitacionais, em coerência com os objectivos de equidade social e territorial, reforçando a solução de reabilitação do parque devoluto em relação à construção nova.

A reabilitação urbana pode e deve, assim, desempenhar um papel relevante, de *garantia*[25], na disponibilização de habitação de qualidade, posto que, naturalmente, a ocupação das áreas de reabilitação urbana, depois desta ocorrer, seja permeada por imperativos de equidade social. Caso contrária, a reabilitação de zonas urbanas degradadas corre o risco de ser apenas física e, por isso, necessariamente curta e frágil, e a reabilitação de zonas históricas mas com um elevado número de fogos devolutos, corre o risco de alterar as dinâmicas espaciais da segregação, mas não de as eliminar.

---

[23] Cfr., em particular, a Lei n.° 6/2006, de 27 de Fevereiro, que aprova o novo regime jurídico do arrendamento urbano e estabelece um regime especial de actualização das rendas antigas

[24] Para um diagnóstico destas situações, cfr. E. V. Rodrigues, F. Samagaio, H. Ferreira, M. M. Mendes e S. Januário, "A Pobreza e a Exclusão Social: Teorias, Conceitos e Políticas Sociais em Portugal", *Sociologia – Revista da Faculdade de Letras da Universidade do Porto*, N.° 9, 1999, p. 67-68 e p. 83 e ss.

[25] Segundo Fernando Alves Correia, *Manual...*, Vol. I, *cit.*, p. 138, um dos princípios constitucionais do direito do urbanismo, no qual integramos a reabilitação urbana, é o da sua consideração como *garantia* da efectivação do direito à habitação.

V. Conceito e objecto da reabilitação urbana

No texto de referência *Guidance on Urban Rehabilitation*, do Conselho da Europa, a reabilitação urbana é vista como um processo de revitalização ou regeneração urbana a longo prazo, que tem como objectivo de melhorar componentes do espaço urbano e o bem-estar e qualidade de vida da população em geral. A reabilitação é, assim, considerada parte de um projecto/plano de desenvolvimento urbano, exigindo uma abordagem integrada que envolva todas as políticas urbanas[26].

Trata-se, assim, tal como sucede com as demais políticas urbanísticas, de uma política "de fusão", em que se misturam e priorizam interesses públicos e privados de vária ordem, seja a conservação integrada do património cultural, o acesso a uma habitação apropriada, a promoção da coesão social e territorial e a contribuição para o desenvolvimento sustentável das cidades através da gestão cautelosa do ambiente.

Ao nível legislativo, a primeira definição de reabilitação urbana surgiu com o Decreto-Lei n.° 104/2004. Por esta se entendia *"o processo de transformação do solo urbanizado, compreendendo a execução de obras de construção, reconstrução, alteração, ampliação, demolição e conservação de edifícios, tal como definidas no regime jurídico da urbanização e da edificação, com o objectivo de melhorar as suas condições de uso, conservando o seu carácter fundamental, bem como o conjunto de operações urbanísticas e de loteamento e obras de urbanização que visem a recuperação de zonas históricas e de áreas críticas de recuperação e reconversão urbanística"*.

A imprescindibilidade da "conservação do carácter fundamental" da área a reabilitar para identicar uma operação de reabilitação urbana, veio delimitar o âmbito de aplicação (espacial e material) daquela legislação, não dando seguimento, assim, às propostas doutrinárias que viam na renovação urbana um supraconceito possível que englobaria a totalidade de operações de intervenção no existente, ainda que de alteração fundamental deste[27].

---

[26] *Cit.*, p. 75.

[27] Cfr. o conceito amplo de renovação urbana proposto por Fernando Alves Correia, "Principais Instrumentos de Tutela do Ambiente Urbano em Portugal", *A Tutela Jurídica do Meio Ambiente – Presente e Futuro*, Coimbra Editora, Coimbra, 2005,

Reabilitação urbana em Portugal: evolução e caracterização   35

O Decreto-Lei n.º 307/2009, por seu turno, distingue entre reabilitação do edifício (vista numa perspectiva de ajustamento e adaptação funcional do imóvel) e reabilitação urbana, enquanto *"A forma de intervenção integrada sobre o tecido urbano existente, em que o património urbanístico e imobiliário é mantido, no todo ou em parte substancial, e modernizado através da realização de obras de remodelação ou beneficiação dos sistemas de infra-estruturas urbanas, dos equipamentos e dos espaços urbanos ou verdes de utilização colectiva e de obras de construção, reconstrução, ampliação, alteração, conservação ou demolição dos edifícios"*[28].

Convém, a este propósito, fazer quatro precisões:

i. Apesar de o legislador ter distinguido entre reabilitação de edifícios e reabilitação urbana, apenas esta constitui o objecto daquele diploma, já que o Decreto-Lei n.º 307/2009 se baseia na delimitação de áreas de reabilitação urbana e não na reabilitação isolada de edifícios [ainda que admita que as unidades de intervenção, e bem assim, as unidades de execução, que identificam a área a sujeitar a uma operação específica de rea-

---

p. 96 e ss. Em sentido ainda mais amplo, cfr. Luís Filipe Colaço Antunes, *Direito Urbanístico – Um outro Paradigma: A Planificação Modesto-Situacional*, Coimbra, Almedina, 2002, p. 206, para quem a reabilitação engloba não apenas a conservação e o restauro, como também a renovação e requalificação urbanística.

[28] Esta noção é similar à prevista no Decreto Regulamentar 9/2009, de 29 de Maio, que, por seu turno, diferencia a reabilitação da renovação e da reestruturação urbana. Por oposição à reabilitação, a renovação, enquanto "forma de intervenção no tecido urbano existente em que o património urbanístico ou imobiliário é substituído, no seu todo ou em parte, muito substancial", apela para uma actuação de modernização, se não mesmo de demolição em grande escala e posterior reordenamento urbanístico. Assim, a renovação urbana é um processo não apenas físico, mas a mais das vezes também também fundiário (alteração predial) funcional (alteração de usos) e social (alteração do tecido social). Por seu lado, a reestruturação urbana, enquanto forma de intervenção no tecido urbano existente, tem por objectivo a introdução de novos elementos estruturantes do aglomerado urbano ou de uma área urbana (equipamentos, infra-estruturas, zonas verdes). Este desdobramento terminológico de áreas temáticas muito próximas entre si é cosido pelo conceito de requalificação urbana, enquanto processo sistemático de intervenção primacial no tecido urbano existente, com o fim de o adequar às exigências contemporâneas de qualidade de vida e de promoção de um saudável ambiente urbano e cuja prossecução pode ser realizada, entre outras formas, através da renovação, reestruturação e reabilitação urbanas.

bilitação urbana, possa coincidir, em casos de particular interesse público, a um edifício, cfr. artigo 2.º, alínea l)]. A reabilitação de edifícios é, ainda assim relevante, mas de forma instrumental, para a caracterização das operações de reabilitação urbana simples e para a concretização (individualizada) dos instrumentos de política urbanística.

ii. O conceito de reabilitação urbana, apesar de assentar na conservação substancial do edificado, admite todo um conjunto de intervenções que podem consistir na alteração ou demolição do existente ou em nova edificação. Esta precisão comporta duas consequências, uma positiva e uma outra negativa. A primeira reside no facto de a identificação dos instrumentos de actuação de reabilitação urbana não ser feita de forma excludente, sendo apenas no momento da eleição dos mecanismos concretos de intervenção que exigências jurídicas como as da proporcionalidade limitam o cardápio à disposição da Administração[29]. Ou seja, apesar de haver uma linha de preferência pelos instrumentos que promovam a conservação do património incluído essencialmente nos centros das cidades, como forma de preservação ou recuperação da sua atractividade, (pluri)centralidade e multifuncionalidade, tal não exclui que, em situações justificadas, se possa lançar mão de instrumentos que promovam uma intervenção mais intensa nessa área, tendo em vista os objectivos que, com a reabilitação urbana se visam atingir. A segunda consequência, desta feita negativa, resulta do facto de o regime jurídico disposto no Decreto-Lei n.º 307/2009 não se ter como aplicável a situações em que as operações a levar a cabo conduzam a uma alteração fundamental da área de intervenção, situação em que estaríamos já perante uma actuação de renovação urbana. Se os limites da reabilitação urbana não são agora de área (não se limitando a zonas históricas e a áreas críticas de recuperação e reconversão urbanística), são-o de conceito, uma vez que se exige uma manutenção, em todo ou em parte substancial, do património urbanístico e imobiliário da área de reabilitação. Deste modo se inviabiliza a utilização do diploma no caso

---

[29] Sobre esta questão, cfr. Fernanda Paula Oliveira e Dulce Lopes. "Reabilitação Urbana: Uma Noção e uma Via de Concretização", Em Cima do Joelho (ECDJ), n.º 9, 2005, p. 76 e ss. Pronunciando-se em sentido idêntico no ordenamento jurídico vizinho, cfr. Santiago GONZÁLEZ-VARAS IBÁNEZ, "La rehabilitación urbanística. Legislación, problemas, líneas de futuro", *Revista de Derecho Urbanístico y Medio Ambiente*, Ano XXXIII, n.º 172, em especial p. 1068 a 1070.

Reabilitação urbana em Portugal: evolução e caracterização

de reconversão de bairros sociais ou de regeneração de áreas industriais, não obstante o conceito amplo de áreas de reabilitação urbana, previsto no artigo 12.º, n.º 1[30].

iii. Na formulação deste artigo 12.º, a reabilitação é potencialmente extensível a todos os espaços urbanos, posto que os respectivos processos de degradação e declínio assim o justifiquem[31]. Esta potencial amplitude (que vai do centro às periferias) é, porém, contrabalançada pela necessidade de fundamentação da delimitação concreta das áreas de reabilitação urbana[32]. Pensamos, a este propósito, que é mesmo possível extender a aplicação do diploma a áreas de reabilitação urbana demarcadas, total ou parcialmente, em solo rural. Efectivamente, o n.º 1 do artigo 12.º refere-se a espaços urbanos e não a solo urbano, pelo que não haverá razões para excluir a aplicação do Decreto-Lei n.º 307/2009 a áreas integradas em solo rural, desde que sejam marcadas por características de urbanidade e careçam de reabilitação (como pode suceder com aglomerados rurais, que integrem, por exemplo, bens classificados, ou, mesmo, com áreas de génese ilegal, mas que, à luz das perspectivas estratégicas municipais, possam e devam ser, em grande medida, mantidas).

---

[30] Uma situação que se poderia ver excluída do âmbito da reabilitação urbana, numa leitura *prima facie* do Decreto-Lei n.º 307/2009, seria a das operações de colmatação em espaços urbanos. No entanto, neste caso é possível delimitar, desde que com critério, a área de reabilitação urbana, de modo a abranger aqueles espaços, que podem, posteriormente, corresponder a uma unidade de execução ou de intervenção. Nestas situações, porém, haverá que mandar aplicar as exigências urbanísticas que são pensadas para as operações de expansão urbana, como sejam as de justa compensação de benefícios e encargos urbanísticos.

[31] Na impressiva exposição de João Ferrão, ao referir-se aos espaços onde normalmente não vamos, por marginalização ou por auto-exclusão, apenas os condomínios fechados estão (por ora) furtados à abrangência da política de reabilitação urbana ("Visão humanista da cidade", 2004, disponível no endereço http://www.patriarcadolisboa.pt/vida-catolica/vcnum18/3_04_01_politicas_cidade_pat.doc). O mesmo já não se pode dizer, porém, quanto às áreas históricas das cidades, aos bairros dormitórios dos subúrbios e aos bairros de minorias étnicas.

[32] Segundo Vítor Reis, "Montagem de operações de reabilitação urbana", *Habitação e Reabilitação Urbana,* Urbe, Lisboa, 2005, p. 63-64, a delimitação e caracterização da área de intervenção das operações de reabilitação urbana implica a análise e avaliação de vários aspectos, desde logo os da população, do edificado, das actividades, do sistema viário e pedonal, dos espaços livres, das infra-estruturas, da protecção civil, da geologia e do património cultural.

iv. Não obstante o referido no ponto anterior, nem todas as áreas que preencham os requisitos do artigo 12.º estão igualmente carecidas de reabilitação, podendo mesmo colocar-se a questão se não haverá, da parte dos Múnicipios, uma obrigação de lançar mão dos instrumentos previstos no Decreto-Lei n.º 307/2009 em situações que flagrantemente devem ser reconduzidas àquela disposição normativa (pensemos, por exemplo, em zonas históricas a reabilitar ou em processo de reabilitação). Efectivamente, não há que olvidar que a delimitação de uma área de reabilitação urbana comporta consigo um conjunto de obrigações para o Múnicipio, a que este não se deve poder eximir, e um conjunto de direitos para os interessados, designadamente em matéria de tributação, a que estes devem poder aceder, o que gera especiais obrigações/expectativas quanto à actuação municipal.

VI. **Degradação urbana: estado, causas e remédios**

As situações de degradação urbana a que a reabilitação urbana visa dar resposta são complexas e multifacetadas[33], podendo observar-se fenómenos entrecruzados de degradação física, económica e humana nas áreas de reabilitação urbana, tais como:

- a substituição de construções antigas por novas dissonantes, em termos físicos, e de actividades tendencialmente monofuncionais, muitas das vezes como resultado do disposto em instrumentos de planeamento, que condicionaram excessivamente as utilizações em zonas históricas ou não acautelaram suficientemente as condições de edificação em novas zonas urbanas;
- a degradação progressiva de edifícios de interesse cultural e patrimonial, seja individualmente, seja como conjunto como conjunto, que, apesar de não poderem ser demolidos não são conservados e aguardam ruína;
- a obsolescência física e funcional do parque edificado, i.e. a desadequação do parque habitacional e terciário às actuais exigências funcionais;

---

[33] Para uma sucinta análise da reabilitação urbana em Portugal, cfr. o texto datado de Ana Pinho e José Aguiar, "Reabilitação em Portugal. A mentira denunciada pela verdade dos números!", *Arquitecturas*, n.º 5, 2005.

Reabilitação urbana em Portugal: evolução e caracterização 39

– a inadequação das redes e infra-estruturas urbanas (de entre as quais a falta de condições de acessibilidade e mobilidade) e a inexistência de equipamentos e espaços de uso público, bem como de serviços de qualidade nos centros históricos ou em zonas urbanas ocupadas dominantemente por classes desfavorecidas;
– a desqualificação do comércio tradicional e a deslocalização de actividades económicas dos centros urbanos para novas centralidades;
– a desertificação e envelhecimento dos centros, pela incapacidade de atracção de população jovem e a predominância de habitantes envelhecidos ou de fracos recursos financeiros, com fraca capacidade reivindicativa.

É usual apontar-se como factores que foram decisivos para as verificadas situações de degradação urbana, os seguintes[34]:

– a inexistência de adequados planos de urbanização, de pormenor ou de instrumentos de programação que enquadrem as preocupações de protecção do património cultural e do património edificado num quadro normativo mais amplo, tendo-se bastado com a delimitação dos núcleos históricos e a inventariação e estrita conservação do património existente;
– a falta de coerência ou ausência de uma visão estratégica do planeamento urbano, que passou a assentar no desenvolvimento de novas áreas em detrimento da reabilitação dos espaços urbanos consolidados;
– a falta de aproveitamento do trabalho desenvolvido pelos GAT e GTL, muito em virtude da sua não integração formal na orgânica municipal;
– a definição de programas de incentivo e de financiamento aos centros históricos – nomeadamente o programa PROCOM e o programa URBCOM – que não apreenderam os centros históricos no seu todo, como desejável sede de complementares funções residenciais, de comércio e de serviços, apenas considerando a sua vertente comercial e o espaço público;

---

[34] Cfr. Ana Almeida, "O Regime Jurídico Excepcional da Reabilitação Urbana (Decreto-Lei 104/2004, de 7 de Maio), *Revista do CEDOUA*, n.º 21, 2008, p. 81.

40   *Dulce Lopes*

– o facto de o custo da reabilitação ser, em regra, superior à da construção nova (havendo, mesmo acrescidas dificuldades na obtenção de crédito à reabilitação), não tendo havido, igualmente, uma política de fiscalidade amiga da reabilitação, que desincentivasse a nova edificação e promovesse a intervenção no edificado;
– a circunstância de a legislação do arrendamento urbano ter potenciado desinteresse (e descapitalização) dos proprietários pelo estado de conservação dos seus imóveis, aumentando o fosso tradicionalmente fonte de conflitos entre proprietários e ocupantes dos imóveis;
– a descoordenação entre políticas sectoriais, sobretudo a de mobilidade e transporte, a cultural e a comercial, conduziram a uma insuficiente procura dos centros históricos, gerando graves problemas de insegurança;
– a ausência de critérios de localização de actividades comerciais e de prestação de serviços em toda a zona urbana conduziu à deslocalização de actividades tradicionalmente ligadas aos centros urbanos para zonas peri-urbanas, gerando novas centralidades *desarticuladas* entre si;
– a insuficiência e desarticulação de investimentos públicos e privados para o desenvolvimento urbano e a complexidade e dispersão dos mecanismos de apoio financeiro;
– a incapacidade de reivindicação e influência na transformação do espaço por parte dos habitantes dos centros históricos ou de zonas degradadas, dadas as suas características de dependência física ou económica;
– a dispersão, indivisão e complexidade da propriedade urbana;
– a dificuldade de adaptação às exigências actuais, por falta de condições físicas e de espaço público disponível ou por impossibilidade ou extrema onerosidade da utilização do solo ou do subsolo, em virtude da potencial existência de vestígios arqueológicos;
– A incoerência da política de habitação, que não promoveu o mercado de arrendamento, mais ajustado à ocupação de zonas históricas.

A reversão destas situações de degradação urbana e, bem assim, a consecução dos desideratos da reabilitação urbana implica uma abordagem que não se centre apenas na reabilitação física dos edifícios, mas que apreenda as especificidades da área a reabilitar, as suas carências e poten-

Reabilitação urbana em Portugal: evolução e caracterização 41

cialidades, e invista na revivificação do espaço urbano e na revitalização das actividades que aí encontram a sua sede.

Pensamos que esta abordagem, de modo a ser consequente e operacional, deve revestir características que aliem harmoniosamente dimensões de estratégia e de acção, uma vez que os ambiciosos objectivos da reabilitação urbana não se compadecem com a manutenção de um urbanismo de matriz regulamentar: generalizante, impositivo e autoritário. Urge, por isso, repensar os pilares de *sustentação* de todo o edifício da reabilitação urbana, de modo a esclarecer qual o seu conteúdo normativamente relevante e a sua capacidade operacional – o que faremos de seguida –, ao mesmo tempo que se deve acompanhar esta abordagem de uma revisão dos mecanismos financeiros e fiscais, bem como das políticas de habitação e de mobilidade, peças fundamentais para a *sustentabilidade* deste edifício.

i. Urbanismo de proximidade – a reabilitação assenta no planeamento e na gestão de uma área delimitada, fundando os seus pressupostos de intervenção na identificação dos problemas, mas também nas potencialidades da mesma, por forma a respeitar a diversidade e especificidade do seu tecido urbano e social. Para tanto, a operação de reabilitação urbana deve centrar-se na escala urbana mais pequena e eficaz, que o Decreto--Lei n.º 307/2009 identifica como a área de reabilitação urbana. Esta área centra-se em conjuntos edificados dotados de alguma homogeneidade, e não em edifícios isolados, podendo a execução das operações de reabilitação urbana ter lugar no seio de unidades mais restritas e a uma escala territorial mais limitada (unidades de intervenção e unidades de execução).

No entanto, não há que esquecer que, como política global, a reabilitação urbana deve ser considerada aos vários níveis de actuação e escalas de planeamento, de modo a que a estratégica local (para a área de reabilitação urbana) não seja prejudicada ou contrariada por opções delineadas para outras áreas da *urbe*, designadamente quanto aos critérios de instalação de actividades económicas[35].

ii. Urbanismo de concertação – a reabilitação deve corresponder a um processo amplamente participado, participação esta que deve começar

---

[35] Alertando para o risco da remissão pura e simples para o nível de pormenor, cfr. Adelino Manuel dos Santos Gonçalves, "Questões de pormenor no planeamento de salvaguarda", *Revista do CEDOUA*, N.º 17, 2006, p. 35-50.

mesmo antes do início formal do procedimento de delimitação de uma área de reabilitação urbana, uma vez que os pressupostos estratégicos desta e os estudos que os fundamentam não podem estar furtados ao debate público.

As sessões de esclarecimento e apresentação do projecto e a recolha de opiniões são apenas o primeiro passo pois, para além de uma mera participação-audição, pretende-se o fomento de uma atitude de concertação e, mesmo, de contratualização das soluções entre os interesses dos diversos agentes da operação urbanística projectada, por forma a criar um projecto comum que seja o resultado da convergência dos interesses privados e públicos em presença.

Este esforço de concertação pode conduzir, mesmo, à institucionalização de uma verdadeira (e desejável) co-determinação público-privada[36] da execução da operação de reabilitação urbana – é este o modelo subjacente à Administração conjunta, que deverá, no entanto, ser ainda objecto de regulamentação legal – ou pelo menos, a uma maior atractividade da tarefa de reabilitação, de modo a promover a entrada nesta de capitais privados e uma melhor repartição do risco (seja através do recurso a concessões, a contratos de reabilitação ou da criação ou participação em fundos de investimento imobiliário).

A este propósito, o preâmbulo do Decreto-Lei n.º 307/2009, refere um reforço das garantias de participação dos proprietários e dos demais interessados, quer ao nível das consultas promovidas aquando da delimitação da área de reabilitação e dos instrumentos de estratégia e programação das intervenções a realizar, quer no âmbito da respectiva execução.

Mas a este respeito o legislador enquadrou essencialmente as parcerias com várias entidades privadas (sobretudo entidade terceiras) ao nível da execução do plano, não sendo visível, no articulado daquele diploma, um ganho significativo em termos participativos. Pelo contrário, não obstante a referência flexível e abrangente à figura dos Programas de Acção Territorial (PAT) no artigo 16.º e à inscrição de uma fase de discussão pública aquando da aprovação de uma área de reabilitação urbana por

---

[36] Expressão utilizada por Paolo Urbani, *Urbanistica Consensuale: La disciplina degli usi del territorio tra liberalizzazione, programmazione negoziata e tutele differenziate*, Bolatti Boringheri, 2000, Torino, p. 74.

Reabilitação urbana em Portugal: evolução e caracterização 43

instrumento próprio, situações preocupantes há de desvalorização da participação e concertação de interesses, quais sejam a definição estreita de interessados que é dada no artigo 69.º, n.º 3 e a promoção de mecanismos de negociação e concertação de interesses, mas com a precisão que tal ocorre "nomeadamente nos casos em que os interessados manifestem formalmente perante a entidade gestora vontade e disponibilidade para elaborar e concertar, nessa sede, a definição do conteúdo da decisão administrativa em causa" (artigo 72.º, n.º 1), o que constitui uma abertura para limitar a abrangência da tarefa oficiosa de negociação municipal.

É claro, no entanto, que a promoção da tríade participação/concertação e contratação não pode constituir um obstáculo à criação e utilização de mecanismos que permitam à administração alcançar, ainda que impositivamente, a efectiva afectação dos imóveis e dos solos às funções a que estão destinados nos instrumentos de política dos solos. Mas estes devem ser instrumentos de *ultima ratio*, apenas mobilizáveis nas situações em que a colaboração dos interessados não seja possível ou viável, em face das características da operação.

iii. Urbanismo promocional – Aliando-se a política de reabilitação urbana a finalidades amplas que entram nos domínios social, económico e ambiental, tendentes ao fomento da atractividade e dinamização da área de reabilitação urbana, é essencial conjugá-la com uma política de *marketing* e divulgação, nomeadamente pela criação de uma "imagem de marca" da área a reabilitar, sobretudo quando em causa estejam áreas com valor histórico e/ou turístico. Contudo, a opção por uma qualquer estratégia não é neutra, uma vez que dela decorrem sensíveis consequências quanto ao modo de intervenção e aos objectivos a atingir[37].

Desta actuação "promocional" dependerá não apenas o direccionamento *"policy oriented"* da participação e da negociação para certas

---

[37] À questão "promover o quê?" deve responder-se com particular cautela, sobretudo quando estejam em causa centros históricos, nos quais os valores da autenticidade e da identidade urbana assumem grande relevo. Isto sob pena de, como adverte José Aguiar – "A conservação do património urbano e o lugar das novas arquitecturas", *Estratégias de Reabilitação de Centros Históricos: Actas da Conferência realizada em 18 e 19 de Junho de 1999, 1.º Fórum Internacional de Urbanismo*, UTAD/ URBE, 2000, Vila Real, p. 32 –, no sucesso dos centros históricos poder residir, muitas vezes, "o germe da sua própria autodestruição enquanto identidade".

camadas da população, mas, sobretudo e em grande medida, a captação do tão desejado investimento privado antes da própria intervenção ter lugar, nomeadamente através da assunção das responsabilidades de intervenção pelos proprietários e do investimento de terceiros. Todavia, também o financiamento público depende destas variáveis pois também ele, perante a escassez de recursos disponíveis, se liga ao tipo, à visibilidade e ao grau de consecução dos objectivos propostos – portanto, à eficácia e eficiência da actuação projectada –, isto quer se trate de financiamento feito a nível local, a nível nacional ou ao nível da União Europeia.

iv. Urbanismo integrado (ou de integração) – O carácter de integração da política de reabilitação urbana coloca-se quer ao nível dos objectivos, quer ao nível do procedimento.

Ao nível dos objectivos, esta é uma política permeada não apenas por interesses patrimoniais (recuperação e modernização do parque habitacional que apresente sinais de degradação física e salvaguarda dos bens do património cultural), como também por cuidados sociais (equidade territorial e social, das situações de escassez, envelhecimento e empobrecimento da população) e por preocupações ligadas à promoção do ambiente urbano (renovação e adequação do equipamento social e das infra-estruturas públicas, promoção de energias ou instalação de actividades "limpas", criação de espaços verdes e de uso colectivo e reversão da situação de poluição visual e sonora).

Exige, portanto, uma consideração integrada (e não temática) ao nível territorial, económico, social e ambiental, pelo que deve ser ponderada conjuntamente com outras políticas como a do património, habitação, transportes, ambiental, etc., ao mesmo tempo que o vector da reabilitação urbana deve integrar estas políticas sectoriais, sempre que em causa esteja a realização de investimentos em imobilizado.

Esta confluência de abordagens que caracteriza a reabilitação urbana não pode deixar de ter uma refracção nos procedimentos que a visam concretizar, seja ao nível regulamentar, seja ao nível da gestão urbanística. Qualquer um deles deve convocar a participação, em tempo útil, das entidades públicas que tenham um papel relevante na ocupação ou reocupação das áreas de reabilitação urbana.

VII. Actores da política de reabilitação urbana

Analisados já o conceito, o objecto e os pressupostos base de uma política de reabilitação urbana, cumpre fazer uma referência, ainda que sucinta, aos principais actores, públicos e privados, desta política.

Esta referência justifica-se pelo facto de serem aqueles actores os responsáveis pela condução, execução e financiamento da reabilitação urbana, constituindo, assim, uma das suas peças fundamentais[38].

A definição concreta da repartição da responsabilidade pelas operações de reabilitação tem constituído um dos pomos tradicionais de discussão nesta matéria, apontando-se normalmente o dedo à falta de execução das operações de reabilitação do edificado e/ou do espaço público a dificuldades administrativas e económicas e financeiras seja das entidades privadas, seja das entidades públicas que poderiam e deveriam levar a cabo aquelas operações.

A reabilitação urbana, como acentuámos, é entendida como função pública, tendencialmente compartilhada pelo Estado, Regiões Autónomas e Autarquias Locais (artigo 5.° do Decreto-Lei n.° 307/2009), que, por isso, devem participar activamente na sua consecução, mas assenta, na base, no princípio da responsabilização dos privados.

Efectivamente, em consonância com o Regime Jurídico da Urbanização e Edificação (artigo 89.°, que estabelece deveres de conservação ordinária e extraordinária dos imóveis) e com o entendimento que deve ser feito da função social da propriedade, é imputado aos proprietários o dever legal de assegurar e custear a reabilitação do edifício (artigo 6.° do Decreto-Lei n.° 307/2009). Esta obrigação (positiva) é ainda complementada pela obrigação dos proprietários e titulares de outros direitos ou encargos sobre edifícios ou fracções se absterem de provocar situações contrárias à reabilitação dos edifícios, sob pena, até, de aplicação da contraordenação prevista no RJUE [artigos 89-A e 98.°, n.° 1, alínea *t*)].

Tal significa que, à luz dos princípio da subsidiariedade[39] [da acção pública relativamente à actuação privada, nos termos da alínea *b*) do ar-

---

[38] Definindo e caracterizando igualmente algumas figuras do processo "regenerativo", designadamente os proprietários/senhorios, arrendatários/inquilinos, os Municípios e o próprio Estado, *vide* Francisco Cabral Metello, *Manual de Reabilitação Urbana – Legislação Anotada e Comentada*, Almedina, 2008, Coimbra, p. 15 e ss.

[39] Sobre os princípios que regem a reabilitação urbana veja-se, nesta mesma publicação, o escrito de Suzana Tavares da Silva, "Reabilitação urbana: conceito e princípios".

tigo 4.º do Decreto-Lei n.º 307/2009] e da proporcionalidade [segundo o qual para a adopção de uma medida lesiva da esfera jurídica dos seus destinatários não basta a previsão legal de recurso a um instrumento impositivo (juízo de proporcionalidade em abstracto) mas a ponderação em concreto da sua necessidade, em face da recusa ou impossibilidade de cumprimento da obrigação de reabilitar], sempre que em causa esteja a intervenção no edificado, se deve reservar a maior margem de actuação possível aos proprietários ou outros titulares de direitos sobre os bens, de modo a que possam ter um papel activo na definição e na execução das operações de reabilitação. É esta, aliás, a filosofia subjacente às operações de reabilitação urbana simples.

A responsabilidade privada refere-se, sobretudo, às operações que incidam sobre cada imóvel, caso estes sejam careçam de obras de conservação ou de outras intervenções urbanísticas. Em regra, esta responsabilidade pela execução das obras de reabilitação envolve a respectiva responsabilidade pelo seu financiamento. No entanto, tal não sucederá sempre que as alterações ou, mesmo, demolições propostas não sejam imputadas à acção ou omissão do proprietário do imóvel, mas à imposição dos instrumentos de planeamento e programação definidos para a área de reabilitação urbana. Neste caso, adquire relevo o discurso da perequação, ainda que o legislador admita a dificuldade da sua inscrição na maioria das situações de reabilitação urbana (uma vez que os ganhos de edificabilidade raramente compensam as perdas registadas, de modo a que o recurso à perequação possa revelar-se atractivo), e, em última linha, a indemnização pelo encargo especial e anormal de reabilitação que impende sobre o particular

Também não é de excluir, à partida, a necessidade de previsão de parâmetros de dimensionamento, de realização de cedências e do pagamento de compensações por parte dos proprietários que tenham, em virtude das acções de reabilitação, algum ganho edificativo, ainda que se reconheça que aquelas obrigações podem ser dificilmente concretizáveis na maioria das situações de reabilitação (artigo 67.º, n.º 3, do Decreto-Lei n.º 307/2009).

---

[40] Estes interessados podem também ser o Município ou a entidade gestora, desde que na sua veste de proprietários ou de participantes nos fundos de investimento imobiliário (artigo 77.º, n.º 4).

Reabilitação urbana em Portugal: evolução e caracterização　　47

No nosso entendimento, as forma mais viáveis de proceder à perequação de benefícios e encargos decorrentes de uma operação de reabilitação urbana passarão pelo recurso a mecanismos institucionais ou devidamente concertados, seja da Administração com os proprietários (como deverá acontecer no âmbito da regulação da figura da administração conjunta de operações de reabilitação urbana), seja dos proprietários e demais interessados entre si[40] (como sucederá nas situações em que seja promovida uma execução directa pelos interessados das operações de reabilitação urbana ou a criação de fundos de investimento imobiliário).

A importância da assunção da responsabilidade de reabilitação pelos privados não invalida, porém, antes confirma, a necessária complementaridade e compatibilização entre a acção pública e a acção privada em matéria de reabilitação urbana.

Apesar de se ter passado de uma actuação "dirigista" das entidades públicas para uma sua actuação de programação, incentivo e de colaboração com os particulares, não se pode olvidar que há dimensões da reabilitação urbana que devem ser asseguradas por aquelas entidades, *maxime* pelos Municípios: pensamos na intervenção em infra-estruturas, equipamentos sociais ou imóveis próprios[41], que devem ser, como já referimos, objecto de definição estratégica e global conjuntamente com as operações de reabilitação do edificado de titularidade privada.

No entanto, o grosso da actuação das entidades com responsabilidade em matéria de reabilitação urbana, guia-se pelos vectores da definição das estratégias e programa de intervenção, do apoio à iniciativa privada e respectivo controlo, e da intervenção supletiva para dar cumprimento àquela estratégia e àquele programa, sempre que os obrigados iniciais – os proprietários – não possam ou não queiram fazê-lo.

A definição das estratégias e programas de intervenção em matéria de reabilitação urbana estão actualmente cometidas, no essencial, ao nível municipal, ainda que com o apoio do Instituto da Habitação e da Reabilitação Urbana, I.P. (IHRU) (Decreto-Lei n.° 223/2007, de 30 de Maio) e de outras entidades públicas. De facto, são os órgãos Municipais que detêm a competência para a delimitação das áreas de reabilitação urbana, qualquer que seja o instrumento eleito para o efeito.

---

[41] Cite-se, a este propósito, a criação do do Fundo de Reabilitação e Conservação Patrimonial e a constituição do Fundo de Salvaguarda do Património Cultural.

Já a tarefa de gestão das áreas de reabilitação urbana (que inclui tanto dimensões de apoio, como de controlo e, mesmo, de intervenção), pode ser assegurada tanto pelo Município como por empresas do sector empresarial local (artigo 10.º, n.º 1 e artigo 36.º, n.º 1)[42]. Trata-se este de uma confirmação legal de que aquelas empresas preenchem um dos tipos abertos da Lei n.º 53-F/2006, de 29 de Dezembro: a promoção do desenvolvimento local [cfr., ainda, o artigo 21.º, n.º 2, alínea b) deste diploma][43].

A estas entidades empresariais podem ser delegadas relevantes competências municipais (artigo 36.º, n.º 1). As competências delegáveis são, potencialmente, todas as definidas pelo legislador no próprio Decreto-Lei n.º 307/2009, devendo, no entanto, ser precisadas no acto de delegação e ser exercidas no estrito respeito pelos objectivos que presidem à delimitação da área de reabilitação urbana. Por este motivo, o acto de delegação (ou este conjuntamente com a criação da empresa municipal responsável pela gestão de uma específica área de reabilitação urbana), devem acompanhar a estratégia de reabilitação urbana ou o programa estratégico de reabilitação urbana (artigos 36.º, n.º 3, e 37.º, n.º 4). Só assim não será se a entidade gestora revestir a natureza de sociedade de reabilitação urbana, caso em que o artigo 36.º, n.º 4 identifica os poderes que se presumem delegados nesta entidade.

Assinale-se que a esta delegação não obsta o facto de as entidades empresariais em causa poderem não ser totalmente participadas pelo Município ou, em situações de excepcional interesse público, também pelo Estado. Efectivamente, o artigo 17.º da Lei n.º 53-F/2006 admite

---

[42] Ou conjuntamente por ambas, sempre que a amplitude dos poderes delegados nestas empresas não seja de monta a excluir uma intervenção a título principal e directo do Município (e já não apenas enquanto entidade dotada de poderes de supervisão – artigo 36.º, n.º 6, ou complementares – artigo 44.º, n.º 2).

[43] No ordenamento vizinho, colocou-se a questão da própria admissibilidade da "edificação e reabilitação urbana" como finalidades integrantes do objecto social de sociedades municipais, pelo menos quando elas excedessem o âmbito da habitação social protegida. A sentença do Tribunal Supremo Espanhol de 17 de Junho de 1998 admitiu essa actuação, ainda que não se exclua a possibilidade de o sector privado assumir iniciativas empresariais nesses sectores que, desejavelmente, coincidam com a procura social. Neste sentido cfr., Frederico Castillo Blanco, "La actividad de edificación, rehabilitación urbana y equipamiento comunitario como competencia de las sociedades urbanísticas locales", *Revista de Derecho Urbanístico y Medio Ambiente,* Abril-Mayo, Año XXXIII, n.º 169, em especial p. 441.

Reabilitação urbana em Portugal: evolução e caracterização 49

aquela delegação em empresas constituídas ou maioritariamente participadas por Municípios, permitindo, portanto, a sua ocorrência em face de empresas mistas com capitais privados[44]. Abre-se, assim, em definitivo, a possibilidade de entrada de capitais privados naquelas entidades do sector empresarial local que se assumam como entidades gestoras à luz do Decreto-Lei n.º 307/2009[45].

Estas entidades podem, nos termos do artigo 10.º, n.º 2, ser constituídas como sociedades de reabilitação urbana, sempre que o seu objecto social se circunscreva à gestão de operações de reabilitação urbana. Ainda assim, não há uma imediata correspondência entre aquelas sociedades e as constituídas ao abrigo do Decreto-Lei n.º 104/2004, estando estas sujeitas ao regime transitório previsto no artigo 79.º (que, não obstante, assumiu, como linha rectora, a máxima equiparação em termos de instrumentos de actuação e de competências entre as duas entidades).

É precisamente neste âmbito, da gestão das áreas de reabilitação urbana, que se coloca a necessidade de criação de uma *entidade de ligação* que sirva de plataforma directa de entendimento com os interessados e centralize as actuações de reabilitação urbana, como forma de coordenação das actuações de actores múltiplos e de canalização das fontes dispersas de financiamento. O modelo das sociedades de reabilitação urbana é, a este propósito, o mais adequado, pois, para além de ser uma entidade que tem por objecto apenas operações de reabilitação urbana, irá em regra assumir um conjunto amplo de poderes delegados, pelo que, para além de mero *front office* do Município, passará a ter competências bastantes para mediar situações controvertidas.

Por último, assinale-se o facto de a gestão das operações de reabilitação urbana poder ser feita em parceria com entidades privadas, seja no âmbito de uma concessão de reabilitação urbana (situação em que o Município pode, de acordo com o disposto na concessão, proceder à delegação

---

[44] Pedro Gonçalves, *Regime Jurídico das Empresas Municipais,* Almedina, Coimbra, 2007, p. 216-220.

[45] Superou-se, deste modo, uma das insuficiências das anteriores Sociedades de Reabilitação Urbana, que apenas podiam contar com capitais públicos. Já então, para Suzana Tavares da Silva, a sociedade de capitais mistos era o instrumento mais adequado para promover a reabilitação urbana, já que o que se pretendia era o fomento das iniciativas privadas e não que as entidades públicas assumissem toda a carga financeira destas políticas, ("Reabilitação urbana ..., cit., p. 385).

de poderes de autoridade ao concessionário), seja no âmbito de um contrato de reabilitação urbana (em que a intervenção da entidade contratada é essencialmente de cariz preparatório ou de execução das intervenções adoptadas pela entidade gestora).

Em qualquer um dos casos, devem ser asseguradas as regras pertinentes de contratação pública na escolha do adjudicatário ou parceiro da Administração, devendo ainda ser repartido de forma equilibrada o risco subjacente à execução das operações de reabilitação urbana.

Para ilustração de quais os principais intervenientes públicos em matéria de reabilitação urbana, apresenta-se, de seguida, um quadro com a indicação dos principais momentos em que aquela intervenção é visível no sistema gizado pelo Decreto-Lei n.º 307/2009.

Momento	Entidade Responsável	Entidades colaboradoras
Delimitação das áreas de reabilitação urbana	Assembleia Municipal (sob proposta da Câmara Municipal)	delimitação em instrumento próprio: parecer do IHRU e possível elaboração do projecto por empresas do sector empresarial local – artigo 4.º (dispensa do parcer do IHRU no caso de conversão das ACCRU's – artigo 78.º) Sujeição a discussão pública
	Assembleia Municipal (sob proposta da Câmara Municipal)	Aprovação de Plano de Pormenor de reabilitação urbana artigo 15.º e 21.º e ss: Parecer da entidades externas, incluindo a CCDR (e IHRU) nos termos do RJIGT. Possibilidade de elaboração da proposta de plano por empresas do sector empresarial local – artigo 26.º, n.º 3 Participação do IGESPAR – artigo 28.º Participação preventiva (excepto 26.º, n.º 4) e discussão pública
Delimitação de unidades de execução	Câmara Municipal – artigo 34.º, n.º 1	
Delimitação de unidades de intervenção	Entidade gestora (no caso de a delimitação se encontrar prevista no programa estratégico de reabilitação urbana)	
	Câmara Municipal – artigo 34.º, n.º 6	Sob proposta da entidade gestora, se for uma entidade diferenciada
Geatão da operação de reabilitação urbana	Municipio	
	Empresa do sector empresarial local podendo revestir a modalidade de SRU	

VIII. Instrumentos da política de reabilitação urbana

Uma caracterização geral da política de reabilitação urbana não ficaria completa sem a referência, necessariamente sucinta, aos principais instrumentos que lhe dão corpo.

Assim, para além de uma breve alusão aos instrumentos fiscais e financeiros pensados para a reabilitação urbana, não podemos deixar de nos referir aos traços essenciais dos instrumentos de planeamento e de programação e dos instrumentos de execução das operações de reabilitação urbana previstos e regulados no Decreto-Lei n.º 307/2009.

a. Instrumentos fiscais e financeiros

Não obstante a responsabilidade privada pela execução das operações de reabilitação urbana pressupor a responsabilidade pelo financiamento (privado) das mesmas, tal não invalida que, em face do interesse público naquela reabilitação, sejam desenhados instrumentos públicos de apoio e incentivo a tais intervenções. Trata-se, enfim, de conciliar, se e quando possível, imposição com promoção.

Na linha da progressiva municipalização de competências em matéria de reabilitação urbana, o Decreto-Lei n.º 307/2009, imputa aos municípios particulares responsabilidades no apoio à reabilitação urbana: desde logo, prevê que sejam definidos *obrigatoriamente*, com a delimitação de uma área de reabilitação urbana, os benefícios fiscais associados ao Imposto Municipal sobre Transacções e ao Imposto Municipal sobre Imóveis (artigo 17.º, n.º 2)[46].

Acresce a possibilidade de, em regulamentos municipais, ser reduzido ou dispensado o pagamento de taxas em virtude de operações de reabilitação (artigo 67.º, n.os 1 e 2 do Decreto-Lei n.º 307/2009), mas que, a nosso ver, não pode invalidar a previsão naqueles regulamentos de regimes especiais de taxas municipais para outras situações de reabilitação, ainda que fora das áreas de reabilitação urbana (posto que cum-

---

[46] Esta obrigação positiva é, porém, compensada pela possibilidade de agravamento para o dobro do IMI sobre prédios devolutos (de acordo com o previsto no Decreto-Lei n.º 159/2006, de 8 de Agosto) ou de majoração em 30% do IMI de prédios urbanos degradados (que não cumpram a sua função ou façam perigar pessoas e bens).

pridos os critérios para o efeito previstos no Regulamento Geral das Taxas das Autarquias Locais, aprovado pela Lei n.º 53-E/2006, de 29 de Dezembro).

Os apoios municipais podem inclusive não cessar por aqui, como o expressamente admite o artigo 75.º do Decreto-Lei n.º 307/2009, o que é favorecido pela exclusão da reabilitação urbana dos limites do endividamento municipal [artigo 6.º, alínea *b*) da Lei das Finanças Locais e artigo 76.º, n.º 1, do Decreto-Lei n.º 307/2009].

Os apoios do Estado, por seu turno, podem ser agrupados num todo nem sempre coerente, nem sempre adequado e suficiente, de instrumentos de natureza fiscal e financeira.

De um ponto de vista fiscal, assinale-se, entre outros, o Regime Extraordinário de Apoio à Reabilitação Urbana, do qual pode decorrer a tributação à taxa reduzida de IVA das empreitadas de reabilitação, a dedução em sede de IRS de encargos com reabilitação ou de arrendamento do imóveis reabilitados e a isenção em sede de IRC dos rendimentos de qualquer natureza obtidos por fundos de investimento imobiliário que operem de acordo com a legislação nacional, desde que se constituam entre 1 de Janeiro de 2008 e 31 de Dezembro de 2012 e pelo menos 75% dos seus activos sejam bens imóveis sujeitos a acções de reabilitação realizadas nas áreas de reabilitação urbana.

Do ponto de vista financeiro, o sistema não é menos complexo, nem menos fragmentado, sendo há muito esperada a aprovação do programa ProReabilita, que unificará os sistemas de apoios públicos para financiamento da reabilitação e do qual se pretende um efeito de disseminação mais amplo do que o conseguido até ao momento por recurso a regimes de apoio parcelares e desarticulados entre si[47].

Ao nível do financiamento provindo da União Europeia, não deve ser olvidado o papel dos fundos comunitários no Quadro de Referência Estra-

---

[47] Cessará, deste modo, a quase esquizofrenia existente em matéria de programas de financiamento, pela revogação e substituição do Regime especial de comparticipação de imóveis arrendados (RECRIA), do apoio financeiro dos condóminos proprietários na realização de obras nas partes comuns e fracções autónomas (RECRIPH), do regime de concessão de empréstimos sem remuneração de capital para imóveis próprios e habitações devolutas (SOLARH), do Regime e do Apoio à Recuperação Habitacional em Áreas Urbanas Antigas (REHABITA) e do Programa de Financiamento para Acesso à Habitação (PROHABITA).

tégica Nacional 2, por exemplo, o Programa Parcerias para a Regeneração Urbana da Política de Cidades, a Iniciativa Merca, aplicável aos sectores do comércio, dos serviços e da restauração, através da inovação produtiva, requalificação e modernização das actividades económicas dos estabelecimentos localizados nas cidades abrangidas por Estratégias de Eficiência Colectiva reconhecidas como Acções de Regeneração e Desenvolvimento Urbanos, ou a "Iniciativa Jessica" (*Joint European Support for Sustainable Investment in City Areas*), que permite aos Estados Membros da União Europeia recorrerem a verbas atribuídas no âmbito dos Fundos Estruturais para criação de Fundos de Desenvolvimento Urbano, destinados a apoiar operações sustentáveis de reabilitação urbana[48]. Estas iniciativas são particularmente relevantes, não só pelo apoio financeiro que concedem, mas sobretudo pelos pressupostos globais e integrados em que assentam e pela avaliação e monitorização que exigem.

Acresce que estas actuações de reabilitação urbana podem ainda ser consideradas actividades de interesse económico geral e, portanto, sujeitas a regras de financiamento nacional especiais à luz do imperativo da livre concorrência na União Europeia.

b. Instrumentos de planeamento e programação

i. *Delimitação da área de reabilitação urbana*
De acordo com o Decreto-Lei n.° 307/2009, a estruturação das intervenções de reabilitação urbana é feita com base em dois conceitos fundamentais: o de "área de reabilitação urbana", que se reporta a uma tarefa de delimitação que tem como efeito determinar a parcela territorial que justifica uma intervenção integrada e o de "operação de reabilitação urbana", entendida como a concatenação concreta das intervenções a efectuar no interior da respectiva área de reabilitação urbana.

No entanto, a peça fundamental do sistema gizado por aquele diploma é, indubitavelmente, a delimitação/aprovação da área de reabilitação urbana, acto este que assume um conteúdo complexo e natureza

---

[48] Cite-se igualmente a iniciativa bairros críticos, que em Portugal abrange três áreas diferentes (Cova da Moura, Vale da Amoreira e Lagarteiro), e que é financiada pelo Mecanismo Financeiro do Espaço Económico Europeu.

54   *Dulce Lopes*

regulamentar[49], pois, para além da delimitação física daquela área, compreende igualmente o enquadramento nas opções de desenvolvimento urbano do Município, a determinação dos objectivos e da estratégia da intervenção; a definição do tipo de operação de reabilitação urbana e a escolha da entidade gestora (artigos 13.° e 10.°, n.° 3).

Este conteúdo amplo justifica-se por uma visão operacional da reabilitação urbana implicar a definição, à partida, de uma estratégia integrada e global de reabilitação, que não se esgota com a mera delimitação da área física a reabilitar e com a eventualidade de intervenção nesta num horizonte temporal mais ou menos dilatado.

Por isso, a delimitação de uma área de reabilitação é um instrumento radicalmente distinto das áreas críticas de recuperação e reconversão urbanística, uma vez que, para além de implicar, para a entidade gestora,

---

[49] Nas situações em que a delimitação da área de reabilitação urbana seja feita por intermédio de plano de pormenor esta qualificação está facilitada pelo disposto no artigo 69.°, n.° 1, do Regime Jurídico dos Instrumentos de Gestão Territorial (Aprovado pelo Decreto-Lei n.° 380/99, de 22 de Setembro, alterado sucessivamente pelos Decretos-Lei n.° 53/2000, de 7 de Abril e n.° 310/2003, de 10 de Dezembro, pelas Leis n.° 58/2005, de 29 de Dezembro e n.° 56/2007, de 31 de Agosto, pelo Decreto-Lei n.° 316/2007, de 19 de Setembro, rectificado pela Declaração de Rectificação n.° 104/2007, de 6 de Novembro de 2007, pelo Decreto-Lei n.° 46/2009, de 20 de Fevereiro e pelo Decreto-Lei n.° 181/2009 de 7 de Agosto).

Mas pensamos que a qualificação deve ser análoga no caso das áreas delimitadas por intermédio de instrumento próprio, uma vez que o conteúdo material e formal destas é similar ao áreas delimitadas por plano de pormenor: em suma, trata-se da definição de regras de uso, ocupação e transformação do solo e edifícios nele implantados, que devem ser executadas num horizonte temporal amplo, mas desejavelmente determinado. Aquela qualificação visa, essencialmente, facilitar a definição dos meios de reacção contenciosa dos interessados, permitindo-lhes o recurso à declaração de ilegalidade de normas quando pretendam contestar a delimitação da área e respectivos pressupostos e a definição da estratégia ou programa estratégico (designadamente por assentar numa errada ou incompleta ponderação de interesses) ou à impugnação incidental do acto administrativo praticado, por se fundar numa disposição normativa ilegal. Note-se, porém, que a definição destes mecanismos de programação deve, na perspectiva do Decreto-Lei n.° 307/2009, ser feita de forma flexível e ajustável, gizando para o efeito mecanismos simplicados de alteração de tais estratégias e programas estratégicos, tanto no âmbito dos instrumentos próprios (artigo 20.°, n.os 3, 4 e 5) como no âmbito dos planos de pormenor (artigo 25.°, n.° 3). O que é um elemento de suporte da posição manifestada por Suzana Tavares da Silva, de que o regime da reabilitação urbana constitui um exemplo de um novo modelo de direito do urbanismo: o direito do urbanismo pós-vinculístico. Cfr. *"O novo direito do urbanismo"*, *Revista de Direito Público e Regulação*, n.° 1, 2009, p. 109-121 (recurso online).

Reabilitação urbana em Portugal: evolução e caracterização

a obrigação de promover a operação de reabilitação urbana (artigo 17.º, n.º 1) num período de tempo determinado que não pode exceder 15 anos (artigo 18.º), impõe-lhe estreitas vinculações quanto ao modelo de execução de tal operação. Por isso também, a conversão das subsistentes áreas críticas de recuperação e reconversão urbanística em uma ou mais áreas de reabilitação urbana não pode, nos termos dispostos no artigo 78.º do Decreto-Lei n.º 307/2009, ter lugar sem que a deliberação da assembleia municipal inclua a aprovação da estratégia de reabilitação urbana ou do programa estratégico da reabilitação urbana.

Em termos procedimentais, a delimitação da área de reabilitação urbana pode ser feita por instrumento próprio ou corresponder à área de intervenção de um plano de pormenor de reabilitação urbana [artigo 2.º, alínea *b*), artigo 7.º, n.º 1]. Estes são instrumentos alternativos, ao contrário do que sucedia no âmbito do Decreto-Lei n.º 104/2004, no qual, independentemente da existência de plano de pormenor, deveria haver sempre lugar à aprovação de um documento estratégico, opção inovadora esta que se compreende já que o que se pretende é que o plano de pormenor de reabilitação urbana integre a dimensão estratégica que antes se encontrava dominantemente (ou apenas) centrada no documento estratégico.

A definição do recurso a cada um daqueles instrumentos também não é feita por referência à operação de reabilitação que será levada a cabo. Efectivamente, uma associação estrita entre instrumento próprio e operação de reabilitação simples e plano de pormenor e operação de reabilitação sistemática é nada mais do que errada[50], embora admitamos que, na prática urbanística, venham a ser estas as situações de ocorrência normal.

A *opção* pelo mecanismo de planeamento e programação a adoptar residirá, assim, no Município, justificando-se a elaboração de um plano de pormenor sempre que:

– O município disponha já de um plano de reabilitação que pretenda rever ou alterar de acordo com o regime jurídico disposto no Decreto-Lei n.º 307/2009;

---

[50] Cfr., por exemplo, o artigo 20.º que admite a alteração do tipo de reabilitação urbana identificado por instrumento próprio, dispensando a discussão pública se a modificação for da operação de reabilitação sistemática para a simples. Também no âmbito do plano de pormenor esta alteração pode ser levada a cabo, aplicando-se a parte final do n.º 1 e o n.º 2 do artigo 20.º (por remissão do artigo 25.º, n.º 2), isto é, aplicando-se as regras gizadas para os instrumentos próprios.

– O município pretenda uma tutela jurídica mais estrita de certas áreas, uma vez que, como veremos, a sanção da nulidade é apenas aplicável nas situações de violação de plano de pormenor;
– O município pretenda revestir o plano de efeitos registais, à luz do disposto no artigo 92.º-A do Regime Jurídico dos Instrumentos de Gestão Territorial;
– O município pretenda colocar à disposição dos seus serviços um bordão mais facilmente mobilizável para indeferimento ou deferimento das pretensões jurídicas dos interessados na área de reabilitação urbana.

Noutras situações, porém, a elaboração de plano de pormenor de reabilitação urbana é a *única via legalmente possível,* o que sucederá:

– Quando seja necessário, por intermédio do plano, alterar planos municipais de nível superior[51];
– Quando, em face da delimitação da área de reabilitação urbana, exista necessidade de acompanhamento do plano por parte de entidades que integram a administração central, directa e indirecta (excluindo, naturalmente, o IHRU, que é sempre chamado a participar na aprovação de áreas de reabilitação urbana em instrumento próprio);
– Quando se pretenda fazer coincidir a elaboração do plano de pormenor de reabilitação urbana com a área que deveria ser coberta por um plano de pormenor de salvaguarda.

Por seu turno, a aprovação da área de reabilitação em instrumento próprio, em face das menções (conteúdo) que deve inscrever, apresenta-se como um instrumento muito próximo do plano de pormenor de

---

[51] Esta alteração não pode, a nosso ver, colocar em causa as dimensões estratégicas de desenvolvimento local, definidas ao nível do Plano Director Municipal, por isso mesmo exige o artigo 13.º, alínea a) que a definição de uma área de reabilitação urbana seja fundamentada tendo em conta o enquadramento nas opções de desenvolvimento urbano do município. Também em França, a elaboração de um plan de sauvegarde et de mise en valeur, determina a alteração do plan local d'urbanisme (PLU). Mas este só pode ser modificado ou ser objecto de revisões simplificadas desde que tal não coloque em causa a economia geral do PADD (project d'aménagement et de development locale) que integra o PLU. Neste sentido, cfr. Philippe Guillot, *Droit de L'Urbanisme,* 2.ª Ed., Elipses, 2006, Paris, p. 111.

Reabilitação urbana em Portugal: evolução e caracterização 57

reabilitação urbana e do seu predecessor na economia do Decreto-Lei n.º 104/2004: o documento estratégico[52].

Procedimentalmente, porém, o legislador optou por aproximar o instrumento próprio do procedimento de elaboração dos instrumentos de planeamento. Assim, sujeita-o, nos termos previstos no artigo 21.º, a iniciativa da Câmara Municipal, a acompanhamento por parte do IHRU, a discussão pública, a aprovação pela assembleia municipal e a publicação no Diário da República[53]. Colocou, assim, de parte o procedimento original delineado para a aprovação do documento estratégico, no âmbito do qual a iniciativa podia ser privada, não se previa o acompanhamento por outras entidades públicas, a aprovação era feita internamente pela sociedade de reabilitação urbana, a participação era limitada e divulgada através de edital, e o resultado do procedimento era notificado e objecto de registo, mas não publicado (artigos 15.º a 17.º do Decreto-Lei n.º 104/2004).

Já do ponto de vista dos efeitos, aquele instrumento próprio não pode ser equiparado a um plano de pormenor, por não se enquadrar no elenco típico destes previsto no Regime Jurídico dos Instrumentos de Gestão Territorial[54]. O que não significa, porém, que esteja desprovido de efeitos jurídicos, uma vez que é com base na aprovação da área de reabilitação

---

[52] Não obstante, o documento estratégico era aprovado para uma unidade de intervenção que havia sido previamente delimitada e não em data coincidente a esta aprovação.

[53] Esta aproximação é de tal ordem que o artigo 20.º, n.º 6, permite que o procedimento de aprovação de uma área de reabilitação urbana por instrumento próprio possa ocorrer simultaneamente com a elaboração, alteração ou revisão de instrumentos de gestão teritorial de âmbito municipal. Naturalmente que não se está a pensar na elaboração de planos de pormenor de reabilitação urbana, mas poderá já ser o caso da elaboração, alteração ou revisão de Planos Directores Municipais ou, sobretudo de Planos de Urbanização, dos quais os instrumentos próprios podem constituir uma extensão ou prolongamento. Pode igualmente ser o caso da aprovação de planos de pormenor de salvaguarda, em que a dimensão da reabilitação urbana de zonas envolventes seja relegada para a aprovação de um instrumento próprio.

[54] Os instrumentos de gestão territorial obedecem ao *princípio da tipicidade*, pelo que é na Lei, nos termos do disposto no artigo 165.º, n.º 1, alínea z), da Constituição da República Portuguesa — *maxime* na Lei de Bases da Política de Ordenamento do Território e do Urbanismo e no Regime Jurídico dos Instrumentos de Gestão Territorial, diploma que tem por incumbência desenvolver aquelas bases — que são indicadas a designação, o conteúdo típico e o procedimento correspondente àqueles instrumentos. Em nenhum destes diplomas, porém, encontramos referência ao "instrumento próprio" regulado inovadoramente no Decreto-Lei n.º 307/2009.

urbana que se densifica o dever de reabilitação que impende sobre os particulares (artigo 8.º, n.º 5) e se permite o recurso aos mecanismos contratuais e impositivos previstos no Decreto-Lei n.º 307/2009.

Trata-se, assim, de um instrumento *sui generis* (daí ausência de designação legal), que se coloca a meio caminho entre a estratégia, o plano e o projecto, advindo-lhe a sua força jurídica dos mecanismos que legislativamente são dispostos para a sua execução e que podem conduzir, em última linha, à expropriação e à venda forçada do imóvel[55].

Um dos mecanismos legais que o legislador colocou "ao serviço" dos instrumentos próprios refere-se às causas de indeferimento especificamente previstas no artigo 52.º do Decreto-Lei n.º 307/2009, e que excedem as taxativamente previstas no artigo 24.º e 36.º do Regime Jurídico da Urbanização e Edificação. O facto de se permitir, com grande amplitude discricionária, o indeferimento ou rejeição de operações urbanísticas que causem um prejuízo manifesto à reabilitação do edifício ou à operação de reabili-tação urbana em que se inserem, não pode deixar de apontar para o bali-zamento ou alinhamento destas concepções urbanísticas pelo disposto instrumento que aprova a área de reabilitação urbana, ainda que este não seja expressamente referido como parâmetro normativo no artigo 52.º.

Um último mecanismo que permite retirar efeitos jurídicos da aprovação de uma área de reabilitação urbana por instrumento próprio foi inscrito na mais recente alteração ao Regime Jurídico da Urbanização e Edificação (aprovada pelo Decreto-Lei n.º 26/2010, de 30 de Março), que passou a admitir a alteração das condições da licença ou comunicação prévia de operação de loteamento por iniciativa pública, desde que tal alteração se mostre necessária à execução de área de reabilitação urbana (artigo 48.º, n.º 1), o que logicamente apenas pode visar as áreas delimitadas em instrumento próprio, já que, quanto às demais a existência de plano de pormenor permitiria chegar acriticamente à mesma solução.

Por último, quanto às consequências do licenciamento em contradição com o disposto no instrumento próprio, não pode a violação deste ser equiparada a uma violação de plano, para efeitos de aplicação do regime jurídico da nulidade previsto nos artigos 68.º e 69.º do Regime Jurídico da

---

[55] Referindo-se ao carácter híbrido do documento estratégico, carácter este que pode aqui ser aproveitado, *vide* Fernanda Paula Oliveira, *Regime Jurídico dos Instrumentos de Gestão Territorial (Alterações do Decreto-Lei n.º 316/2007 de 19 de Setembro)*, Almedina, Coimbra, 2008, p. 79.

Urbanização e Edificação, pelo que, no máximo, gerar-se-á a anulabilidade do acto praticado[56], sendo em qualquer caso ilegal a conduta do particular que não se conforme com o que nele se encontra disposto.

ii. Tipos de operação de reabilitação urbana

A definição do tipo de reabilitação a levar a cabo é feita no momento da aprovação da área de reabilitação urbana. Assim, o saber se se enceta uma reabilitação simples ou uma reabilitação sistemática parece ser um dado adquirido e não o resultado das dinâmicas de contratualização e de conformação dos privados com a estratégia ou programa estratégico da reabilitação urbana definidos.

Pensamos, por isso, que a identificação do tipo de operação deveria ser feita, com maior realismo e praticabilidade, no âmbito da delimitação de uma unidade de intervenção ou de execução[57], porque apenas neste momento se sabe quem pode ou pretende, efectivamente, executar as operações de reabilitação a seu cargo e se há suficiente dinâmica de associação para determinar se se justifica uma operação de reabilitação simples ou sistemática.

Admitimos, por isso, que a solução possa passar por, no âmbito da delimitação da área de reabilitação se admitir o recurso flexível ou elástico, a um ou mais tipos de reabilitação, desde que acompanhados da devida programação e identificação dos pressupostos para a sua intervenção. Caso contrário, correr-se-á o risco de ter de se alterar amiúde o tipo de operação de reabilitação, ainda que nos moldes procedimentais simplificados previstos no artigo 20.º (directamente ou por remissão do artigo 25.º), com todos os desperdícios procedimentais e temporais que tal acarreta.

Mas, afinal, porque é importante uma adequada e concreta definição do tipo de reabilitação urbana a levar a cabo?

---

[56] Cfr., apontando para esta solução quanto aos documentos estratégicos, o nosso "Planos de pormenor, unidades de execução e outras figuras de programação urbanística em Portugal", *Direito Regional e Local*, N.º 3, 2008.

[57] Note-se que a delimitação de unidades de intervenção e de execução não é essencial à execução de operações de reabilitação, podendo, assim, a área de reabilitação urbana ser objeto de execução "individual" (mas de acordo com a estratégia e programação definidas). Só assim não sucede se se pretender entabular uma parceria com entidades privadas, mecanismo apenas possível nas situações de reabilitação urbana sistemática e no âmbito de unidades de intervenção ou execução (artigo 11.º, n.º 5) ou a delimitação for da iniciativa dos proprietários, caso em que a entidade gestora deve ponderar a execução nos termos do regime da Administração conjunta (artigo 35.º, n.º 4).

Por dois motivos.

O primeiro porque os modelos de execução do plano diferem consoante estejamos perante uma operação de reabilitação urbana simples ou uma operação de reabilitação urbana sistemática, como pretendemos ilustrar no quadro *infra*.

No caso das operações de reabilitação urbana simples, apenas se admite a execução pelos proprietários com o apoio da entidade gestora ou a administração conjunta (artigo 39.º e 40.º do Decreto-Lei n.º 307/2009), uma vez que as operações são essencialmente da responsabilidade dos proprietários, na sequência até de uma solicitação destes, e têm como objectivo essencial a reabilitação do edificado de uma área, de acordo com a estratégia de reabilitação urbana definida. Não inclui, por isso, dimensões de regeneração urbana, mas apenas coordenação e apoio público à execução das intervenções privadas.

No caso das operações de reabilitação urbana sistemática, os mecanismos de execução à disposição da entidade gestora são mais amplos, uma vez que também são mais vastos os desideratos desta operação, pela qual se visa uma intervenção integrada sobre o tecido urbano, impondo-se responsabilidades financeiras ao Município e a programação das suas intervenções.

Modelo de execução	Iniciativa	Entidade responsável	Entidades colaboradoras	Tipo de Operação
Execução pelos particulares	particulares	particulares	Apoio da entidade gestora	Simples
Administração conjunta	particulares	Entidade gestora e privados		Simples Sistemática
Execução directa da entidade gestora	Entidade gestora	Entidade gestora		Sistemática
Parceria com entidades privadas -concessão de reabilitação	Entidade gestora, Município ou particulares	Município	Particular escolhido na sequência de procedimento de adjudicação (RJIGT)	Sistemática
Parceria com entidades privadas - contrato de	Entidade gestora ou particulares	Entidade gestora	Entidade pública ou privada, escolhida nos termos do	Sistemática

O segundo motivo reside no facto de os instrumentos de política urbanística também diferirem consoante estejamos perante uma operação de reabilitação simples ou sistemática, como se pode ver na figura seguinte (cfr. artigo 54.º, n.º 3 do Decreto-Lei n.º 307/2009).

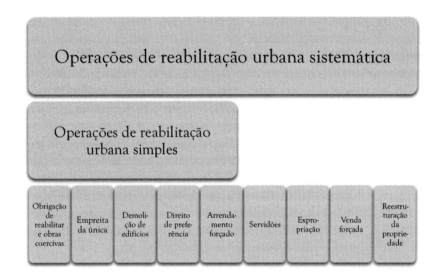

Ainda quanto ao cruzamento entre as operações de reabilitação urbana e os instrumentos (impositivos) de política urbanística, cumpre debruçarmo-nos sobre duas questões que se prendem com a possibilidade de recurso a estes instrumentos.

Por um lado, será possível recorrer aos mecanismos da expropriação por utilidade pública (e da servidão administrativa) nas operações de reabilitação urbana simples, não obstante o disposto expressamente no artigo 54.º, n.º 3?

A nosso ver, apesar de a reabilitação urbana simples ter como objectivo essencial a reabilitação do edificado de uma área, preferencialmente assumida pelos interessados, tal não exclui, em definitivo, o recurso à figura da expropriação. Desde logo, porque, como veremos, a expropriação pode ser um expediente mobilizável a pedido do interessado, sempre que este não cumpra a obrigação de reabilitar e de realizar obras coercivas. E ainda porque pode justificar-se o recurso à figura das expropriações por utilidade pública, nos termos gerais instituídos no Código das Expropriações, sempre que haja necessidade de aquisição de um bem para uma finalidade específica de interesse público, por exemplo a instalação de um serviço municipal (que, contudo, não se identifique ou resulte, apenas e só, dos desideratos da reabilitação urbana).

Por outro lado, questiona-se qual o sentido do artigo 32.º. segundo o qual a declaração de utilidade pública da expropriação, servidões e venda forçada dos imóveis é um efeito *directo e imediato* da delimitação de área de reabilitação urbana na modalidade de reabilitação urbana sistemática.

Como vimos, a operação de reabilitação sistemática supõe uma intervenção integrada sobre o tecido urbano e envolve a responsabilidade financeira do Município (e entidade gestora se dele for diversa) e necessidade de programação das suas intervenções;

Logo, trata-se de operações que, em face do tipo de intervenção e, em regra, do seu carácter prioritário ou essencial, necessitam da mobilização de instrumentos com maior "potencial lesivo", que, ao mesmo tempo que acautelem os particulares, não deixem de conferir alguma margem de segurança jurídica à Administração, para que esta possa assumir o ónus da decisão e da acção em execução do programa definido. E é essa margem segurança que pretende ser assegurada pelo artigo 32.º.

É certo que a formulação do artigo 32.º é equívoca (apesar de já constar uma fórmula próxima desta no Decreto-Lei n.º 104/2004), mas deve entender-se que aquela disposição não pode dispensar um exercício, *em concreto,* de determinação da necessidade (proporcionalidade) de recurso à declaração de utilidade pública ou à venda forçada, nem do desencadear de um procedimento direccionado para o efeito (como, aliás, o confirmam os artigos 61.º e seguintes do Decreto-Lei n.º 307/2009, ao exigirem sempre a concretização destes institutos em actos administrativos).

Logo, está apenas em causa um reconhecimento (declaração) da utilidade pública das intervenções dirigidas à reabilitação urbana (mesmo que incidam sobre prédios que individualmente não seriam expropriados, mas que são necessários à salvaguarda do património urbano), e não uma declaração de utilidade pública em sentido técnico-jurídico.

Desta leitura decorre, com relevantes efeitos contenciosos, que a definição do pressuposto da utilidade pública é antecipada para a fase da determinação do programa estratégico (que faz parte integrante da delimitação da área de reabilitação) e não para o momento de recurso, em concreto, às expropriações, servidões ou venda forçada, uma vez que, nesse momento, o requisito constitucional da utilidade pública da intervenção encontra-se pressuposto, podendo apenas questionar-se directamente a excessiva onerosidade (desproporcionalidade) da medida em questão[58].

c. Instrumentos de Execução de Operações de Reabilitação Urbana

i. Controlo das operações urbanísticas

Neste âmbito acolhe o Decreto-Lei n.° 307/2009, nos seus artigos 44.° e seguintes, os principais mecanismos de controlo preventivo e sucessivo das operações urbanísticas previstos no Regime Jurídico da Urbanização e Edificação, preocupando-se essencialmente com a questão da delegabilidade destas competências na entidade gestora da reabilitação urbana, quando esta não for o Município (e, em particular, com a clarificação da possibilidade de delegação da cobrança de taxas e auferimento de compensações).

Esta remissão, quase genérica[59], para o Regime Jurídico da Urbanização e Edificação compreende-se se tivermos em consideração que o ajustamento às prescrições dispostas nos mecanismos de delimitação das áreas de reabilitação urbana não tem sempre de ser feito na sequência da delimitação de uma unidade de intervenção ou de execução, podendo ser promovido espontâneamente pelo interessado (ou na sequência de uma notificação para realização de obras coercivas que este acolha positivamente).

---

[58] Isto ainda que nada preclude que se possa motivar incidentalmente a impugnação do acto na norma em que se funda e que se reputa ilegal. No entanto, será sempre difícil, ao nível contencioso, proceder ao ajuizamento concreto de uma opção estratégica e de interesse público que assume um conjunto amplo de outras implicações, pelo que é imperioso insistir-se numa participação prévia à aprovação da delimitação da área de reabilitação urbana para discutir os pressupostos (de utilidade pública) desta.

[59] Uma especificidade que à altura do Decreto-Lei n.° 104/2004 era claramente inovadora, mas que hoje perdeu parte da sua relevância (em face do artigo 13.°-A do Regime Jurídico da Urbanização e Edificação), reside na previsão de um modelo de conferência de serviços quanto à consulta a entidades externas. No Decreto-Lei n.° 307/2009, porém, a conferência é impulsionada pela entidade gestora, sem que conte com uma figura de coordenação similar à CCDR, e os pareceres são emitidos sobre a totalidade dos aspectos da operação, ao contrário do que sucede no Regime Jurídico da Urbanização e Edificação (artigo 50.°).

Para além de traços especiais que já fomos apontando ao longo deste texto – designadamente a amplitude da cláusula de protecção do existente, artigo 51.º, e a vastidão discricionária dos motivos de indeferimento ou rejeição previstos no artigo 52.º –, anote-se a previsão de uma situação de isenção de controlo prévio que acresce às previstas no artigo 7.º do Regime Jurídico da Urbanização e Edificação.

De facto, de acordo com o artigo 49.º, as operações promovidas pela entidade gestora que se reconduzam à execução de operações de reabilitação urbana, independentemente do tipo desta, encontram-se isentas de controlo prévio. O que não significa que estas operações não obedeçam a um qualquer procedimento, já que, consoante a sua natureza, devem estar sujeitas a consulta a entidades externas, sempre que esta não seja dispensada nos termo do artigo 27.º, n.º 3, a aprovação pelo órgão competente e a informação à Câmara Municipal (e já não a aprovação desta, como previsto anteriormente no artigo 9.º, n.º 2 do Decreto-Lei n.º 104/2004)[60].

A nosso ver, esta constitui uma das competências próprias da entidade gestora, não carecendo, por isso, de delegação expressa (nem se deduzindo da delegação que eventualmente lhe seja feita das competências de licenciamento, admissão de comunicação prévia e autorização de utilização), uma vez que é ela que incorpora a vocação intrínseca das entidades do sector empresarial local dedicadas à reabilitação urbana.

ii. Instrumentos de política urbanística

Chegados aqui, é desde logo visível a importância deferida pelo legislador aos mecanismos impositivos de intervenção, em nítida contraposição com a parca regulamentação dos instrumentos de concertação de interesses.

É certo que pretendeu o legislador reunir um conjunto de figuras dispersas, agrupando "os mecanismos essenciais à materialização das escolhas públicas em matéria de reabilitação" (preâmbulo do Decreto-Lei n.º 307/2009), mas, mais do que descrever aquelas figuras, talvez tivesse

---

[60] Note-se como também nesta situação, caso o imóvel intervencionado se destine a ser colocado no mercado, deverá ser extraída certidão do acto de aprovação da operação urbanística e do acto que atesta a possibilidade da sua utilização, de modo a que possam cumprir as mesmas funções da licença ou comunicação da obra e da autorização de utilização. Neste sentido, em geral, Fernanda Paula Oliveira, Maria José Castanheira Neves, Dulce Lopes e Fernanda Maçãs, *Regime Jurídico da Urbanização e Edificação Comentado,* Almedina, Coimbra, 2009, comentário ao artigo 7.º.

sido adequado determinar de forma mais clara os tipos de situações nas quais se justifica uma intervenção supletiva e impositiva da Administração.

Em face da extensão desta matéria, referir-nos-emos tão-só aos principais nódulos problemáticos suscitados por cada instrumento de política urbanística.

A *obrigação de reabilitar e de realização de obras coercivas*, prevista no artigo 55.º, é uma peça essencial na engrenagem do diploma. É em virtude dela que se afere se os proprietários pretendem levar a cabo as obras de reabilitação ou se é necessário avançar para a delimitação de uma unidade de intervenção ou de execução. Por isso se refere que nas operações de reabilitação urbana simples, esta é preferencialmente (mas não exclusivamente) levada a cabo pelos proprietários.

A este propósito, acentuamos como a obrigação prevista no artigo 55.º deve ser lida em conjunto com a regulamentação do arrendamento forçado disposta no artigo 59.º (ver quadro *infra* que ilustra estas interligações) e como não existe uma verdadeira alternativa entre a realização coerciva de obras e a expropriação e a venda forçada, no caso da reabilitação urbana sistemática, ao contrário do que parece decorrer do artigo 55.º, n.º 3. Estes últimos instrumentos, em face da sua carga coactiva, só devem intervir quando, por exemplo, o valor das obras coercivas for muito elevado, próximo do valor da expropriação, ou o imóvel não estiver a ser utilizado e a utilização projectada para o mesmo não corresponder à pretendida pelo proprietário.

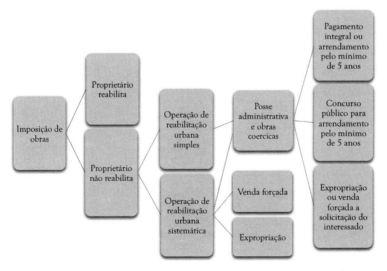

Quanto à *empreitada única*, prevista no artigo 56.º, a entidade gestora assume o papel de representante dos proprietários, não tendo sequer de ter um qualquer imóvel seu incluído na área a reabilitar.

O lançamento da empreitada depende da não oposição à sua realização por parte dos proprietários (se se tratar de uma operação de reabilitação simples) e da não oposição à sua execução ou, ainda, da execução de um contrato de reabilitação urbana (no caso de uma operação de reabilitação sistemática). Mas, para o efeito, é necessário que a proposta de realização de uma empreitada única seja notificada ao proprietário e demais interessados (admitimos que conjuntamente com a notificação para realização de obras), e inclua os seguintes elementos: definição base do tipo de obras a realizar e dos custos previsíveis; definição dos tempos previsíveis de realização de obras e possibilidade de realojamento; e concessão de um prazo razoável para pronúncia.

No caso de os proprietários se oporem à representação pela entidade gestora, devem contratar com aquela as obrigações a que ficam adstritos no processo de reabilitação urbana, designadamente quanto à fixação de prazos para efeitos de licenciamento ou comunicação prévia e para execução das obras. No caso de aqueles recusarem contratar os termos da reabilitação ou a não levarem a cabo, aplica-se o regime das obras coercivas, se se tratar de uma operação de reabilitação simples, ou o regime das obras coercivas e, "alternativamente", o da venda forçada ou expropriação, se se tratar de uma operação de reabilitação sistemática (cfr. quadro seguinte).

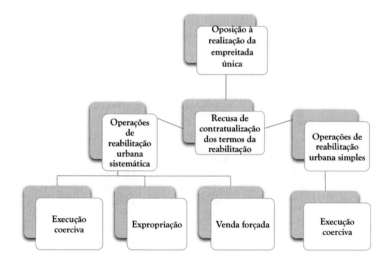

Reabilitação urbana em Portugal: evolução e caracterização 67

O recurso à **demolição,** previsto e regulado no artigo 57.°, é possível sempre que: faltem aos edifícios os requisitos de segurança e salubridade necessários ao fim a que se destinam e a reabilitação dos edifícios seja técnica ou economicamente inviável[61].

O diploma não se refere, no entanto, quanto às hipóteses de ruína urbanística, i.e., de incompatibilidade do imóvel com o disposto no plano de pormenor de reabilitação urbana ou no instrumento próprio [cfr., por contraposição, o disposto no artigo 127.°, alínea *a*) do Regime Jurídico dos Instrumentos de Gestão Territorial]. Pensamos ser de admitir, também neste caso, a demolição de imóveis de titulares privados, desde que enquadrados no âmbito de operações de reabilitação sistemática e rodeados das devidas cautelas constitucionais e legais.

Para ser exercido o **direito de preferência,** previsto no artigo 58.°, não basta a delimitação de uma área de reabilitação urbana (como sucedia no âmbito das áreas críticas de recuperação e reconversão urbanísticas) já que o direito de preferência apenas pode ser exercido caso a entidade gestora entenda que aquele imóvel deve ser alvo de intervenção, discriminando, na declaração de preferência, a intervenção de que o imóvel carece e o prazo para a sua execução[62].

---

[61] O conceito de ruína técnica prende-se com a inutilização dos elementos fundamentais do edifício e o de ruína económica com as situações em que o custo da reparação do edifício, descontado o valor do terreno, é considerado como elevado em relação aos valores usualmente praticados no mercado relativos ao próprio imóvel. Na doutrina do país vizinho é comum a referência ao limiar dos 50%, percentagem esta (ou outra) que não foi acolhida pelo nosso legislador, uma vez que assim sempre poderão intervir considerações casuísticas relacionadas, por exemplo, com o tipo de edifício, o seu valor cultural e a sua localização.

Naturalmente disposições há que são mais restritivas no que se refere à possibilidade de demolição de imóveis, como sucede com o disposto na legislação do património cultural (artigo 57.°, n.° 3) e com o respeitante à legislação do arrendamento urbano (artigo 57.°, n.° 4). Neste último caso, porém, as alterações motivadas pelo Decreto-Lei n.° 306/2009, de 23 de Outubro de 2009, ao Decreto-Lei n.° 157/2006, de 8 de Agosto, vieram alargar as causas justificativas da demolição de imóveis arrendados, de modo a ajustá-lo aos desideratos da reabilitação urbana.

[62] No caso de exercício do direito de preferência, a possibilidade de exercício do direito de reversão por parte do vendedor (e do comprador) existe apenas nas situações em que o direito de preferência seja exercido com a declaração de não aceitação do preço convencionado. A razão que justifica esta distinção só pode prender-se com o facto de, neste caso, o preço a pagar se fixar nos termos do Código das Expropriações (cfr. ar-

De acordo com o artigo 59.º, se, após a conclusão das obras realizadas pela entidade gestora, o proprietário, no prazo máximo de quatro meses, não proceder ao ressarcimento integral das despesas incorridas pela entidade gestora, ou não der de arrendamento o edifício ou fracção por um prazo mínimo de cinco anos afectando as rendas ao ressarcimento daquelas despesas, pode a entidade gestora arrendá-lo, mediante concurso público, igualmente por um prazo de cinco anos, renovável. É o instituto do *arrendamento forçado*, que já tinha assentado arraiais entre nós no âmbito da legislação do arrendamento urbano[63].

A única forma de o proprietário se opor à celebração do contrato de arrendamento passa pela solicitação da venda forçada ou da expropriação do imóvel, deduzindo-se à quantia a entregar ao proprietário as despesas com as obras realizadas (ver quadro *infra*).

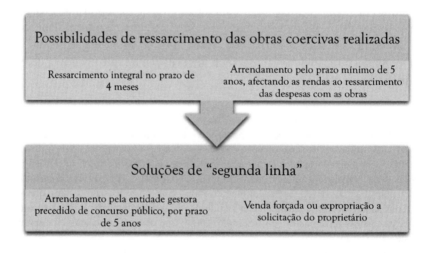

---

tigo 92.º). No entanto, a diferenciação introduzida é pouco razoável, já que o pressuposto da reversão se liga à utilidade do bem (i.e. ao facto de não ter sido promovida a intervenção de reabilitação pela entidade gestora) e não aos instrumentos de ressarcimento da sua ablação.

[63] Todavia, resultam também desta legislação (artigo 18.º do Decreto-Lei n.º 157/2006, de 8 de Agosto), as principais limitações à efectividade do arrendamento forçado, já que o senhorio pode levantar os depósitos no valor correspondente a 50 % da renda (não se aplicando sequer a limitação de que em causa está a renda vigente aquando do início das obras), acrescida das actualizações ordinárias anuais, revertendo apenas o restante para a entidade gestora, o que aumenta o período de retorno das despesas efectuadas.

Nos termos do artigo 60.º, podem ser constituídas as **servidões administrativas** necessárias à reinstalação e funcionamento das actividades localizadas nas zonas de intervenção.

A formulação é equívoca, pois dela parecia resultar um "desprendimento" das servidões administrativas relativamente à prossecução de finalidades de interesse público. Porém, relembre-se, estas finalidades encontram-se presumidas de acordo com o disposto no artigo 32.º do Decreto-Lei n.º 307/2009.

No entanto, a nosso ver, a imposição de servidões administrativas apenas se justifica quando as actividades em causa possam ser consideradas, em concreto, como revestindo interesse público, por exemplo para passagem de infra-estruturas ou para instalação de actividades económicas essenciais para a dinamização da área de reabilitação urbana (no caso de servidões definitivas) ou se relacionem com o realojamento ou funcionamento temporário de actividades no decurso das obras de reabilitação (servidões temporárias)[64]. De outra forma poderá ser lesado o princípio da proporcionalidade

Mesmo cotejando o instituto das expropriações com o da imposição de servidões, pensamos que o primeiro, em sede de reabilitação urbana, se revela, na maioria das situações, menos lesivo do que o segundo, uma vez que este impõe relações de convivência duradouras, quantas vezes indesejadas e potenciadoras de conflitos.

Especificamente quanto à **expropriação**, prevista no artigo 61.º, esta obedece, em tudo o que não esteja expressamente regulado, às prescrições do Código das Expropriações[65]. Assinalamos, no entanto, no quadro seguinte as principais diferenças entre os respectivos enquadramentos legais.

---

[64] Tratar-se-ia esta de uma situação típica de requisição de bens imóveis, não fora os pressupostos muito estritos (urgente necessidade e verificação de interesse público e nacional) de que o recurso a este instituto depende (artigo 80.º e ss. do Código das Expropriações).

[65] Sobre as expropriações por utilidade pública *vide* o recente *Manual de Direito do Urbanismo,* Vol II., Coimbra, Almedina, Março 2010, p. 124 e ss., do Prof. Doutor Fernando Alves Correia.

Questões	Expropriação CE	Expropriação Reabilitação
Momento de intervenção	Intervenção a título principal (ainda que em momento subsequente a uma tentativa de aquisição negocial)	Intervenção a título principal ou intervenção supletiva (nos casos em que as obras coercivas não sejam realizadas pelo proprietário)
Utilidade pública	Utilidade pública que carece de ser fundamentada em concreto	Utilidade pública presumida (à luz do artigo 32.º), ainda que se destine a colocar imóveis no mercado
Natureza	Em regra não urgente	Urgente [embora nos casos do artigo 43.º, n.º 4, alínea a) e do artigo 64.º, n.º 3 haja a obrigação de tentar adquirir o bem por via amigável]
Competência DUP	Ministro/Assembleias Municipais (PP e PU)	Câmara Municipal ou órgão executivo da entidade gestora
Garantias	As previstas no Código das Expropriações	Acresce o direito de preferência dos expropriados, mesmo no caso de afectação do imóvel ao fim a que se destina, se este for colocado no mercado

Um dos principais obstáculos que têm sido colocados ao recurso às expropriações – sempre que este recurso seja a via adequada, necessária e proporcional para a concretização de uma finalidade de utilidade pública –, prende-se com a necessidade de previsão e mobilização de meios financeiros (nem sempre previsíveis na sua globalidade, à data do início do procedimento) por parte da entidade beneficiária da expropriação que, no caso da reabilitação urbana, é a entidade gestora. No entanto, haverá sempre como prever uma adequada repartição do risco sempre que tenham sido estabelecidas parcerias com entidades privadas [artigo 43.º, n.º 4, alínea c)], para além de se permitir a alienação posterior do bem expropriado, sempre que se visar a sua colocação no mercado (com preferência do proprietário)[66] ou a sua integração num fundo de investimento imobiliário em que participe a entidade gestora.

A *venda forçada*, regulada nos artigos 62.º e 63.º, pretendeu, precisamente, obviar às insuficiências da expropriação, por permitir a colocação directa no mercado de bens, sem prévio ingresso destes na esfera jurídica da entidade que promove a venda forçada.

---

[66] Note-se, ainda, que não decorre da lei a obrigação de o imóvel ter sido reabilitado antes de ser alienado, mas, apesar de não se falar da inscrição de um ónus de reabilitação do adquirente, ele não deixa de existir, uma vez que pode o expropriado exercer direito de reversão nos termos do Código das Expropriações.

Quanto a este instituto, com raízes remotas no nosso ordenamento jurídico[67], colocam-se questões fracturantes relacionadas com a sua constitucionalidade. Esta foi já apreciada pelo nosso Tribunal Constitucional, que no Acórdão n.º 421/2009[68], decidiu pela não inconstitucionalidade deste instituto, pois, não obstante a ausência de referência constitucional à venda forçada no artigo 62.º da Constituição, entendeu aquela Alta Instância que não pode aquele artigo ser lido fora do contexto em que se insere. E próprio desse contexto é todo o domínio relativo à habitação e urbanismo, no qual se reconhece o princípio da conformação social do direito da propriedade, desde que se afirmem as garantias do proprietário, em especial as relativas à reposição do valor patrimonial perdido.

Outra questão, que também tem sido amiúde debatida, é a da (potencial) eficácia ou ineficácia deste instituto quando comparado com o instituto das expropriações.

No sentido da eficácia da venda forçada apontamos o facto de dispensar o dispêndio directo de recursos municipais e permitir, pelo exercício do direito de preferência ou pela aquisição em hasta pública, a alimentação directa de fundos de investimento imobiliário. Já no sentido da ineficácia ou, pelo menos, de uma falta de atractividade da venda forçada, há a assinalar o facto de apenas intervir no caso de recusa dos proprietários da obrigação de reabilitar; o facto de o procedimento pode ser travado pelo proprietário, sempre que pretenda alienar o prédio a terceiros; e de a entidade gestora poder ainda ter de indemnizar parcialmente o proprietário (artigo 63.º, n.º 4) ou reabilitar a suas custas o imóvel (artigo 62.º, n.º 12), o que impõe uma assunção de risco, ainda que supletiva, por parte daquela.

Por último, a *reestruturação da propriedade* funda-se em motivos taxativos, previstos no artigo 64.º, n.º 1, mas que cobrem (com alguma

---

[67] Cláudio Monteiro, "Escrever Direito por linhas rectas – legislação e planeamento urbanístico na Baixa de Lisboa (1755-1833)", AAFDL, Lisboa, 2009, sobretudo a p. 44-47 refere que "o direito antigo português não configurava a expropriação como um instituto jurídico autónomo, nem previa qualquer outro acto jurídico-público capaz de, por si só, obter o efeito da extinção do direito de propriedade privada e a consequente transferência do bem para a esfera pública", devendo a aquisição de terrenos ser feita por contrato de compra e venda, pressupondo a aquisição forçada dos mesmos um acto de autoridade régia. Mais recentemente, foi a própria Lei n.º 6/2006, de 27 de Fevereiro, que estabeleceu um regime de venda forçada aos arrendatários, quando o senhorio, nos termos do artigo 48.º, não dê início às obras.

[68] Diário da República, II Série, N.º 170, de 2 de Setembro de 2009.

amplitude) as situações mais recorrentes de necessidade de reordenamento urbano em áreas de reabilitação: viabilização de criação de arruamentos e outros espaços públicos, colmatação e consolidação de frentes urbanas e reconstrução ou remodelação de prédios urbanos dissonantes.

O procedimento aplicável é, na base, o procedimento de expropriação por utilidade pública com as seguintes especificidades:

– A necessidade de os proprietários serem, previamente, instados a agir [salvo na alínea *a*) do n.° 1], no prazo de 12 meses (com a cominação do recurso à reestruturação da propriedade), suspendendo-se este prazo com o início do procedimento de licenciamento e comunicação prévia
– A apresentação, no caso dos procedimentos de reestruturação que abranjam mais do que um edifício ou terreno, de uma proposta de acordo para estruturação da compropriedade sobre os edifícios que substituírem os existentes.

IX. **Notas finais**

A política da reabilitação urbana sofreu com o Decreto-Lei n.° 307/2009 profundas modificações, seja no seu modelo de gestão, seja na estruturação das suas acções assente, como vimos, no instituto complexo e inovador das áreas de reabilitação urbana.

Mas não é por isso que a reabilitação urbana deixa de ser parte integrante do direito e política urbanísticos. Do que resulta que, para além de ser essencial a integração da política de reabilitação urbana nas perspectivas mais amplas de desenvolvimento local, o carácter pretensamente exaustivo (ainda que muitas vezes remissivo) dos instrumentos de reabilitação urbana deve ser temperado e maleabilizado nas situações em que justificadamente se deva recorrer a instrumentos estipulados em legislação geral.

Outro traço particularmente relevante desta legislação prende-se com a tentativa de definição e circunscrição de competências, em especial nas situações em que o Município não seja a entidade gestora das áreas de reabilitação urbana. No entanto, a referida circunscrição não implicou a compressão de competências em matéria de reabilitação urbana. Houve, ao invés, uma "ampliação" ou, pelo menos, uma "clarificação" de competências relativamente ao disposto no Decreto-Lei n.º 104/2004, pelo reconhecimento, mesmo às sociedades de reabilitação urbana anteriormente constituídas, de competências controvertidas como o poder expropriativo e a cobrança de taxas.

Este alargamento de competências, a par da previsão de institutos inovadores como os da venda forçada, apesar de ampliar e flexibilizar os instrumentos na mão da Administração urbanística para cumprimento da sua política de reabilitação urbana, não foi acompanhado de suficientes mecanismos de salvaguarda dos direitos ou posições jurídicas dos proprietários e demais interessados, não tendo o legislador insistido, como deveria, nos vectores da participação e concertação, essenciais ao sucesso de qualquer política daquela natureza.

ÁREAS URBANAS PARA (re)HABILITAR
AS RELAÇÕES ENTRE CIDADE E PATRIMÓNIO?

ADELINO GONÇALVES
Arquitecto

1. Simples ou sistemáticas, as operações de reabilitação urbana são (deverão ser) integradas

Independentemente das razões ou objectivos que justifiquem a implementação de intervenções directas e sistemáticas em tecidos urbanos existentes, o seu enquadramento em áreas urbanas previamente delimitadas com esse fim, pressupõe uma metodologia de programação e planeamento baseada em critérios de *inclusão* e de *exclusão*:

- de *inclusão*, pois implica a identificação e validação de características – do edificado, dos elementos da composição morfológica urbana ou, de um modo geral, dos sistemas urbanos – que fundamentem demarcações espaciais parciais, no contexto global da cidade existente;
- de *exclusão*, porque a restante cidade que não reúne – ou porque não reúne – essas características, pode não ser contemplada com tais intervenções ou com o planeamento da sua implementação.

Um tal princípio metodológico tem a virtude de promover as respectivas operações urbanísticas de forma acutilante e ágil, mas também tem fragilidades que se revelam, desde logo, nos objectivos que fundamentam essas delimitações e nos modelos de gestão da transformação dos tecidos urbanos existentes.

No caso em apreço, essas fragilidades relacionam-se, acima de tudo, com a possibilidade das operações urbanísticas de reabilitação urbana poderem (ou não) ser circunscritas às áreas delimitadas com esse fim, ou poderem (ou não) ser implementadas de forma integrada. O modelo de gestão adoptado por cada município espelhará, pois, o entendimento que faz do desígnio da reabilitação urbana e da sua integração nas suas políticas urbanas:

- se diz respeito apenas às partes degradadas ou deprimidas do tecido urbano;
- ou se diz respeito a um objectivo de reequilíbrio urbano que implique uma (re)avaliação de outras áreas urbanizadas ou, no limite, de todo o território municipal.

Certo é que, independentemente dos modelos de gestão que forem adoptados, todas as operações urbanísticas que se realizarem no âmbito do Regime Jurídico de Reabilitação Urbana (RJRU) deverão ter enquadramento nos instrumentos de gestão territorial vigentes. Exceptuando Lagos, todos os municípios têm Planos Directores Municipais (PDM) vigentes e alguns – não muitos, infelizmente – têm Planos de Urbanização (PU) e Planos de Pormenor (PP) incidentes nas áreas urbanas centrais e mais antigas.

No entanto, além das razões jurídico-administrativas que justificam a obrigatoriedade de enquadrá-las nos instrumentos de planeamento urbanístico vigentes, a necessidade de integrar essas operações na gestão urbana deve-se, essencialmente, a razões de ordem urbanística relacionadas, por exemplo, com o facto da reabilitação destas áreas reflectir-se noutras áreas urbanas.

No caso das intervenções de reabilitação do edificado, de requalificação de espaços públicos ou de renovação de infra-estruturas, os resultados serão imediatos ou concretizam-se em períodos curtos ou, pelo menos, não muito longos. Mas essas mesmas transformações que se concretizam com intervenções directas e localizadas, podem induzir ou catalisar outros processos de transformação imprevistos, seja no interior das áreas urbanas reabilitadas, seja em áreas mais ou menos distantes. Estas "ondas de choque" podem, aliás, ocorrer de modo flutuante e em

Áreas urbanas para (re)habilitar as relações entre cidade e... 77

períodos indetermináveis, como são os casos da valorização e reorganização dos usos do solo.

A consciência deste tipo de fenómenos deveria, por si só, estimular a adopção de modelos e instrumentos de gestão territorial que integrem as operações de reabilitação urbana e permitam articulá-las com a gestão urbanística de outras áreas urbanas que não as directamente visadas.

Embora decorra de vectores de desenvolvimento urbano não relacionados com o redesenho da cidade existente, a dinâmica destas interdependências é observável, por exemplo, nas tensões entre as grandes superfícies comerciais e o chamado comércio tradicional das áreas urbanas centrais e antigas. Aliás, o caso particular das tensões do sector terciário no actual contexto polinuclear das cidades, ilustra as dificuldades e resistências à prática de uma reabilitação urbana integrada, que existem desde que existe esta prática continuada a nível nacional e com o suporte financeiro e logístico de diversos programas de subvenções[1].

Embora localizadas, as operações de reabilitação urbana não devem ser programadas e implementadas à margem do planeamento e gestão urbanística de áreas urbanas que tenham relações de dependência ou complementaridade funcional com as áreas de reabilitação urbana delimitadas ao abrigo do presente diploma. Essas operações devem implicar a consciência e o conhecimento da cidade como um sistema de continuidades morfológicas e funcionais que, como tal, devem ser articuladas e integradas.

A respeito desta "metodologia integradora", o diploma que estabelece o RJRU faz algumas referências que devem ser destacadas, designadamente:

- na definição de operação de reabilitação urbana: a articulação de intervenções que devem reabilitar uma determinada área de *forma integrada* (art. 2.º – h);
- a identificação da reabilitação urbana como um contributo para a prossecução de objectivos como a *integração funcional*, a *inclusão social* e a *coesão territorial* (art. 3.º – i, l);

---

[1] Destes, o de maior longevidade é o Programa de Recuperação de Áreas Urbanas Degradadas (PRAUD, Despacho n.º 1/88, *DR n.º 16 II Série* (20-01-1988), pp. 493-4), que existe desde 1988 e teve como antecessores o Programa de Reabilitação Urbana (PRU, Despacho n.º 4/SEHU/85) em 1985 e, ainda antes, o Programa de Recuperação de Imóveis Degradados (PRID, Decreto-Lei n.º 704/76, *DR n.º 230 I Série* (30-09-1976), pp. 2240-2) em 1976.

– numa das alusões aos instrumentos de programação: a indicação de que a definição de uma área de reabilitação urbana (ARU) deve enquadrar-se nas *"opções de desenvolvimento urbano do município"* (art. 13.º – a).

Entre outras referências que existem ao longo deste diploma, estas implicam políticas urbanas que não dizem respeito exclusivamente às ARU. Além disso, a concretização dessas políticas merece – ou deve, mesmo – ser ponderada na elaboração ou revisão e articulação de instrumentos de planeamento.[2]

No meu entendimento, este diploma é claro relativamente à apologia desta metodologia de articulação e integração quando indica, por exemplo, que o enquadramento das ARU nas opções de desenvolvimento urbano do município deve ser feito independentemente do tipo de operação de reabilitação urbana adoptada (art. 13.º): seja simples – isto é, essencialmente dedicada ao edificado (art. 8.º – 2) – ou sistemática – ou seja, quando é dedicada a toda a complexidade dos tecidos urbanos (art. 8.º – 3). Por sua vez, esse enquadramento deve ser feito com instrumentos de programação próprios de cada um dos tipos de operação de reabilitação urbana: (art. 8.º – 4) a *estratégia de reabilitação urbana*, no caso de operações simples, ou o *programa estratégico de reabilitação urbana*, no caso de operações sistemáticas. Significa isto que as operações urbanísticas enquadradas por este regime, não deverão ocorrer de forma casuística mas, por princípio, orientadas por um programa ou por uma estratégia e, seja qual for o instrumento adoptado, ser integradas.

---

[2] A este respeito, cabe considerar-se que o RJRU poderia, ou deveria mesmo, constituir um estímulo para a elaboração ou revisão de PU. O défice destes instrumentos foi anotado há tempo por Isabel Moraes Cardoso (2005:41-2) para referir a sua natureza de instrumento de *"...execução (programada) do modelo de desenvolvimento contido no plano director municipal, e, por isso, de uma mais racional e integrada expansão urbana, que contemple a adequada previsão de equipamentos e infra-estruturas, proceda à redistribuição dos encargos e benefícios gerados pelos planos e permita aos municípios obter meios de financiamento suplementares para a afectação aos fins de interesse geral..."*. No presente contexto e consoante as características de cada núcleo urbano, os PU poderiam constituir-se como plataformas de articulação de estratégias e operações de desenvolvimento urbano atinentes a largos períodos de tempo e visando objectivos como a coesão territorial, previstos no Programa Nacional da Política de Ordenamento do Território.

O que este diploma não refere – porque não devia ou não tinha sequer cabimento que o fizesse – é quais devem ser as escalas urbanas de referência para o enquadramento, articulação e integração dos programas, estratégias ou planos de pormenor de reabilitação urbana. No entanto, embora não o faça, nada impedirá que cada município adopte a reabilitação urbana como um dos eixos orientadores das políticas urbanas para a globalidade do seu território.

Tanto a um nível ideológico e teórico, como ao nível da prática urbanística propriamente dita, a problemática da reabilitação urbana é considerada desde a sua emergência na década de 1970, como uma consequência dos desequilíbrios provocados na cidade existente pela expansão urbana (mais ou menos) desregrada e (mais ou menos) capitalista.[3] Por essa altura, numa monografia dedicada à divulgação da experiência de reabilitação do centro histórico de Bolonha – caso que se tornou num dos mais conhecidos e influentes a nível internacional – os autores explicavam os pressupostos da metodologia adoptada (CERVELATTI, 1977:16) dizendo que *"si le centre historique est la cause et l'effet du processus de développement métropolitain, les problémes de conservation et de réorganisation ne peuvent, à leur tour, être poses et résolus dans le seul cadre du noyau historique."*

Por redundante que possam parecer estas referências hoje, a reabilitação urbana era uma problemática considerada a partir de duas ideias-chave:

- que é uma questão de planeamento urbanístico;
- que implica políticas urbanas não circunscritas às áreas que carecem de intervenções directas, mas antes atinentes à globalidade do território municipal.

---

[3] Pela importância e influência internacional que ainda hoje têm, destaco a experiência de planeamento e reabilitação do centro histórico de Bolonha do final da década de 1970 e as reflexões de VENUTI (1978), de SECHI (1984) e PORTAS (1986). O primeiro defendendo um programa de "urbanismo de austeridade" que contrariasse os desperdícios do solo e do edificado e os segundos, identificando a gestão da cidade existente como novo paradigma do planeamento urbanístico e, por essa via, com o enquadramento da reabilitação dos centros históricos num contexto mais vasto do que o da "cultura".

Existem desde então correntes de pensamento que defendem que a reabilitação urbana não se traduz apenas em intervenções directas no tecido urbano das áreas degradadas ou em declínio. Defendem, aliás, que espelha uma reorientação da urbanística no sentido da requalificação da cidade existente, em detrimento da sua contraproducente expansão. Contraproducente, porque o ciclo de migrações do espaço rural para o espaço urbano dava então sinais de abrandamento e estabilização em alguns países europeus. As prioridades da urbanização deviam ser, pois, no sentido da clarificação do território já ocupado e, sempre que necessário, da sua reestruturação.

Como alertava Bernardo Secchi (1984) há mais de vinte anos, *"lo spazio entro il quale vivremo i prossimi decenni è in gran parte già costruito. Il tema è ora quello di dare senso e futuro attraverso continue modificazioni alla città, al territorio, ai materiali esistenti e ciò implica una modifica dei nostri metodi progettuali che ci consenta di recuperare la capacità di vedere, prevedere e di controllare."*

Foi sobre este paradigma urbanístico centrado no redesenho da cidade existente que se alicerçam alguns argumentos da leitura do território urbanizado como um sistema de continuidades, alguns dos quais constituem conceitos determinantes nas metodologias e práticas da matéria em apreço, designadamente:

- a continuidade histórica, na medida em que toda a cidade é contemporânea, isto é, num mesmo núcleo urbano, não há uma cidade com história e uma outra que não a tenha, ou nunca venha a tê-la;
- a continuidade morfológica, na medida em que o sistema de espaços públicos não é fragmentável, ainda que seja constituído por elementos de composição substantivos, como são as ruas, as praças ou os quarteirões;
- a continuidade funcional dos sistemas urbanos, na medida em que constituem uma rede de interdependências e não variam de forma substantiva em todo o território urbano;
- a continuidade das relações entre os usos do solo, na medida em estes não têm vínculos definitivos com o tecido urbano.

A reorientação da urbanística no sentido da requalificação da cidade existente implicou, como referiu Secchi, alterações das metodologias e das práticas urbanísticas que carecem de uma gestão atenta e dedicada que continuamente avalie e articule vectores de ordem económica, social, cultural, histórica, morfológica, funcional, etc., para sustentar as políticas urbanas de cada lugar. Para, nas suas palavras, "recuperar a capacidade de ver, prever e de controlar".

Identificada a importância de estabelecer pontes claras entre o conhecimento da cidade existente e o seu planeamento e redesenho, não deixa de ser verdade que as críticas à segregação recíproca dos centros e das periferias vem sendo construída sobre as inércias e sobre as resistências à implementação dessas articulações como prática comum de planeamento e gestão urbanística municipais. Como disse Nuno Portas (2005:144) a propósito do caso de Bolonha, "...*para resolver os problemas do «centro» é preciso também resolver os problemas da chamada «periferia» – é preciso trabalhar com os dois pés e requalificar ambas, e não apenas uma delas*".

Para que não restem dúvidas sobre a existência dessas resistências e dessas inércias, ela vem sendo confirmada com a sucessão de programas, diplomas ou regimes que há mais de três décadas instituem a reabilitação urbana como um desígnio nacional. Lamentavelmente, essa sucessão vem decorrendo sem que os resultados directos das "intervenções reabilitadoras" ou a monitorização dos seus reflexos no desenvolvimento urbano, sejam objecto de estudos e publicações que permitam confrontar os domínios da teoria e da prática urbanística. A falta de interfaces entre a expressão dos objectivos e a monitorização dos resultados comprovados contribui, aliás, para a manutenção dessas resistências e dessas inércias.

O Decreto-Lei n.° 104/2004, por exemplo, também apresentava a reabilitação urbana como um "*verdadeiro imperativo nacional*" – em regime excepcional, em todo caso – e a sua revogação não foi antecedida por um estudo publicado que documente uma avaliação desse imperativo a nível nacional e não apenas local.

2. Expansão e patrimonialização urbana: segregação e degradação dos centros urbanos

As provocações que fiz no sentido de rebater interpretações da reabilitação urbana como sendo dirigida exclusivamente aos recintos de determinadas áreas urbanas, relacionam-se com outro tema a que me tenho dedicado por razões académicas[4] e, pontualmente, com experiências de prática urbanística e arquitectónica. Tenho chamado este outro tema de "planeamento da salvaguarda" como forma de aludir à articulação — complexa, mas necessária — entre os domínios do *ordenamento do território* e os da *cultura*, isto é, entre as políticas e práticas de planeamento urbanístico e de ordenamento do território e as políticas e práticas de salvaguarda do património arquitectónico e urbano.[5]

À imagem das referências que fiz ao entendimento do fenómeno urbano como um sistema de continuidades cuja gestão deve implicar a complementaridade dos vários níveis da "cascata" de instrumentos de gestão territorial, a apresentação do RJRU advoga este princípio quando refere, como seu objectivo, a articulação entre os planos de pormenor de reabilitação urbana e os planos de pormenor de salvaguarda do património cultural, enquanto modalidades específicas de planos de pormenor previstos no Regime Jurídico dos Instrumentos de Gestão Territorial (RJIGT).

Não se trata de uma articulação "vertical", por assim dizer, mas de uma articulação "horizontal" de programas e objectivos diversos que devem convergir no desenvolvimento de uma mesma área urbana. É de notar, em todo o caso, a constância da associação dos instrumentos de planeamento e gestão urbanística à "escala do pormenor", quando estes têm por objecto a reabilitação urbana e a salvaguarda patrimonial, ou quando

---

[4] Com a elaboração da minha dissertação de doutoramento *"Património Urbanístico e Planeamento da Salvaguarda: Portugal, 1974-2004"* e com dois projectos de investigação coordenados pelo Prof. Doutor Walter Rossa, designadamente: *"Plano de Pormenor de Salvaguarda do Núcleo Pombalino de Vila Real de Santo António"*, projecto desenvolvido no Centro de Estudos de Arquitectura da Faculdade de Ciências e Tecnologia da Universidade de Coimbra em colaboração com o Centro de Estudos do Direito do Ordenamento, Urbanismo e Ambiente da Faculdade de Direito da Universidade de Coimbra, no âmbito de um protocolo celebrado com a Câmara Municipal de Vila Real de Santo António; e *«História e análise formal na definição do conceito de intervenção em contexto urbano histórico»* - Referência III/CSH/21/2005, projecto financiado pelo Instituto de Investigação Interdisciplinar da Universidade de Coimbra.

[5] Premissa esta que se encontra internacionalmente consagrada desde a década de 1970 e vertida em diversos documentos produzidos por organismos dedicados à salvaguarda do património cultural, designadamente: a *Carta Europeia do Património Arquitectónico* (Conselho da Europa, 1975), a *Recomendação relativa à salvaguarda e papel contemporâneo das áreas históricas* (UNESCO, 1976), a *Convenção para a Salvaguarda do Património Arquitectónico da Europa* (Conselho da Europa, 1985) e a *Carta Internacional para a Salvaguarda das Cidades Históricas* (ICOMOS, 1987).

são substancialmente dedicados à *"intervenção na cidade existente"* e não à *"...produção urbana de extensão ou criação de novos aglomerados..."* (PORTAS, 1986:8).

Não entendo que esta associação reflicta uma visão do legislador relativamente à implementação das operações de reabilitação urbana e à sua integração nas políticas urbanas locais, preterindo o "pormaior" em benefício do "pormenor", isto é, desvalorizando metodologias de articulação e complementaridade entre planos municipais de ordenamento do território (PMOT). No caso do RJRU, entendo mesmo que algumas das suas disposições reflectem a preocupação de constituir formas de agilizar a programação e a implementação de intervenções directas no edificado, no sistema de espaços públicos ou nas infra-estruturas.[6] Entendo, além disso, que esta circunstância se traduzirá, por um lado, numa responsabilização acrescida dos municípios e das entidades públicas envolvidas na elaboração de PMOT no estabelecimento dos consensos dos quais depende a sua vigência[7], e por outro, numa manifestação da consideração que fazem das articulações entre o "pormenor" e o "pormaior" (GONÇALVES, 2007:39) no planeamento e gestão da cidade existente.

Relativamente ao objecto das áreas de reabilitação urbana e subindo no pormenor, este diploma refere:

- por um lado, que incide em áreas que apresentem sinais de insuficiência ou degradação do edificado e dos sistemas urbanos, que justifiquem *"...uma intervenção integrada"* (art. 12.°, 1);
- e por outro lado, que as áreas de reabilitação urbana *"...podem abranger (...) áreas e centros históricos, património cultural imóvel classificado ou em vias de classificação e respectivas zonas de protecção..."* (art. 12.°, 2).

Como se sabe, grande parte das áreas urbanas (mal) designadas como centros históricos reúne estas duas características. Creio, aliás, que a maio-

---

[6] Designadamente, com o constante nos artigos 14.° (3); 24.° (2); 26.° (4); 27.° (3); 49.° (1); 50.°; 58.°; 61.° e 62.°.

[7] No caso particular da articulação entre as tutelas do ordenamento do território e da cultura, merece especial referência o disposto no art. 28.°, sobretudo, o dever da administração do património cultural indicar claramente as razões de eventuais discordâncias e as alterações necessárias para obter a sua concordância.

ria das áreas de reabilitação urbana que os municípios delimitarem ao abrigo deste regime, coincidirá – parcial ou integralmente – com os (mal) ditos centros históricos.

Uma das grandes razões que explica esta coincidência reside no modelo de expansão urbana que tivemos ao longo da segunda metade do século passado, com o qual o grosso dos investimentos públicos e privados se direccionou para as áreas suburbanas e periféricas devido, em parte, à generosidade da primeira geração de PDM na delimitação de perímetros urbanos e à sequente dispersão do edificado e à necessidade de criação e manutenção de infra-estruturas (MARQUES *et al.*, 2009:9).

Uma outra grande razão que explica esta coincidência, reside no facto de termos desde a década de 1930[8], uma política cultural para o património edificado com duas características essenciais que desde então incide sobre essas áreas urbanas:

- é uma política centrada no objecto arquitectónico ou, de um modo geral, no edificado;
- e essencialmente proteccionista e segregadora.

É uma política centrada no objecto arquitectónico, não porque dê uma atenção exclusiva ou maior a uma das categorias dos bens culturais imóveis quando o seu contexto é urbano, mas porque se concretiza essencialmente com a classificação do património edificado, sem se basear, por princípio, nos elementos da composição morfológica urbana para dar corpo ao seu desígnio de protecção e valorização cultural. Aliás, um dos principais problemas da incidência urbana da lei de bases do património é, como há tempo apontou Walter Rossa (2005:14), a *"...indefinição de conceitos e o da ausência de reconhecimento do Urbanismo como um fenómeno cultural per si"*. Conceitos como *rua, praça, largo, quarteirão* ou *cadastro*, por exemplo, não fazem parte do léxico da lei e quando surgem em alguns diplomas de desenvolvimento, não são referidos para integrar o património edificado no contexto urbanístico do qual fazem parte, ou do qual podem mesmo ter sido a raiz da sua conformação.

Pense-se, a título de exemplo, numa muralha medieval que tenha sido absorvida pelo crescimento da malha urbana e na influência que a

---

[8] Designadamente, com a promulgação do Decreto n.º 20985 de 7 de Março de 1932 e do Decreto n.º 21875 de 18 de Novembro de 1932.

mesma terá exercido na conformação desse desenvolvimento ao longo do tempo. O sentido das portas dessa muralha radica nos caminhos que equipavam a chegada e a partida do respectivo núcleo urbano. Com o tempo, esses caminhos foram-se fazendo ruas, largos ou praças. Estes, por sua vez, foram sendo conformados pelo edificado, organizado ou não em quarteirões, mas procedendo sempre do cadastro que antecedeu a urbanização.

Mesmo depois do desaparecimento parcial ou integral da sua cintura, o perímetro dessa muralha perdura e revela-se na composição da morfologia urbana adjacente ou envolvente.

Quero dizer com isto que a compreensão cabal do valor cultural do circuito defensivo de um núcleo urbano, não se constrói sem o conhecimento histórico da formação e transformação do tecido urbano que o absorveu. Além disso, esse tecido não é redutível, por princípio e de modo genérico, a um perímetro de 50 metros em seu redor ou a uma sequência de perímetros relativos aos segmentos ou elementos arquitectónicos ainda existentes.

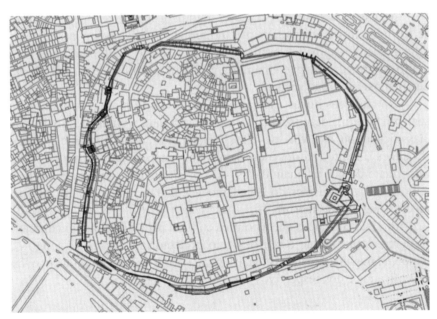

FIG. 1 – Reconstituição do circuito defensivo (muralha e castelo) de Coimbra tardo-medieval. Walter Rossa e Sandra Pinto – Banco digital de cartografia da evolução urbanística de Coimbra, 2003

Num diploma recente do Ministério da Cultura — publicado, por coincidência, no mesmo Diário da República onde foi publicado o diploma que estabelece o RJRU — é estabelecido o procedimento de classificação dos bens imóveis de interesse cultural e o regime jurídico das zonas de protecção e do plano de pormenor de salvaguarda.[9]

Nesse diploma são referidos jardins, praças e caminhos (art. 2.º) aquando da especificação da abrangência da classificação de bens imóveis, sendo assim referidas algumas unidades do sistema de espaços públicos. No entanto, a expressão urbanística do regime de protecção destes bens mantém os pressupostos que já constavam na lei de 1985, isto é, o estabelecimento de zonas de protecção automáticas ou de zonas especiais de protecção reportadas ao património edificado. É dessa forma que os elementos de composição da morfologia urbana são considerados na política cultural urbana, isto é, como meio de integração e contextualização dos bens culturais imóveis classificados e não como um bem cultural *per si*. Neste sentido, é mantida a lógica de subordinação do urbanismo ao património edificado.

No caso das zonas de protecção automáticas, este regime concretiza-se de uma forma absolutamente indiferente relativamente ao contexto urbanístico dos imóveis classificados, uma vez que a delimitação do perímetro de protecção segue uma regra geométrica pura, alheada das lógicas de composição urbanística.

No caso das zonas especiais de protecção, é requerida uma maior sensibilidade na delimitação do enquadramento urbanístico do imóvel classificado ou em vias de classificação. Porém, a ocorrência destas servidões é muito inferior à das zonas de protecção automática e – mais importante do que as quantidades – decorrem da atenção dada a um bem cultural imóvel considerado isoladamente e não de uma visão urbanisticamente integrada do mesmo.

Por isto considero que a política cultural para o património edificado é segregadora: porque o seu desígnio protector se estende ao longo do tempo na malha urbana das cidades, com a soma de bens culturais imóveis classificados e dos respectivos perímetros de protecção.

---

[9] Decreto-Lei n.º 309/2009, DR n.º 206 D.R. I Série (23/10/2009), pp. 7975-87.

FIG. 2 – Santarém: servidões administrativas de protecção cultural e unidades operativas de planeamento e gestão. CEARQ, 2007

Além do contributo desta soma, a segregação das áreas urbanas mais antigas distendeu-se e abarcou os "centros históricos", também sob argumentos culturais, com a integração do princípio da salvaguarda do património urbano nos instrumentos de gestão territorial.

Desde a criação do quadro regulamentador dos PDM em 1982, essa segregação foi sendo sedimentada com a sujeição desses recintos a uma normativa genérica de conservação e protecção do edificado. Além dessa normativa básica, a maioria dos PDM da primeira geração remeteu a especificação das intervenções admissíveis no edificado para a elaboração e vigência de planos de pormenor de salvaguarda e, dos elaborados, apenas cerca de 50 tiveram vigência até hoje. Dada a limitação territorial a que estão fatalmente sujeitos, pouco mais fizeram do que regulamentar as actuações sobre o edificado e, nalguns deles, redesenhar espaços públicos e programar a reforma de infra-estruturas. Dessa forma, e apesar dessas áreas urbanas centrais e/ou mais antigas terem sido providas de planos urbanísticos, ficaram, na verdade, desprovidas de instrumentos de gestão que as integrassem nas lógicas de desenvolvimento local.

O planeamento urbanístico destas áreas não seguiu, pois, alguns princípios consagrados internacionalmente para a salvaguarda do património arquitectónico e para a reabilitação urbana. Nomeadamente, o princípio de que a *conservação integrada* deve ser um dos pressupostos importantes de **planeamento urbano e regional**, como já referia a *Carta Europeia do Património Arquitectónico*[10] em 1975. Um princípio que estabelece que a escala territorial de referência para o desígnio da reabilitação é urbana e regional e, como tal, não implica de forma exclusiva a elaboração e execução de instrumentos de planeamento de pormenor, mas antes uma metodologia que articule as diversas escalas dos instrumentos de gestão territorial e urbanística.

3. A reabilitação urbana "começa antes de começar"

Um dos corolários da reorientação do planeamento e gestão urbanística no sentido do redesenho da cidade existente manifesta-se – por redundante que seja referi-lo hoje – na importância de criar e manter *interfaces* entre o conhecimento da realidade existente e o planeamento urbanístico ou programação de intervenções directas, sejam de que ordem forem.

---

[10] Adoptada em 26 de Setembro de 1975 pelo Comité dos Ministros do Conselho da Europa, a *Carta Europeia do Património Arquitectónico* é o primeiro documento doutrinário a referir-se expressamente à conservação integrada, sintetizando toda uma reflexão que vinha sendo elaborada no seio do Conselho da Europa desde o início da década de 1960, visando a integração de um conceito alargado de património arquitectónico num quadro de plena vivência e usufruto e nas práticas de planeamento regional e urbano.

Porém, essa realidade não é estática e as transformações a que está inevitavelmente sujeita ocorrem com ritmos diferenciados. A degradação e a renovação do edificado ou a obsolescência e a renovação de usos, por exemplo, têm os seus próprios tempos.

A avaliação das condições físicas do edificado, do sistema de espaços públicos ou de infra-estruturas diz respeito a um manancial de informação potencialmente objectiva e quantificável respeitante a um determinado momento. No entanto, não deve tolher o conhecimento da situação existente de cada ARU e limitar a identificação das necessidades de intervenção, uma vez que nem sempre estas se traduzem em intervenções directas e podem mesmo não se circunscrever ao perímetro inicialmente delimitado.

Por razões óbvias, a avaliação desse parâmetro é fundamental para programar as operações de reabilitação urbana, mas quando estão em causa desígnios como a *inclusão social* e a *coesão territorial*, não é necessariamente o que deve subjugar os critérios que cada município deve estabelecer para a delimitação de ARU ou para o estabelecimento de hierarquias e prioridades de intervenção. Além desse, outros parâmetros deverão integrar os fundamentos da delimitação dessas áreas, como, por exemplo, a respectiva caracterização sociológica ou a identificação de disponibilidades comerciais e/ou de refuncionalização do seu edificado.

O conhecimento almejado para cada parâmetro deve, aliás, compreender a identificação e a caracterização das tendências e dinâmicas de transformação instaladas, pelo que o seu tempo de referência não é apenas o *presente* e deve por isso ser construído com o apoio de meios de monitorização que sejam ágeis a retratar essas dinâmicas.

Noutra circunstância — também a propósito da reabilitação urbana e também em jeito de provocação — defendi que seria mais vantajoso investir na instalação de bases de dados de Sistemas de Informação Geográfica (SIG) e na sua contínua actualização, do que na requalificação casuística do edificado ou de espaço públicos (GONÇALVES, 2007:47-8). Alguns dos argumentos então invocados para valorizar o uso de SIG e a actualização contínua das suas bases de dados, foram o facto de evitarem os dispêndios cíclicos da caracterização do existente, de cada vez que se tenciona perpetrar ou programar qualquer intervenção, bem como o de facultarem a monitorização e avaliação de instrumentos de planeamento e gestão urbanística. É de referir, a este propósito, que o RJRU estabelece o dever da monitorização das operações de reabilitação urbana (art. 19.º), bem como a obrigatoriedade da divulgação pública dos respectivos relatórios.

Não refere, nem sugere que parâmetros ou metodologias devem ser seguidos para concretizar este dever. Não deixa, de qualquer forma, de ser um contributo para reforçar as pontes entre os domínios da teoria e os da prática urbanística, bem como para instalar a ideia de que a reabilitação urbana é um desígnio que deve "começar antes de começar".

BIBLIOGRAFIA

MARQUES, Teresa Sá *et al.* (2009) – "A Ocupação edificada: delimitação de áreas de densidade homogénea". Disponível em: http://repositorio-aberto.up.pt/bitstream/10216/19849/2/000082757.pdf

PINHO, Ana Cláudia da Costa (2008) – *Conceitos e Políticas Europeias de Reabilitação Urbana. Análise da experiência portuguesa dos Gabinetes Técnicos Locais.* Lisboa: [s.n.]. 2 Vol. Tese de Doutoramento em Planeamento Urbano: Universidade Técnica de Lisboa.

GONÇALVES, Adelino (2007) – "Which urban plan for an urban heritage? An overview of recent potuguese practice on integrated conservation". *City & Time*, [em linha]. 3, 2, pp.67-79 Disponível em: http://www.ceci-br.org/novo/revista/docs2008/CT-2008-108.pdf

GONÇALVES, Adelino (2007) – "Questões de pormenor no planeamento da salvaguarda". *Revista do Centro de Estudos de Direito do Ordenamento, do Urbanismo e do Ambiente.* Coimbra: FDUC/CEDOUA, 17, pp. 35-50.

GONÇALVES, Adelino (2006) – "Núcleo Pombalino de Vila Real de Santo António. Uma experiência de planeamento da salvaguarda". Comunicação à sessão "*A encomenda como possibilidade: turismo como património*" do seminário de formação contínua da SRS da Ordem dos Arquitectos sobre ordenamento do território – turismo sustentável: ordenamento ou constrangimento. Disponível em: http://www.darq.uc.pt/estudos/comunicacaoVRSA.html

CARDOSO, Isabel Moraes (2005) – "O défice de planos de urbanização e de planos de pormenor". *Arquitecturas – Jornal de Negócios do Mercado das Cidades.* Lisboa: Grupo About Media, 7, pp. 41-2. Disponível em: http://projectos.ordemdosarquitectos.pt/cidadecidadao/files/biblioteca/recortes/01_Recortes_Impr.pdf

PORTAS, Nuno (2005) – "Bologna. Comentário de Nuno Portas", *in* GRANDE, Nuno; LOBO, Rui (Coord.) (2005) – *CidadeSofia. Cidades Universitárias em Debate. Actas do Seminário Internacional pela Coimbra 2003: Capital Nacional da Cultura, Coimbra, 2003.* Coimbra: eldlarq – Departamento de Arquitectura da FCTUC, pp. 142-5.

TROITIÑO VINUESA, Miguel Ángel (2003) – "Renovación urbana: dinámicas y cambios funcionales". *Perspectivas Urbanas*, [em linha]. Disponível em: http://www.etsav.upc.es/urbpersp/num02/index.htm

ROSSA, Walter (2003) – "Do projecto para o plano: contributo para a integração Património/Urbanismo". *ECDJ*. Coimbra: eldlarq – Departamento de Arquitectura da FCTUC, 9, pp. 9-16, 2005. Conferência proferida nas Jornadas de Património e Urbanismo da ADRIP realizadas em Vila Real de Santo António em Maio de 2003.

REGALES, Manuel Ferrer (2003) – *Los Centros Históricos en España: teoría, estructura, cambio*. Pamplona: Gobierno de Navarra.

AGUIAR, José (1999) – "A cidade do futuro já existe hoje. Algumas notas sobre a reabilitação urbana". *ATIC MAGAZINE*. Lisboa: ATIC, 24. Artigo disponível em linha em http://mestrado-reabilitacao.fa.utl.pt/disciplinas/jaguiar/Jaguiaratic.pdf [Cons. em 11/02/2010]

PORTAS, Nuno (1986) – "Notas sobre a intervenção na cidade existente". *Sociedade e Território*. Porto: Edições Afrontamento, 4, pp. 8-13. Versão original publicada sob o título "Notas sobre la intervención en la ciudad existente", *Quaderns d'Architectura y Urbanisme*, COAC, 155, 1982, pp. 38-40.

SECCHI, Bernardo (1984) – "Le condizioni sono cambiate". *Casabella*. Milano: Electa Periodici, 498/9, pp. 8-13. Disponível em: http://www.cittasostenibili.it/html/Scheda_17.htm

VENUTI, Giuseppe Campos (1978) – *Urbanismo y austeridad*. Madrid: Siglo XXI de España Editores, 1981.

CERVELLATI, Pier Luigi et al. (1977) – *La nouvelle culture urbaine. Bologne face à son patrimoine*. Paris: Éditions du Seuil, 1981.

CERVELLATI, Pier Luigi; SCANNAVINI, Roberto (1973) – *Bologna: politica e metodologia del restauro nei centri storici*. Bologna: Il Mulino.

DIPLOMAS LEGAIS E DOCUMENTOS DOUTRINÁRIOS

Decreto-Lei n.º 307/2009, *DR n.º 206 D.R. I Série* (23/10/2009), pp. 7956-75.

Decreto-Lei n.º 309/2009, *DR n.º 206 D.R. I Série* (23/10/2009), pp. 7975-87.

Decreto n.º 20985, (7/3/1932). Disponível em: http://siddamb.apambiente.pt/publico/documentoPublico.asp?documento=3565&versao=2

Decreto n.º 21875 (18/11/1932). Disponível em: http://siddamb.apambiente.pt/publico/documentoPublico.asp?documento=3566&versao=2

Carta Europeia do Património Arquitectónico (1975). Disponível em: https://wcd.coe.int/ViewDoc.jsp?id=1168353

(tradução portuguesa disponível em: http://home.fa.utl.pt/~camarinhas/3_leituras12.htm

CONCERTAÇÃO, CONTRATAÇÃO
E INSTRUMENTOS FINANCEIROS NA REABILITAÇÃO URBANA

JORGE ANDRÉ ALVES CORREIA
Assistente da Faculdade de Direito de Coimbra

É hoje inequívoco que a *reabilitação urbana* constitui um dos temas de Direito do Urbanismo que maior destaque tem merecido por parte da doutrina. Enquanto máxima do urbanismo *pós-moderno*, o *urban renewal* perfila-se como uma das principais *policies* instituídas por vários modelos de ordenamento do território europeus[1] – no ordenamento jurídico português, a LBPOTU eleva a política de renovação urbana a um dos objectivos fundamentais da política de ordenamento do território e de urbanismo [artigo 6.°, alíneas *h)*, *i)* e *j)*].

---

[1] Para uma perspectiva de direito comparado, U. BATTIS/P. LÖHR, "Die Neuregelungen des Baugesetzbuchs zum 1.1.1998", NVwZ, n.° 12, 1997, pp. 1147 ss.; GONZÁLEZ-VARAS IBÁÑEZ, *La Rehabilitación Urbanística*, Arazandi, 1998, pp. 180 ss.; ARROYO JIMÉNEZ, *La Revisión de las Técnicas de Conservación Urbanística,* Madrid, 2006, pp. 50 ss.; JEAN-PIERRE DEMOUVEAUX, "La Notion de Renouvellement Urbain", *Cahiers de Droit de L'Aménagement, de l'Urbanisme, de L'Habitat*, Gridauh, 2002, pp. 125 ss.; ALBERTI FRANCESCO, *Processi di riqualificazione urbana. Metodologie operative per il recupero dei tessuti urbani esistenti*, Firenze, (2006), pp. 21 ss.; FERNANDO ALVES CORREIA, *Manual de Direito do Urbanismo*, vol. I, Coimbra, 2008, pp. 40 e ss. e COLAÇO ANTUNES, *Direito Urbanístico. Um outro paradigma: a planificação modesto-situacional*, 2002, Coimbra, pp. 51 e ss.; SUZANA TAVARES DA SILVA, "Reabilitação Urbana e Valorização do Património Cultural", Boletim da FDUC, vol. LXXXII, Coimbra, 2006, pp. 349--360; e JOANA MENDES, "Programa Polis – programa ou falta de programa para a requalificação das cidades", Revista CEDOUA, n.° 7, ano IV, pp. 85-100.

Assumindo-se a reabilitação urbana como uma componente indispensável da política das cidades e da política de habitação, verifica-se que nela convergem os objectivos de requalificação e revitalização das cidades, em particular das suas áreas mais degradadas, e de qualificação do parque habitacional. Neste sentido, a reabilitação urbana não constitui apenas uma *mera expressão de ideais, intenções ou compromissos informais da Administração*, antes se apresenta como uma *autêntica ambição política* que se apoia em múltiplos instrumentos *legislativos, normativos, contratuais* e *financeiros*. Tais instrumentos revelam-se indispensáveis para a concretização de um *novo* paradigma de *urbanismo qualitativo* proposto pela doutrina jus-urbanística[2], o qual representa uma alternativa à expansão urbana, através da realização de operações de "renovação urbana" centradas na *modernização* e *revitalização* de zonas consolidadas das cidades, designadamente pela via da restauração e implantação de infra-estruturas urbanísticas, de zonas verdes e de equipamentos públicos.

Vivemos, assim, num momento histórico em que se assiste a um "retrocesso das políticas urbanísticas de expansão urbana"[3], ao florescimento de uma retórica de "racionalização e contenção do crescimento urbanístico"[4] e a uma clara imposição de "protecção do património histórico-cultural"[5]. Entendida como uma "ardente obrigação para que cada cidade «conserve a sua alma»"[6], a reabilitação urbana não pode nestes termos ser perspectivada como uma função *exclusivamente* pública[7] prosse-

---

[2] FERNANDO ALVES CORREIA, *ob cit.*, pp. 40 e ss. e COLAÇO ANTUNES, *ob. cit.*, pp. 51 e ss..

[3] U. BATTIS/P. LÖHR, "Die Neuregelungen des Baugesetzbuchs zum 1.1.1998", NVwZ, n.º 12, 1997, p. 1149.

[4] COLAÇO ANTUNES, *ob. cit.*, p. 52.

[5] ALBERTI FRANCESCO, *ob. cit.*, p. 25.

[6] FERNANDO ALVES CORREIA, *ob cit.*, p. 41.

[7] Como já tivemos oportunidade de expor noutro lugar, entendemos que a tarefa de reabilitação urbana, para além de ser uma tarefa pública, apresenta-se, igualmente, como uma *tarefa privada de interesse público*. Quando a entidade gestora reveste a qualidade de empresa do sector empresarial local em forma privada e tem por objecto social exclusivo a gestão de operações de reabilitação urbana (adoptando, nos termos do artigo 10.º, n.º 2, do Decreto-Lei n.º 307/2009, de 23 de Outubro, a designação de *Sociedade de Reabilitação Urbana*), verifica-se que uma *fracção* ou *parte* de uma tarefa que cabe integralmente à Administração municipal, a reabilitação urbana de uma determinada área, é entregue,

Concertação, contrato e instrumentos financeiros... 95

guida sob uma lógica sistemática de dirigismo administrativo, alheio à participação dos cidadãos no procedimento reabilitador. Pelo contrário, um *modelo de reabilitação urbana sustentado* apresenta-se como uma actividade urbanística altamente complexa, cuja programação não dispensa o recurso à *coordenação* entre sujeitos públicos e à *concertação* e *contratualização* entre actores públicos e privados.

Na linha expendida, o novo Regime Jurídico da Reabilitação Urbana, criado pelo Decreto-Lei n.º 307/2009, de 23 de Outubro, estabelece, no seu preâmbulo, como directrizes fundamentais a necessidade de "garantir a complementaridade e coordenação entre os diversos actores, concentrando recursos em operações integradas de reabilitação nas «áreas de reabilitação urbana» e de diversificar os modelos de gestão das intervenções de reabilitação urbana, abrindo novas possibilidades de intervenção dos proprietários e outros parceiros privados" e de "diversificar os modelos de gestão das intervenções de reabilitação urbana, abrindo novas possibilidades de intervenção dos proprietários e outros parceiros privados".

A opção pela *coordenação*, *concertação* e *contratualização* no âmbito da reabilitação urbana encontra-se no conteúdo precritivo do Decreto-Lei n.º 307/2009, de 23 de Outubro, em cujo artigo 4.º, alíneas *f)* e *g)*, se pro-

---

enquanto tal, a uma entidade privada. No quadro dos poderes públicos, a responsabilidade pelo procedimento de reabilitação urbana cabe, primacialmente, a cada município. No entanto, o Decreto-Lei n.º 307/2009 concede aos municípios a possibilidade de constituírem Sociedades de Reabilitação Urbana, empresas societárias, constituídas sob a forma de sociedade comercial, às quais são atribuídos poderes de autoridade, como os de expropriação e de licenciamento, podendo ainda ser delegados outros poderes nos termos do artigo 36.º n.ºs 2, 3 e 4.

Com efeito, as tarefas de reabilitação urbana são prosseguidas por actores privados com o objectivo primordial de satisfação de interesses públicos. Tais acções, embora privadas, apresentam-se como *acções de interesse público* e são, sob o ponto de vista dogmático, designadas *tarefas privadas de interesse público*. Resultam da ideia de que o Estado perdeu o monopólio do interesse público, não sendo já o único actor que prossegue actividades que têm em vista satisfazer o interesse público, sofrendo nessa medida a concorrência de actores privados. Pois bem, nas hipóteses em que parte de uma tarefa que cabe integralmente à Administração municipal é entregue, enquanto tal, a uma entidade administrativa privada estaremos perante um fenómeno de *exercício privado de funções administrativas*. Para mais desenvolvimentos e indicações bibliográficas, a nossa obra *Contratos Urbanísticos – Concertação, Contratação e Neocontratualismo no Direito do Urbanismo*, Almedina, Coimbra, 2009, pp. 23 ss..

clama como *princípio geral* da política de reabilitação o "princípio da coordenação, promovendo a convergência, a articulação, a compatibilização e a complementaridade entre as várias acções de iniciativa pública, entre si, e entre estas e as acções de iniciativa privada" e o "princípio da contratualização, incentivando modelos de execução e promoção de operações de reabilitação urbana e de operações urbanísticas tendentes à reabilitação urbana baseados na concertação entre a iniciativa pública e a iniciativa privada".

Com o presente artigo é nossa pretensão expor a relevância da *concertação* e da *contratualização* no domínio da reabilitação urbana, traçando o recorte fisionómico dos (*novos*) contratos urbanísticos previstos pelo legislador no Decreto-Lei n.° 307/2009. Apresentando-se o *princípio da contratualização* como um princípio *troncal* da política de reabilitação urbana, iremos ver como o legislador concretizou, do ponto de vista *prático-normativo*, as orientações axiológicas fundamentais constantes das alíneas *f*) e *g*) do artigo 4.° do Decreto-Lei n.° 307/2009. Para tanto, torna-se, desde logo, necessário reflectir sobre a finalidade imanente – a *ratio legis* – que justifica a consagração de instrumentos contratuais e de mecanismos de concertação no Direito do Urbanismo[8].

A evolução que se tem vindo a verificar nos sistemas de Administração executiva europeus para a introdução do consenso e da concertação no agir administrativo tem o *universo* do Direito do Urbanismo como um dos seus domínios mais férteis. Na verdade, a *contratação urbanística* constituiu, inovadoramente, um dos primeiros domínios em que se afirmou a *contratualização da actividade administrativa*[9]. Desde a segunda metade do século XIX que o contrato urbanístico era utilizado na *praxis* no âmbito da expropriação por utilidade pública. Para a prossecução de várias tarefas, como a construção de caminhos-de-ferro, canais e estradas, precisava o Estado de adquirir vários bens dos particulares, mormente ter-

---

[8] O tema é certamente merecedor de um tratamento bem mais aprofundado e extenso, não só pela importância histórica que o contrato – independentemente da sua natureza – assume na *dinâmica* da reabilitação urbana, mas também pelas especiais e importantes particularidades que reveste ao nível do respectivo regime procedimental e substantivo.

[9] F. P. Pugliese, "Il Procedimento Amministrativo tra Autorità e Contrattazione", *Rivista Trimestrale di Diritto Pubblico*, 1971, p. 1503; Borella, "L'Urbanistica Contrattata dopo la Legge 241 del 1990", *Rivista Giuridica di Urbanistica*, 4, 1998, p. 419.

Concertação, contrato e instrumentos financeiros... 97

renos, o que criou condições favoráveis para a aplicação do contrato como alternativa ao acto ablativo da propriedade[10].

Efectivamente, "o contrato urbanístico foi uma realidade sempre presente na história do Direito do Urbanismo, ainda que não corresponda com exactidão à mesma filosofia que inspira os que são celebrados na nossa época"[11]. Ao longo das últimas décadas do século XX, um pouco por toda a Europa, a expansão da contratação urbanística alicerçou-se no desenvolvimento de esquemas de flexibilização destinados a alargar as possibilidades de configuração jurídica ao dispor da Administração quando esta exerce o seu poder, bem como na necessidade de conferir maior eficácia e eficiência à actividade administrativa[12]. Além disso, a hodierna aceitação do consenso na área da *Administração de autoridade* conduziu à proliferação de uma (*nova*) tipologia de contratos urbanísticos[13], os quais constituem formas de contratação pública complexas, na medida em que o contrato passou a invadir a área da definição autoritária e unilateral das regras de ocupação, uso e transformação do espaço, ao mesmo tempo que envolveu a penetração de capitais privados na planificação urbanística[14].

---

[10] CANO MURCIA, *Teoría y Práctica del Convenio Urbanístico*, Pamplona, 2006, p. 23.; M. P. OCHOA GÓMEZ, *Los Convenios Urbanísticos. Limites a la Figura Redentora del Urbanismo*, 2006, Madrid, p. 59.

[11] CANO MURCIA, *ob. cit.*, p. 23.

[12] NICOLA ASSINI/PIERLUIGI MANTINI, *Manuale di Diritto Urbanistico*, 2007, Milano, p. 152.

[13] Sobre o *neocontratualismo*, cf. a nossa obra, *Contratos Urbanísticos, ob. cit.*, pp. 38 ss..

[14] Nos nossos dias, o contrato urbanístico apresenta-se como uma *figura de utilização geral*, ao lado de outras formas de actuação urbanística. Como vimos, o Direito do Urbanismo constitui um terreno particularmente fértil de manifestações contratuais. Na verdade, a contratação urbanística reveste natureza *multifacetada* ou *pluriforme* e, portanto, no contrato urbanístico estão implicados diferentes tipos contratuais: *contratos sobre o exercício de poderes públicos* – contratos com objecto passível de acto administrativo ou contratos decisórios (contratos substitutivos de acto administrativo, contratos pelos quais a Administração se compromete a praticar ou a não praticar actos administrativos e contratos através dos quais a Administração se obriga a praticar um acto administrativo com um certo conteúdo) e contratos normativos (contratos integrativos do procedimento de aprovação dos planos) – *contratos de delegação de funções ou serviços públicos* e *contratos de solicitação de produtos e de serviços ao mercado*. Como iremos ver, todo este complexo de tipos contratuais tem consagração no domínio da reabilitação urbana. Efectivamente, o Decreto-Lei n.° 307/2009, comparativamente com o Decreto-

Com efeito, a *expansão do consenso* na actividade urbanística e o crescente *recurso a figuras contratuais* são expressão da fisionomia do moderno Direito do Urbanismo. No entanto, impõe-se, neste contexto, uma importante precisão. Nem sempre "o método de troca de pontos de vista e de negociação entre a Administração Pública e os administrados interessados, com vista a tentar discernir em comum uma linha de conduta"[15], conduz à celebração de contratos. Na verdade, uma decisão concertada pode não atingir a forma jurídica contratual, *rectius*, o elemento propulsor dessa decisão manifesta-se na procura constante da aceitação e consensualidade, mesmo quando sejam utilizadas formas de actuação do tipo unilateral. Com efeito, a *Administração concertada* não conduz necessariamente à formação de contratos em sentido estrito entre a Administração e os administrados e, portanto, não desemboca sempre em casos de *Administração contratual.*

Ora, esta distinção fundamental é assumida pelo Decreto-Lei n.º 307/2009, que contém um capítulo próprio – o *Capítulo VII* – relativo à *participação* e *concertação de interesses*, e outro – o *Capítulo V* – onde são reguladas as *parcerias com entidades privadas,* no caso de execução das operações de reabilitação urbana promovidas por entidades gestoras. No que tange à *concertação de interesses*, "deve ser promovida a utilização de mecanismos de negociação e concertação de interesses, nomeadamente nos casos em que os interessados manifestem formalmente perante a entidade gestora vontade e disponibilidade para colaborar e concertar, nessa sede, a definição do conteúdo da decisão administrativa em causa" (artigo 72.º, n.º 1). Para efeito de participação nos procedimentos administrativos de reabilitação urbana, o artigo 69.º, n.º 1 estabelece um *critério de interessado,* segundo o qual "consideram-se interessados, no âmbito de procedimentos a que alude o presente decreto-lei cujo objecto é uma fracção, um edifício ou um conjunto específico de edifícios, os proprietários e os titulares de outros direitos, ónus e encargos relativos ao edifício ou fracção a reabilitar". Nos termos no n.º 2 do mesmo preceito norma-

---

-Lei n.º 104/2004, de 7 de Maio, alargou o leque de figuras contratuais ao dispor das partes contratantes, dando cumprimento ao princípio da contratualização em matéria de política de reabilitação urbana.

[15] LAUBEDÈRE/MODERNE/DEVOLVÉ, *Traité des Contrats Administratifs*, I, Paris, 1984, pp. 53.

Concertação, contrato e instrumentos financeiros...

tivo, "são tidos por interessados, para efeitos de aplicação do disposto no número anterior, os que, no registo predial, na matriz predial ou em títulos bastantes de prova que exibam, figurem como titulares dos direitos a que se refere o número anterior ou, sempre que se trate de prédios omissos ou haja manifesta desactualização dos registos e das inscrições, aqueles que pública e notoriamente forem tidos como tais". O n.° 3 do referido preceito normativo dispõe que "são ainda interessados no âmbito dos procedimentos a que se alude no n.° 1 aqueles que demonstrem ter um interesse pessoal, directo e legítimo relativamente ao objecto do procedimento e que requeiram a sua intervenção como tal".

Não obstante as organizações representativas de interesses locais, conforme dispõe o artigo 71.°, estarem incluídas no conceito de interessado para efeitos de participação nos procedimentos previstos no Decreto-Lei n.° 307/2009, entendemos que a definição de um critério de interessado significa o preenchimento *ex legislatore* de um espaço que deve ser deixado ao aplicador da norma, restringindo injustificadamente o leque de *potenciais interessados* nas áreas de intervenção das operações de reabilitação[16].

Por outro lado, do *contacto*, *diálogo* ou *negociação* entre a Administração e os actores privados pode resultar a celebração, em certos

---

[16] Esta ideia é reforçada pela sequência de aditamentos ao enunciado do artigo 69.°, n.° 1, pelos n.os 2 e 3 do mesmo preceito e, ainda, pelo artigo 71.°. A necessidade que o legislador sentiu em alargar o círculo de interessados acaba por cair na construção de uma *autêntica cláusula geral*, plasmada no n.° 3 do artigo 69.°, que permitirá desta forma abarcar um círculo amplo de interessados. Ora, isto mostra alguma contradição, na medida em que *prima facie* o legislador parece restringir em termos muito rigorosos o conceito de interessado, mas, no final, opta por alargar muito significativamente (e de forma imprecisa) esse mesmo conceito, não acautelando os valores da garantia de execução da reabilitação urbana e do interesse em agir. Além disso, sob ponto de vista sistemático, esta opção cria verdadeiras *fissuras normativas*, já que no regime jurídico dos instrumentos de gestão territorial não se estabelece aprioristicamente num tipo definitório legal o conceito de interessado para efeitos de participação nos procedimentos urbanísticos, o que levantará dúvidas na articulação normativa de ambos os diplomas.

Qualquer que seja o tratamento dogmático que, a partir de tal pressuposto se ouse dar a este problema, certo é que levantar-se-á a questão de saber qual o critério de interessado que se deverá observar aquando da celebração de um específico contrato para planeamento no âmbito da reabilitação urbana. A este ponto voltaremos mais à frente. Sobre a necessidade de se definir um critério de interessado neste tipo de procedimentos, cf. a nossa obra, *Contratos Urbanísticos, ob. cit.*, pp. 223-231.

termos, de *contratos urbanísticos*, tanto no procedimento de elaboração dos planos, como na sua execução. Encontramo-nos, agora, já num nível especialmente *qualificado* de participação dos interessados na definição do conteúdo das decisões administrativas – a designada *participação co-constitutiva*. A contratualização entre actores públicos e privados abrange, neste contexto, quer as *parcerias com entidades privadas* no caso de execução de operações de reabilitação urbana promovidas por entidades gestoras, bem como *outros contratos* celebrados no domínio da reabilitação urbana. Ao primeiro grupo pertencem a *concessão da reabilitação urbana* – artigos 11.°, n.° 4, alínea *a*), e 42.° – e o *contrato de reabilitação urbana* – artigos 11.°, n.° 4, alínea *b*), e 43.°. Do segundo grupo fazem parte os *programas de acção territorial*, os *contratos para planeamento* (na modalidade de *contratos urbanísticos integrais*) e o *contrato de empreitada única*.

Traçado um "esboço" propedêutico de alguns aspectos capitais que envolvem, em geral, o *quid specificum* e a *ratio essendi* do sistema de *Administração Contratual* no Direito do Urbanismo e, em particular, a sua consagração no *corpus normativo* do regime jurídico da reabilitação urbana, partimos, agora, para a prospecção dos problemas relativos aos modelos de execução das operações de reabilitação urbana pela via das *parcerias* com entidades privadas.

A este propósito, o Decreto-Lei n.° 307/2009 estrutura as intervenções de reabilitação com base em dois conceitos fundamentais: o conceito de «área de reabilitação urbana», cuja delimitação pelo município tem como efeito determinar a parcela territorial que justifica uma intervenção integrada no âmbito deste diploma, e o conceito de «operação de reabilitação urbana», correspondente à estruturação concreta das intervenções a efectuar no interior da respectiva área de reabilitação urbana [artigo 2.°, alíneas *b*) e *h*)]. Delimitada a área de reabilitação urbana por iniciativa do município, este pode optar pela realização de dois tipos distintos de operação de reabilitação urbana: no primeiro caso, designado por «operação de reabilitação urbana simples», trata-se de uma intervenção essencialmente dirigida à reabilitação do edificado, tendo como objectivo a reabilitação urbana de uma área e dirigindo-se primacialmente à reabilitação do edificado; no segundo caso, designado por «operação de reabilitação urbana sistemática», é acentuada a vertente integrada da intervenção, dirigindo-se à reabilitação do edificado e à qualificação das infra-estruturas, dos equipamentos e dos espaços verdes e urbanos de utilização colectiva, com os objectivos de requalificar e revitalizar o tecido urbano – artigo 8.º, n.ºs 1, alíneas *a*) e *b*), 2 e 3.

Por outro lado, sendo as operações de reabilitação urbana coordenadas e geridas por uma entidade gestora (*ex vi* artigo 9.º), podem revestir a qualidade de entidade gestora o município ou uma empresa do sector empresarial local [artigos 10.º, n.º 1, alíneas *a*) e *b*), e 36.º, n.º 1]. Quando esta entidade gestora de tipo empresarial tiver por objecto social exclusivo a gestão de operações de reabilitação urbana, reveste a qualidade de *Sociedade de Reabilitação Urbana* (artigo 10.º, n.º 2), admitindo-se, em casos excepcionais, a participação de capitais do Estado nestas empresas municipais (artigo 37.º, n.º 2). Em qualquer caso, cabe ao município, sempre que não promova directamente a gestão da operação de reabilitação urbana, determinar os poderes da entidade gestora, por via do instituto da delegação de poderes, sendo certo que se presume, caso a entidade gestora revista a qualidade de sociedade de reabilitação urbana e o município nada estabeleça em contrário, a delegação de determinados poderes na gestora – artigo 36.º, n.º 4.

A este respeito, é devidamente enquadrado o papel dos diversos actores públicos e privados na prossecução das tarefas de reabilitação urbana. Com efeito, a execução das operações de reabilitação urbana pode ter lugar através da iniciativa dos particulares ou das entidades gestoras [artigo 11.º, n.º 1, alíneas *a*) e *b*)]. Na primeira hipótese, a execução das operações de reabilitação urbana pode desenvolver-se através da modalidade de *execução pelos particulares* com o apoio da entidade gestora ou através da modalidade de *administração conjunta* (artigo 11.º n.º 2). No segundo caso, a execução das operações de reabilitação urbana desenvolver-se-á através das modalidades de *execução directa pela entidade gestora*, da execução através de *administração conjunta* ou da execução através de *parcerias com entidades privadas* [artigo 11.º, n.º 3, alíneas *a*), *b*) e *c*)].

Centrando a nossa atenção na execução de operações de reabilitação através de *parcerias com entidades privadas*, há que salientar, desde já, que as mesmas, por força do artigo 11.º, n.º 5, só podem ser adoptadas no âmbito de *operações de reabilitação urbana sistemática*. Tais parcerias com entidades privadas concretizam-se através dos *contratos de reabilitação urbana* e de *concessão de urbanização* [artigo 41.º, n.º 2, alíneas *a*) e *b*)][17].

---

[17] Ambos constituem contratos urbanísticos de execução de planos. Significa isto que se tratam de *contratos post-plan*, ou seja, concluídos sobre a base de um plano

O contrato de *concessão da reabilitação urbana* – artigos 11.º, n.º 4, alínea *a*), e 42.º – é celebrado pelo município para promover operações de reabilitação urbana sistemática, quer por sua iniciativa, quer a solicitação da entidade gestora, nos termos previstos no regime jurídico dos instrumentos de gestão territorial. Entendemos o contrato de *concessão de reabilitação* como um contrato de *delegação de uma função ou de uma actividade pública*, na medida em que atribui ao contratante particular a responsabilidade pela execução de uma *tarefa* ou *função pública*, concretamente, a *reabilitação urbana* de uma unidade de intervenção ou de uma unidade de execução que a lei atribui ao município como tarefa sua. Assumindo a natureza de um *contrato administrativo*, em especial de *contrato sobre o exercício de poderes públicos*, na *concessão de reabilitação* o contratante privado acha-se incumbido de actuar em vez da Administração na prossecução de fins institucionais desta e, portanto, o concessionário, em princípio, exercerá, *em nome próprio*, os poderes de intervenção do concedente, designadamente poderes de condução e de preparação dos procedimentos expropriativos. A este respeito será sempre necessário atender às bases da concessão e às concretas cláusulas contratuais que indicam e regulam especificamente os poderes concessionados. No entanto, note-se que o artigo 42.º, n.º 1, do Decreto-Lei n.º 307/2009 remete o contrato de *concessão de reabilitação* para a *concessão de urbanização* prevista no artigo 124.º do RJIGT e para a *concessão de obras públicas* disciplinada nos artigos 407.º e seguintes do CCP, o que significa que o *contrato de concessão de reabilitação*, enquanto *sistema de execução indirecta*, atribui ao concessionário uma responsabilidade de *execução* de reabilitação numa determinada área de intervenção e de *gestão* da mesma durante um certo prazo acordado no instrumento contratual.

---

urbanístico já aprovado e plenamente eficaz e visam definir os aspectos concretos das prescrições urbanísticas em vigor, fixando os termos e as condições para a sua concretização. Tendo como objecto disciplinar as condições detalhadas de execução do plano e os seus prazos, nascem uma vez concluída a fase de planeamento e contribuem para acelerar ou tornar mais eficiente a execução do mesmo. Por isso, a prossecução das tarefas de reabilitação pela via do recurso a estes contratos permite não só a introdução de outro modelo de gestão programada das intervenções de reabilitação urbana, como também garante a complementaridade e coordenação entre actores públicos e privados, abrindo novas possibilidades de intervenção dos proprietários e outros parceiros privados. Para mais desenvolvimentos, cf. a nossa obra, *Contratos Urbanísticos, ob. cit.,* pp. 134 e 135.

Do exposto podemos concluir que a *concessão de reabilitação* disciplina uma relação administrativa entre a Administração e um determinado sujeito e que, além disso, opera a *transferência* de um conjunto de poderes de autoridade da Administração para o concessionário. Isto porque o legislador de 2009 remeteu o regime da execução da *concessão de reabilitação* para a *concessão de obras públicas* regulada nos artigos 407.º a 428.º do Código dos Contratos Públicos (CCP), o que quer dizer que a norma habilitante geral para o *exercício de poderes e prerrogativas de autoridade* é o Código dos Contratos Públicos, em especial, o artigo 409.º.

Mas significará isso que ao concessionário, *more contractu*, serão atribuídos poderes genéricos para *declarar a utilidade pública de expropriações* de imóveis ou fracções a reabilitar? Por outras palavras, poderá o co-contratante privado, com base no contrato de concessão, gozar de competência para *proceder à expropriação, scilicet*, para emanar o acto de declaração de utilidade pública da expropriação?

Em nosso entender, a *potestas expropriandi* dever ser restringida a certos "entes públicos territoriais, cujos órgãos gozam de uma especial legitimidade democrática"[18]. No entanto, caso a concessão seja feita com base em Decreto-Lei, nada obsta a que o concessionário possa declarar a utilidade pública dos bens a expropriar em conformidade com o disposto nas bases da concessão. Só que numa hipótese desse tipo é o *acto legislativo* que possui a *função legitimadora* ou *fundante* do exercício do poder para declarar a utilidade pública da expropriação, não constituindo *per se* o contrato um instrumento autónomo para o reconhecimento da *potestas expropriandi*. Fora destes casos, o concessionário apenas tem competência para propor a declaração de utilidade pública da expropriação e individualizar os bens a expropriar necessários à reabilitação.

Por outro lado, a *concessão de reabilitação* está sujeita ao *princípio da precedência de lei*, pelo que, na ausência de uma disposição com esse valor que atribua ao titular da tarefa pública a competência para a conceder, a concessão não é possível. PEDRO GONÇALVES[19] sublinha, neste

---

[18] FERNANDO ALVES CORREIA, *Manual de Direito do Urbanismo*, vol. II, Coimbra, 2010, p. 181.

[19] PEDRO GONÇALVES, *A Concessão de Serviços Públicos*, Coimbra, 1999, p. 110.

contexto, a *função institucional* que o princípio da legalidade cumpre nas concessões administrativas, "«legitimando» a concessão enquanto *acto organizatório da Administração Pública*". Quer dizer, a referência necessária à base legal constitui o *fundamento* da atribuição da concessão pela Administração – no caso do contrato de concessão de reabilitação, há, pelo menos, referência expressa a três diplomas legais, o *regime jurídico da reabilitação urbana*, o *Regime Jurídico dos Instrumentos de Gestão Territorial* e o *Código dos Contratos Públicos*. Todavia, a exigência de base legal, para além de constituir uma habilitação para a Administração efectuar concessões, deve também definir "um *conteúdo mínimo* da relação de concessão", *inter alia*, o exercício de poderes de fiscalização, as regras jurídicas a observar no que diz respeito a prazos, a possibilidade de resgate, os poderes e prerrogativas de autoridade que o concessionário pode ser autorizado a exercer, as obrigações e os direitos do concessionário, os direitos do concedente, etc. Deveria, por isso, o legislador de 2009 ter estabelecido uma disciplina jurídica mais detalhada e rigorosa deste tipo de *contratos sobre o exercício de poderes públicos* que versam sobre matéria de reabilitação urbana, já que a mera remissão genérica do n.º 4 do artigo 42.º do Decreto-Lei n.º 307/2009 para o disposto no Código dos Contratos Públicos relativo ao regime geral dos contratos de concessão de obras públicas, condensado nos artigos 407.º a 428.º, *maxime* no que toca à execução do contrato, não desenha qualquer *pauta específica da relação de concessão* consonante com a lógica da protecção do interesse público urbanístico no contrato. Dada esta circunstância, somos da opinião que deve haver aqui, na medida do possível, uma adaptação das normas do código dos contratos públicos às especificidades do próprio de *contrato de concessão de reabilitação*, com vista ao estabelecimento de uma relação de concessão adequada a esta figura contratual.

Em princípio, a *concessão de reabilitação*, para além de envolver a *concepção* e/ou a *execução* de obras de reabilitação, compreende, ainda, o direito de proceder, durante um certo período, à respectiva *exploração* (*v.g.*, a exploração comercial dos imóveis ou fracções a reabilitar, desde logo pela via do arrendamento ou da locação), que poderá abranger cláusulas de *exploração privativa do domínio público* (*v.g.*, a exploração de um parque de estacionamento) e de *gestão de serviço público* (*v.g.*, as taxas de ligação ou de consumo de energia).

Note-se que o *contrato de concessão de reabilitação* é precedido de *procedimento adjudicatório*, devendo o respectivo caderno de encargos

Concertação, contrato e instrumentos financeiros...   105

especificar as obrigações mínimas do concedente e do concessionário ou os respectivos parâmetros, a concretizar nas propostas – artigo 42.º, n.º 3. Além disso, nos termos do n.º 4 do artigo 42.º, a *formação* e *execução* do contrato de concessão regem-se pelo disposto no Código dos Contratos Públicos. No que diz respeito à *formação*, é inquestionável que o *contrato de concessão de reabilitação* é um contrato cuja formação está submetida à *concorrência de mercado*, por força dos artigos 6.º, n.º 1, alínea *b*), e 16.º, n.º 2, alínea *b*), do CCP ["independentemente da sua designação ou natureza"]. Concretamente, para a escolha do procedimento de adjudicação, pode ser adoptado, em alternativa, o *concurso público*, o *concurso limitado por prévia qualificação* ou o *procedimento de negociação* – artigo 31.º, n.º 1, do CCP –, devendo o *anúncio* do concurso público do contrato de concessão de reabilitação ser sempre publicado no *Jornal Oficial da União Europeia*, independentemente do preço base fixado no caderno de encargos (*ex vi* artigo 131.º, n. 2, do CCP). Quanto à escolha do *ajuste directo*, ela será possível com base nos *critérios materiais* (e não financeiros) previstos no artigo 24.º do CCP, em especial a alínea *c*) do n.º 1 – pense-se, por exemplo, no caso da reabilitação de edifícios do Município do Funchal na Região Autónoma da Madeira aquando da catástrofe natural ocorrida em Fevereiro de 2010, situação em que se cumprem os pressupostos enunciados por aquele preceito normativo, o qual permite a adopção do ajuste directo, qualquer que seja o objecto do contrato a celebrar, quando, "na medida dos estritamente necessário e por motivos de urgência imperiosa resultante de acontecimentos imprevisíveis pela entidade adjudicante, não possam ser cumpridos os prazos inerentes ao demais procedimentos, e desde que as circunstâncias invocadas não sejam, em caso algum, imputáveis à entidade adjudicante".

Por outro lado, a entidade gestora de uma operação de reabilitação urbana sistemática pode celebrar *contratos de reabilitação urbana* com entidades públicas ou privadas, mediante os quais estas se obriguem a proceder à elaboração, coordenação e execução de projectos de reabilitação numa ou em várias unidades de intervenção ou de execução. Interessa-nos focar os aspectos substantivos deste tipo de contrato quando o mesmo é celebrado com parceiros privados. Sob a epígrafe "contrato de reabilitação urbana", o artigo 43.º disciplina o conteúdo contratual, prevendo, como obrigação do parceiro privado, a elaboração, coordenação e a execução de projectos de reabilitação numa ou em várias unidades de intervenção ou de execução (n.º 1); complementarmente, é possível que o contrato preveja a transferência desta última para o parceiro privado dos direitos de comercialização dos imóveis reabilitados e de obtenção dos respectivos proventos, podendo ficar acordada a aquisição do direito de propriedade ou do direito de superfície dos bens a reabilitar ou a atribuição de um mandato de venda por conta da entidade gestora (n.° 2).

Note-se, contudo, que o recurso ao contrato de reabilitação urbana deve ser precedido de negociação prévia, na medida do possível, com todos os interessados envolvidos, de modo que estes possam assumir um compromisso com a entidade gestora no sentido da reabilitação dos imóveis. Estando sujeito a registo, o *contrato de reabilitação urbana* apresenta um *conteúdo típico*, devendo regular um conjunto de matérias, designadamente: a transferência para a entidade contratada da obrigação de aquisição dos prédios existentes na área em questão sempre que tal aquisição se possa fazer por via amigável; a preparação dos processos expropriativos que se revelem necessários para aquisição da propriedade pela entidade gestora; a repartição dos encargos decorrentes das indemnizações devidas pelas expropriações; a obrigação de preparar os projectos de operações urbanísticas a submeter a controlo prévio, de os submeter a controlo prévio, de promover as operações urbanísticas compreendidas nas acções de reabilitação e de requerer as respectivas autorizações de utilização; os prazos em que as obrigações das partes devem ser cumpridas; as contrapartidas a pagar pelas partes contratantes, que podem ser em espécie; o cumprimento do dever, impendente sobre a entidade contratada, de procurar chegar a acordo com os proprietários interessados na reabilitação do respectivo edifício ou fracção sobre os termos da reabilitação dos mesmos, bem como a cessão da posição contratual da entidade gestora a favor da entidade contratada, no caso de aquela ter já chegado a acordo com os proprietários; o dever de a entidade gestora ou da entidade contratada proceder ao realojamento temporário ou definitivo dos habitantes dos edifícios ou fracções a reabilitar, atento o disposto no artigo 73.°; e as garantias de boa execução do contrato a prestar pela entidade contratada (artigo 43.°, n.ᵒˢ 3, 4 e 6).

Como decorre da conjugação destes preceitos com algumas das alíneas do n.° 4 [*v.g.*, alíneas *a*), *b*), *g*) ou *h*)], a celebração do contrato de reabilitação urbana tem como finalidade precípua a assunção por um parceiro privado da posição jurídica detida pela entidade gestora, nomeadamente o (tendencial) exercício de poderes de autoridade, como sucede com a condução dos procedimentos expropriativos – a permitir concluir pela *natureza administrativa* destes contratos, nos termos do artigo 1.°, n.º 6, alínea *c*), II, do CCP[20]; no mesmo sentido a submissão do procedimento da sua formação a normas de direito público. Nesta medida, o *contrato de reabilitação urbana* constitui o último passo para a concretização do processo de devolução de poderes públicos *em cascata*, desenhado pelo RJRU: dos municípios para as SRU e destas para os parceiros privados.

Comparativamente com a concessão de reabilitação (que confere ao co-contratante poderes de autoridade mais amplos), o *contrato de reabilitação urbana* constitui um contrato mais voltado ou talhado para abranger uma outra realidade, disciplinando uma relação jurídica administrativa entre a entidade gestora e os moradores ou proprietários de edifícios, associações de proprietários ou promotores imobiliários interessados na execução de projectos de reabilitação. Atendendo ao *conteúdo típico* do contrato de reabilitação urbana, parece-nos que, sob ponto de vista material, estão *reunidas* neste contrato prestações de diferente natureza, *rectius*, cláusulas típicas de natureza *administrativa* e *civil*, havendo, ainda, noutros casos uma *junção*, *união* ou *coligação* de contratos: cláusulas tendencialmente de exercício de poderes públicos [artigo 43.º, n.º 4, alínea *b*)], posições contratuais activas de natureza civil (artigo 43.º, n.º 2 – "direito de comercialização dos imóveis"), cessão da posição contratual administrativa [artigo 43.º, n.º 4, alínea *g*)], inclusão de contrato de mandato (artigo 43.º, n.º 2, *in fine*) ou de contrato de empreitada única (art. 56.º, n.º 2).

Comparativamente com o disposto no Decreto-Lei n.º 104/2004, de 7 de Maio, verifica-se que se procedeu ao suprimento da *condição suspensiva* constante do artigo 34.º, n.º 3, do mencionado diploma legal, à luz da qual "a transferência do direito de propriedade ou do direito de superfície da SRU para terceiros, nomeadamente para o promotor privado, apenas será válida após o processo de reabilitação do imóvel em causa estar concluído". A eliminação desta *condição suspensiva* parece-nos desajustada e não é compreensível que se possa afigurar como um *lapso* ou uma mera *omissão* do legislador de 2009, representando um risco sério para a garantia de conclusão dos processos de reabilitação dos imóveis em causa. A este propósito, é necessário remeter o Direito do Urbanismo para uma

---

[20] Concebendo-o já como *contrato administrativo*, PEDRO GONÇALVES, *Entidades Privadas com Poderes Públicos: o exercício de poderes públicos de autoridade por entidades privadas com funções administrativas*, 2005, Coimbra, p. 914.

ética de consciência, de forma a não se criar na *praxis* urbanística casos de reabilitação urbana alicerçados em sistemas de financiamento ou de crédito paralelos aos instrumentos jurídicos e financeiros legais previstos pelo nosso legislador no regime jurídico da reabilitação urbana[21].

No que diz respeito à formação e execução do contrato de reabilitação urbana, regem-se elas pelo disposto no Código dos Contratos Públicos (artigo 43.º, n.º 5). Pode, no entanto, ser aprovado um formulário de caderno de encargos por portaria dos membros do Governo responsáveis pelas áreas da administração local, da habitação, da reabilitação urbana e das obras públicas.

A questão que, *hic et nunc*, importa colocar é a seguinte: haverá necessidade de submeter este contrato à *concorrência de mercado,* quando são os próprios proprietários a reabilitar os seus edifícios? O problema tem sido amplamente discutido pela jurisprudência comunitária e tem suscitado diversas críticas pela doutrina europeia[22]. Independentemente do conjunto de razões que fundamentam a sujeição de contratos urbanísticos, em que figuram como partes os proprietários dos imóveis, a procedimentos de adjudicação ao mercado, certo é que o contrato de reabilitação urbana surge-nos no domínio das operações de reabilitação urbana sistemáticas, o que significa que, para além da reabilitação dos edifícios, é necessário proceder à qualificação das infraestruturas, dos equipamentos e dos espaços verdes e urbanos de utilização colectiva, tendo em vista a requalificação e revitalização do tecido urbano, associada a um programa de investimento público. Por isso, haverá, naturalmente, operadores de mercado interessados na satisfação dos seus empreendimentos económi-

---

[21] Poderá, eventualmente, ter havido intenção por parte do legislador em permitir a comercialização de direitos sobre os imóveis, incluindo a transferência do direito de propriedade para terceiros antes do processo de reabilitação do imóvel estar concluído. Todavia, a ser assim, tal opção revela-se demasiado arriscada, na medida em que não só pode não ocorrer a concretização da reabilitação (o que consubstanciará uma autêntica *fraude à lei*), como também a demora excessiva da conclusão do processo de reabilitação poderá influenciar *a posteriori* o comportamento das partes. Por isso, a existência de uma *válvula de segurança* que condicionava a validade da transferência da propriedade dos imóveis à conclusão do processo de reabilitação constituía uma garantia fundamental de concretização daqueles processos de reabilitação que foi, injustificadamente, suprimida pelo Decreto-Lei n.º 307/2009.

[22] Cf. a nossa obra, *Contratos Urbanísticos, ob. cit.*, pp. 190-194.

cos, razão pela qual o legislador de 2009 sujeitou o *contrato de reabilitação urbana* às *regras gerais da contratação pública*. Embora o Código dos Contratos Públicos não se refira especificamente a este contrato, o que acarretará, desde logo, problemas no que diz respeito à sua execução, para a *formação* do *contrato de reabilitação urbana* poderá ser adoptado o *concurso público*, o *concurso limitado* e, eventualmente, se preenchidos os pressupostos do artigo 24.° do CCP, referentes aos critérios materiais, o *ajuste directo*.

Para além da concessão de reabilitação e do contrato de reabilitação urbana, existem *outros contratos* celebrados no domínio da reabilitação urbana, tais como os *programas de acção territorial*, os *contratos para planeamento* (na modalidade de *contratos urbanísticos integrais*) e o *contrato de empreitada única*.

Deste modo, uma outra relevante expressão do fenómeno contratual no domínio da reabilitação urbana é constituída pelos Programas de Acção Territorial (*PAT*), previstos nos artigos 16.° do Decreto-Lei n.° 307/2009, 17.° da LBPOTU e 121.° do RJIGT. *Lato sensu*, são instrumentos contratuais de enquadramento das actuações das entidades públicas e privadas, que definem objectivos a atingir em matéria de transformação do território, especificam as acções a realizar pelas entidades envolvidas e estabelecem o escalonamento temporal dos investimentos necessários. De acordo com as directivas para os instrumentos de gestão territorial constantes do Programa Nacional de Política e Ordenamento do Território, os *Programas de Acção Territorial* devem ser utilizados no âmbito da execução dos planos directores municipais, tanto no domínio da colaboração entre sujeitos públicos, como na colaboração entre sujeitos jurídicos privados, para enquadrar investimentos da Administração do Estado no território do município, articulando-os com os investimentos municipais que lhes devem ser complementares, e para enquadrar grandes operações urbanísticas da iniciativa dos particulares, articulando-as com os objectivos da política de ordenamento do território e urbanismo do município.

Os *Programas de Acção Territorial* devem também ser utilizados para negociar, programar e contratualizar a elaboração de planos de urbanização e de planos de pormenor, a realização das operações fundiárias necessárias à execução destes planos, a realização de infra-estruturas urbanas e territoriais e de outras obras de urbanização e edificação neles previstas, bem como a implantação de equipamentos públicos e privados de utilização colectiva, fornecendo à condução dessas actuações urbanísticas as necessárias segurança jurídica, programação técnica e transparência.

De modo semelhante ao acordo de programa (*accordo di programma*) do Direito do Urbanismo italiano, inserido nas formas de programação contratualizada (*programmazione contrattata*)[23], os Programas de Acção Territorial são figuras contratuais cuja finalidade é coenvolver uma pluralidade de sujeitos, públicos e privados, em intervenções mais ou menos complexas, destinadas ao desenvolvimento urbanístico de uma área. Visam, desta forma, superar a abstracção da planificação e fazer convergir na realização dos programas concretos os sujeitos públicos a quem estão confiados o planeamento e a execução dos planos urbanísticos e os particulares interessados e, bem assim, definir os *tempos* de execução dos mesmos planos[24].

---

[23] Para uma caracterização destas figuras, FILLIPO SALVIA, *Manuale di Diritto Urbanistico*, Padova, 2008, pp. 130-131, e CIVITARESE/URBANI, *Diritto Urbanistico – Organizzazione e Rapporti*, 2000, Torino, pp. 349-352.

[24] Poderá dizer-se, em síntese, que os *Programas de Acção Territorial*, tal como foram concebidos pelo nosso legislador, comungam de duas características essenciais: uma de *natureza contratual*, na medida em que unem, pela via contratual, uma multiplicidade de sujeitos (públicos e privados) na execução dos planos; e outra de *índole temporal*, na medida em que *graduam os tempos* de actuação das intervenções urbanísticas previstas para uma determinada área. Vistos sob o prisma desta segunda característica, os Programas de Acção Territorial aproximam-se do instituto italiano dos *programas plurianuais de execução* (*programmi pluriennali di attuazione*), cuja função é regular os tempos de execução dos instrumentos urbanísticos espaciais, dando corpo à denominada *planificação temporal*, a qual apresenta objectivos distintos da planificação espacial, pois esta visa a definição do ordenamento (forma) do território, não obstante a estreita conexão entre elas.

Naquela primeira dimensão, os *Programas de Acção Territorial* são *contratos urbanísticos em sentido estrito*. Mais especificamente, revestem a natureza de *contratos-programa urbanísticos*, na medida em que comportam características nucleares dos clássicos contratos-programa (definem metas e objectivos escalonados no tempo, contêm um cronograma de execução temporal a diversos níveis, bem como um cronograma de execução financeira ou de investimentos financeiros, etc). Poderíamos, igualmente, equacionar a sua inserção no âmbito dos *contratos de parceria*. A este respeito, quando muito, apenas os qualificaríamos como *contratos dinamizadores de parceria em sentido amplo*, na medida em que fazem apelo a uma associação duradoura (ou, pelo menos, relativamente duradoura), embora não institucionalizada (isto é, trata-se de uma "associação" entre diferentes entidades que não implica a criação de um novo ente jurídico agregador das diversas vontades), entre entidades públicas ou entre diversas entidades públicas e privadas.

Os Programas de Acção Territorial previstos no artigo 16.° do Decreto-Lei n.° 307/2009 possuem um objecto muito amplo, podendo englobar, conjunta ou isoladamente, a delimitação da área de reabilitação urbana, o programa estratégico de reabilitação urbana, o programa da unidade de intervenção, a elaboração, revisão ou alteração de plano de pormenor de reabilitação urbana, bem como os termos da sua execução, em conformidade com o previsto no regime jurídico dos instrumentos de gestão territorial. Por isso, certamente existirão operadores de mercado que terão em vista a satisfação dos seus interesses económicos, razão pela qual se torna necessário submeter estes programas de acção territorial às *regras gerais da contratação pública*.

É de saudar a sua consagração específica no regime jurídico da reabilitação urbana, na medida em que representam os instrumentos contratuais de programação mais abrangentes e complexos da contratação urbanística, permitindo abrir o caminho para um *novo* urbanismo em Portugal, pois convocam uma pluralidade de sujeitos, públicos e privados, em intervenções destinadas ao enquadramento de grandes operações urbanísticas e ao desenvolvimento urbanístico do espaço urbano que se articulam com os objectivos da política de ordenamento do território e urbanismo do município. Além disso, os programas de acção territorial configuram-se como instrumentos dotados de *sustentabilidade financeira*, permitindo uma intervenção no território através de um escalonamento temporal dos investimentos necessários.

Por outro lado, especialmente relevante no Decreto-Lei n.° 307/2009 é a regulação dos planos de pormenor de reabilitação urbana, já previstos no regime jurídico dos instrumentos de gestão territorial como modalidade específica de planos de pormenor, quer no que respeita ao seu conteúdo material e documental, quer no que diz respeito às regras procedimentais de elaboração e acompanhamento. De acordo com o artigo 26.° do Decreto-Lei n.° 307/2009, a elaboração dos planos de pormenor de reabilitação urbana compete à câmara municipal, por iniciativa própria ou *mediante proposta apresentada pelos interessados*, sendo determinada por deliberação, a publicar e divulgar nos termos do n.° 1 do artigo 74.° do Regime Jurídico dos Instrumentos de Gestão Territorial. Este preceito normativo permite a celebração de *contratos para planeamento*[25] entre a

---

[25] O *contrato para planeamento*, talqualmente o *contrato de execução*, é uma figura ampla que abrange diferentes *fattispecies* contratuais, cada uma com a sua regula-

Administração e os particulares interessados, os quais têm como objecto a elaboração de um projecto de plano de pormenor de reabilitação urbana. Articulando o artigo 6.°-A do RJIGT com a disciplina normativa constante dos artigos 15.° e 21.° a 28.° do Decreto-Lei n.° 307/2009, concluímos que em causa estará, em princípio, a celebração de um *contrato urbanístico integral*, quer dizer, que engloba no mesmo contrato, por um lado, os aspectos relativos ao conteúdo do plano e, por outro, a definição das regras relativas à sua execução[26].

Além disso, será de atender ao *critério de interessado* em propor um projecto de plano à câmara municipal previsto pelo artigo 6.°-A, n.° 1, do RJIGT, uma vez que constitui o critério específico regulador do instru-

---

mentação própria. Não existe apenas um tipo de *contrato de execução*, assim como não existe apenas uma modalidade de *contrato para planeamento*. De qualquer modo, podemos afirmar, sem reservas, que, *lato sensu*, os *contratos para planeamento* são sempre celebrados na fase de *elaboração* ou de *formação* de um plano urbanístico com o fim de determinar as bases sobre as quais este irá repousar no futuro. Versam sobre aspectos relativos ao *conteúdo* do plano, tendo, em qualquer caso, influência sobre as prescrições do mesmo. Possuem, por isso, carácter *inovatório* sobre o planeamento urbanístico, determinando, em larga medida, o modelo territorial de ocupação do espaço municipal – sobre os *contratos para planeamento*, cf. *Contratos Urbanísticos, ob. cit.*, pp. 195 ss..

[26] Deste modo, este contrato influi sobre as previsões a consagrar no plano (*fase decisória*), ao mesmo tempo que contempla as regras relativas à sua execução (*fase operativa* ou de *execução*). Os *contratos urbanísticos integrais* gozam da nota da *transversalidade*, na medida em que contêm as bases que hão-de constituir o padrão de referência não só para a elaboração do futuro plano, mas também para a sua execução. Nos *contratos urbanísticos integrais* podemos discernir uma ambivalente função associada à teleonomologia que conforma a sua mobilização e que se cumpre em dois momentos logicamente diferenciados: um orientado para a fixação do *conteúdo* de um plano urbanístico (isto é, para a *concepção* de um plano de urbanização ou de um plano de pormenor), outro voltado para a *execução* das prescrições do mesmo. Ao contrário dos *contratos para planeamento em sentido estrito*, são *contratos para planeamento complexos*, uma vez que integram as duas fases que definem a actividade urbanística em geral, *scilicet*, o planeamento e a execução urbanística. Daí designarmos estes contratos urbanísticos como *integrais*, expressão que, em nosso entender, é sugestiva do carácter globalizante e aglutinador desta concreta *fattispecie* contratual. Além disso, verdadeiramente, só podemos dizer que o interesse público fica *integralmente* satisfeito quando a Administração celebra um contrato deste tipo, porquanto fica assegurada a execução do plano urbanístico. Por essa razão é que o legislador aliou no artigo 6.°-A o *contrato para planeamento* aos *contratos de execução*, criando um regime de *dois em um*, que facilita e promove uma satisfação *global* do interesse público urbanístico, *Contratos Urbanísticos, ob. cit.*, pp. 199-201.

Concertação, contrato e instrumentos financeiros...

113

mento contratual eleito pelo legislador quando consagrou esta figura entre nós. É este o critério *singular*, *próprio* e *específico* de interessado para efeito de apresentação de propostas de contratos para planeamento, constituindo as normas dos artigos 69.º a 71.º do Decreto-Lei n.º 307/2009 regras fundamentais para a *participação geral* dos interessados nos procedimentos de reabilitação urbana.

Por último, como *instrumento de execução de política urbanística*, existe, ainda, o *contrato de empreitada única*, disciplinado no artigo 56.º[27]. A entidade gestora de uma operação de reabilitação urbana pode promover a reabilitação de um conjunto de edifícios através de uma empreitada única. Salvo oposição dos proprietários, a entidade gestora, em representação daqueles, contrata e gere a empreitada única, a qual pode incluir a elaboração do projecto e a sua execução, podendo igualmente constituir parte de um contrato de reabilitação. No caso de os proprietários se oporem à representação pela entidade gestora, devem contratar com aquela as obrigações a que ficam adstritos no processo de reabilitação urbana, designadamente quanto à fixação de prazos para efeitos de licenciamento ou comunicação prévia e para execução das obras – artigo 56.º, n.os 1, 2 e 3.

Do exposto conclui-se que poderão estar aqui em causa três tipos contratuais. *Primo*, a entidade gestora de uma operação de reabilitação urbana promove, em representação dos proprietários, a reabilitação de um conjunto de edifícios através de uma empreitada única, celebrando com um empreiteiro um contrato de empreitada, o qual pode ainda incluir

---

[27] De notar que o Decreto-Lei n.º 104/2004, de 7 de Maio, disciplinava, na parte respeitante ao procedimento de reabilitação urbana a cargo da SRU, figuras contratuais com importância prática. Nos termos do artigo 18.º daquele Decreto-Lei, na sequência da notificação do documento estratégico elaborado pela SRU para a unidade de intervenção, os proprietários de um mesmo edifício podiam: assumir directamente a reabilitação do edifício, estabelecendo com a SRU um *contrato* em que se fixavam prazos, quer para a sujeição das obras a comunicação prévia ou licença, quer para a execução das mesmas; ou acordar com a SRU os termos da reabilitação do seu edifício, encarregando aquela de proceder a essa reabilitação, mediante o compromisso de pagamento das obras, acrescido de comissão de gestão a cobrar pela SRU e das demais taxas devidas nos termos da lei, devendo para este efeito a SRU enviar a cada proprietário uma proposta de contrato, bem como a menção de disponibilidade para dar início imediato às negociações [artigo 18.º, n.º 1, alínea *a)* e *b)*, e 3].

a elaboração de um projecto de reabilitação e a sua execução (art. 56.º, n.º 1 e 2). Entendemos este contrato como um *contrato administrativo*, mais especificamente, um *contrato de empreitada de obra pública* [artigos 16.º, n.º 2, alínea *a*)] que se dirige primacialmente à reabilitação de edifícios através de uma operação de reabilitação simples.

Secundo, os proprietários, opondo-se à representação pela entidade gestora, celebram um contrato com aquela, fixando os termos das obrigações a que ficam adstritos no processo de reabilitação urbana, designadamente quanto à fixação de prazos para efeitos de licenciamento ou comunicação prévia e para execução das obras (artigo 56.º, n.º 3). Já este contrato urbanístico deve ser concebido como um *contrato administrativo*, uma vez que a *fixação de prazos* pelo contrato para efeitos de licenciamento ou comunicação prévia e para execução das obras constitui um aspecto *predominantemente* administrativo – trata-se, efectivamente, de obrigações com conteúdo administrativo –, pois a estipulação dos mesmos e o respectivo cumprimento constituem elementos importantes para a prossecução do interesse público da reabilitação urbana.

Tertio, a entidade gestora de uma operação de reabilitação urbana promove, sem oposição dos proprietários, a reabilitação de um conjunto de edifícios através de uma empreitada única, celebrando um contrato de empreitada, que pode figurar como parte de um contrato de reabilitação. Nesta última hipótese, constitui mais um dos contratos que poderá figurar no âmbito convencional do contrato de reabilitação, de acordo com a linha anteriormente expendida sobre o conceito de *união* ou *coligação* de contratos.

Finalmente, não poderíamos terminar o nosso tema sem deixar de referir alguns *instrumentos e apoios financeiros* às operações de reabilitação urbana, que, naturalmente, possibilitam a penetração de *capitais públicos e privados* na reabilitação urbana. A percepção das inovadoras formas de aplicação do contrato no âmbito da reabilitação urbana permite, assim, lançar as bases para que os investidores comprem e reabilitem imóveis, ao mesmo tempo que garante uma intervenção no território dotada de *sustentabilidade financeira* com vista à concretização dos processos de reabilitação. Neste sentido, os *apoios financeiros* podem provir do *Estado*, dos *municípios*, do *financiamento a entidades gestoras* e, ainda, dos *fundos de investimento imobiliário*.

No que diz respeito ao primeiro tipo de apoios, o *Estado* pode, nos termos previstos na legislação sobre a matéria, conceder apoios financei-

Concertação, contrato e instrumentos financeiros...

ros e outros incentivos aos proprietários e a terceiros que promovam acções de reabilitação de edifícios e, no caso de operações de reabilitação urbana sistemática, de dinamização e modernização das actividades económicas. Além disso, o Estado pode também conceder apoios financeiros às entidades gestoras, nos termos previstos em legislação especial – artigo 74.º, n.º 1 e 2. Na ausência de legislação especial aprovada nesta matéria, *de iure condendo*, pensamos que tais apoios podem consistir, desde logo, em incentivos de carácter financeiro ou fiscal, mas também, como refere o mencionado preceito, em incentivos de outra ordem, tais como, a aceleração dos procedimentos de licenciamento ou comunicação prévia de operações urbanísticas ou a garantia de uma resposta célere por parte da Administração Pública, em prazos mais curtos, de forma a combater o demora na tramitação administrativa dos processos. Em qualquer caso, a legislação que vier a ser aprovada deverá regulamentar os apoios prestados, assegurando o cumprimento das normas aplicáveis a respeito de protecção da concorrência e de auxílios do Estado (artigo 74.º, n.º 3).

Do mesmo modo, os *municípios* podem, nos termos previstos em legislação e regulamento municipal sobre a matéria, conceder apoios financeiros a intervenções no âmbito das operações de reabilitação urbana. Os apoios financeiros podem ser atribuídos aos proprietários, às entidades gestoras da operação de reabilitação urbana e a terceiros que promovam acções de reabilitação urbana, incluindo as que se destinam à dinamização e modernização das actividades económicas – artigo 75.º, n.os 1 e 2. Também a legislação especial que vier a ser aprovada deverá regulamentar os apoios prestados, assegurando o cumprimento das normas aplicáveis a respeito de protecção da concorrência e de auxílios do Estado (artigo 75.º, n.º 3).

Por outro lado, as *entidades gestoras* podem *contrair empréstimos* a médio e longo prazo destinados ao financiamento das operações de reabilitação urbana, segundo o disposto no artigo 76.º, n.º 1. Note-se que tais empréstimos, caso sejam autorizados por despacho do ministro responsável pela área das finanças, não relevam para efeitos do montante da dívida de cada município. Acresce que a delimitação de uma área de reabilitação urbana confere ao município o poder de aceitar e sacar letras de câmbio, conceder avales cambiários, subscrever livranças, bem como conceder garantias pessoais e reais, relativamente a quaisquer operações de financiamento promovidas por entidades gestoras no âmbito de uma operação de reabilitação urbana (artigo 76.º, n.º 2).

Por fim, para a execução das operações de reabilitação urbana, podem constituir-se *fundos de investimento imobiliário*, nos termos definidos em legislação especial (artigo 77.º, n.º 1). Os *fundos de investimento imobiliário* constituem instituições de investimento colectivo, cujo objectivo consiste no investimento dos capitais obtidos junto dos investidores e cujo funcionamento se encontra sujeito ao princípio da repartição dos riscos. Acompanhando de perto ANA ALMEIDA[28], os *fundos de investimento imobiliário* podem ser formados como patrimónios autónomos sujeitos a um regime especial de comunhão, pertencendo a uma pluralidade de pessoas singulares ou colectivas, designadas *participantes* que poderão ser proprietários ou titulares de outros direitos sobre os imóveis ou suas fracções, ou ainda, demais interessados (como pode suceder com as entidades gestoras) que subscrevam, em dinheiro, as unidades de participação, títulos representativos do investimento realizado. A subscrição de unidades de participação nos fundos pode ser feita em dinheiro ou através da entrega de prédios ou fracções a reabilitar (artigo 77.º, n.º 2). Para esse efeito, o valor dos prédios ou fracções é determinado pela entidade gestora do fundo, dentro dos valores de avaliação apurados por um avaliador independente registado na Comissão do Mercado de Valores Mobiliários (CMVM) e por aquela designado, nos termos do artigo 77.º, n.º 3. Esta avaliação dos prédios ou fracções a reabilitar, realizada, pelo menos, por peritos-avaliadores independentes, registados na CMVM, constitui uma *garantia adicional*, perante o mercado e os investidores em geral, do *rigor* e *objectividade* essenciais à actividade de avaliação de imóveis, não obstante, ser necessário convocar a atenção e "viva vigilância" da comunidade jurídica para correcto funcionamento destes complexos instrumentos de financiamento da reabilitação urbana.

---

[28] ANA ALMEIDA, "O Regime Jurídico Excepcional da Reabilitação Urbana – A Sustentabilidade, Princípio Determinante da Reabilitação Urbana", Rev. CEDOUA, n.º 21, Ano XI, p. 92. Para mais desenvolvimentos sobre a constituição e funcionamento dos fundos de investimento imobiliário, tratando, em especial, do regime jurídico dos fundos de investimento imobiliário para a reabilitação urbana, cf. RAPOSO SUBTIL, MATOS ESTEVES E ASSOCIADOS, *Regime Jurídico dos Fundos de Investimento Imobiliário – Anotado e Comentado,* 2009, Coimbra, pp. 25 ss.

PROGRAMAÇÃO E EXECUÇÃO DAS OPERAÇÕES DE REABILITAÇÃO URBANA: PERSPECTIVA JURÍDICA[1]

FERNANDA PAULA OLIVEIRA
Assistente da Faculdade de Direito de Coimbra

Razão de ordem

Visa-se, com o presente texto, enumerar e enquadrar, do ponto de vista jurídico, os instrumentos de *planeamento/programação* e de *execução* das *operações de reabilitação urbana* regulados no Decreto-Lei n.º 307/2009, de 23 de Outubro, que aprovou o Regime Jurídico da Reabilitação Urbana (doravante RJRU)[2] e determinar a sua relação com outros regimes jurídicos que podem (ou devem) ser mobilizados para o efeito, designadamente o Regime Jurídico dos Instrumentos de Gestão Territorial (RJIGT)[3], o Regime Jurídico da Urbanização e Edifi-

---

[1] O presente texto reproduz, com alguns pequenos desenvolvimentos, a intervenção oral por nós proferida no Curso Temático de Pós-Graduação sobre *O Novo Regime da Reabilitação Urbana,* organizado pelo CEDOUA e que teve lugar em Fevereiro de 2010. Por esse motivo, o mesmo encontra-se desprovido de maiores referências doutrinais para além das estritamente indispensáveis à cabal compreensão das matérias expostas.

[2] Todas as referências a artigos ao longo do presente artigo sem menção expressa de diploma legal consideram-se feitas ao Decreto-Lei n.º 307/2009.

[3] Aprovado pelo Decreto-Lei n.º 380/99, de 22 de Setembro, com as alterações introduzidas pelo Decreto-Lei n.º 53/2000, de 7 de Abril, pelo Decreto-Lei n.º 310/2003, de 10 de Dezembro, pela Lei n.º 58/2005, de 29 de Dezembro, pela Lei n.º 56/2007, de 31 de Agosto, pelo Decreto-Lei n.º 316/2007, de 19 de Setembro, pelo Decreto-Lei n.º 46/2009, de 20 de Fevereiro e pelo Decreto-Lei n.º 181/2009, de 7 de Agosto.

118   *Fernanda Paula Oliveira*

cação (RJUE)[4] e o Regime de Protecção e Salvaguarda do Património Cultural[5].

1. Em especial, o relevo da reabilitação urbana no âmbito das políticas urbanísticas

Articulação da reabilitação urbana com outras políticas

a) A reabilitação urbana apresenta-se como um domínio complexo na medida em que suscita questões que encontram resposta no âmbito de outras e distintas políticas públicas com as quais mantém especiais pontos de contacto[6], desde a política urbanística[7], passando pela política habita-

---

[4] Aprovado pelo Decreto-Lei n.º 555/99, de 16 de Dezembro e alterado sucessivamente pelo Decreto-Lei n.º 177/2001, de 4 de Junho, pela Lei n.º 15/2002, de 22 de Fevereiro, pela Lei n.º 60/2007, de 4 de Setembro, pelo Decreto-Lei n.º 18/2008, de 29 de Janeiro, pelo Decreto-Lei n.º 116/2008, de 4 de Junho e pelo Decreto-Lei n.º 26/2010, de 30 de Março.

[5] Cujas bases constam da Lei n.º 107/2001, de 8 de Setembro

[6] A reabilitação urbana é, ela própria, assumida, no Decreto-Lei n.º 307/2009, como uma política pública – no sentido de uma actividade predominantemente racional e, em certa medida, técnica, dominada por objectivos pré-seleccionados por uma vontade política, caracterizada por uma hierarquização segundo determinadas prioridades e por uma escolha racional dos meios mais aptos à satisfação das finalidades formuladas pelos decisores políticos. Este é o sentido referido por LEITÃO, Maria Adelaide Teles de Menezes Correia, "O Planeamento Administrativo e a Tutela do Ambiente", *in Revista da Ordem dos Advogados,* Ano 56, Janeiro de 1996, nota 26, em citação de FRANCO, A. de Sousa, *Finanças Públicas e Direito Financeiro*, Coimbra, Almedina, 1998, p. 645.

Esta é a consequência, ainda que se considere ser um dever dos proprietários assegurar a reabilitação urbana dos seus edifícios e fracções (designadamente por intermédio da realização das obras necessárias à manutenção ou reposição da sua segurança, salubridade e arranjo estético), de se determinar que a adopção das medidas necessárias à reabilitação das áreas que delas carecem é uma incumbência de entidades públicas (do Estado, das Regiões Autónomas e das autarquias locais) – artigo 5.º do RJRU.

[7] De acordo com o artigo 3.º do RJRU, são objectivos da reabilitação urbana, assegurar a reabilitação dos edifícios que se encontram degradados ou funcionalmente inadequados [alínea a)]; reabilitar tecidos urbanos degradados ou em degradação [alínea b)]; f) modernizar as infra-estruturas urbanas [alínea f)]; e recuperar espaços urbanos funcionalmente obsoletos, promovendo o seu potencial para atrair funções urbanas inovadoras e competitivas [alínea o)]. Trata-se, como se pode facilmente compreender, de objectivos estritamente urbanísticos (de intervenção urbanística no edificado e no espaço público).

Programação e execução das operações... 119

cional[8], pela política de protecção e salvaguarda do património cultural[9], pela política ambiental[10], pelas políticas de cariz social ou de coesão económico-social[11] e terminando nas políticas de transporte e de mobilidade[12], apenas para nomear as mais importantes.

De todos, realçamos aqui, dado o seu especial relevo, o relacionamento da reabilitação urbana com as políticas urbanísticas, já que é no seio destas – ou melhor, no seio das mais recentes tendências destas políticas – que a reabilitação urbana tem vindo a assumir um particular relevo, por

---

[8] Relacionam-se com esta política alguns dos objectivos da reabilitação urbana como o de *melhorar as condições de habitabilidade e de funcionalidade* do parque imobiliário urbano e dos espaços não edificados [artigo 3.º, alínea c)] e *desenvolver novas soluções de acesso a uma habitação* condigna [artigo 3.º, alínea n)]

[9] São também objectivos da reabilitação urbana *garantir a protecção e promover a valorização* do *património cultural* [artigo 3.º, alínea g)]; *afirmar os valores patrimoniais, materiais e simbólicos* como factores de identidade, diferenciação e competitividade urbana [artigo 3.º, alínea e)]; e *promover a sustentabilidade cultural dos (...) espaços urbanos* [artigo 3.º, alínea g)].

[10] De entre os objectivos da reabilitação urbana encontram-se, a este propósito, a promoção da sustentabilidade ambiental (...) dos espaços urbanos [artigo 3.º, alínea g)]; a requalificação dos espaços verdes, os espaços urbanos e os equipamentos de utilização colectiva (*ambiente urbano*) [artigo 3.º, alínea j)]; e o fomento da adopção de critérios de eficiência energética em edifícios públicos e privados [artigo 3.º, alínea r)].

[11] Por isso a reabilitação urbana também tem por objectivos a promoção da sustentabilidade (...) social e económica dos espaços urbanos [artigo 3.º, alínea g)]; o fomento da revitalização urbana, orientada por objectivos estratégicos de desenvolvimento urbano, em que as acções de natureza material são concebidas de forma integrada e activamente combinadas na sua execução com *intervenções de natureza social e económica* [artigo 3.º, alínea h)]; a garantia da integração funcional e da *diversidade económica e sócio-cultural* nos tecidos urbanos existentes [artigo 3.º, alínea i)]; a qualificação e integração das áreas urbanas especialmente vulneráveis, de forma a promover *a inclusão social e a coesão territorial* [artigo 3.º, alínea l)]; e a promoção da *igualdade de oportunidades dos cidadãos* no acesso às infra-estruturas, equipamentos, serviços e funções urbanas [artigo 3.º, alínea m)].

A reabilitação urbana pode, com efeito, funcionar como mecanismo de identificação e integração sócio cultural e de promoção do bem-estar das populações.

[12] Em causa está a necessidade de racionalização dos transportes, intimamente relacionada com a reordenação da vida nas cidades, pelo que a reabilitação urbana também tem como objectivos promover a melhoria geral da mobilidade, nomeadamente através de uma melhor gestão da via pública e dos demais espaços de circulação [artigo 3.º, alínea p)]; e promover a criação e a melhoria das acessibilidades para cidadãos com mobilidade condicionada [artigo 3.º, alínea q)].

estar em consonância com uma *nova lógica* de ocupação do território para que estas políticas apontam e com um novo e distinto *paradigma de urbanismo*: em vez de um *urbanismo de expansão* (com alargamento exponencial de perímetros urbanos e a consequente expansão irracional das infra-estruturas no território), um urbanismo de *contenção dos perímetros,* em que as necessidades urbanísticas são satisfeitas, por um lado, com a mobilização dos solos expectantes dentro dos perímetros urbanos (nos quais devem ser concretizados projectos que os considerem de forma global e integrada) – a que poderíamos chamar de *urbanismo de colmatação* – e, por outro lado, com a utilização (após reabilitação) do edificado existente, precedida da requalificação espaços públicos que os servem – um urbanismo de *reabilitação urbana*.

O paradigma urbanístico tradicional

b) A origem dos problemas a que um novo paradigma urbanístico visa dar resposta encontra-se particularmente, como referimos, na expansão irracional das infra-estruturas urbanísticas pelo território, as quais, por sua vez, são consequência de uma gestão urbanística que assentou essencialmente em planos directores municipais desprovidos, por um lado, de *orientações executórias* (desconsiderando, em regra, o *momento* e os *termos* da sua *execução*) e, por outro lado, de uma desconsideração e falta de avaliação dos *meios financeiros* necessários para a concretização das opções neles previstas.

Um planeamento deste tipo – que admitiu (de forma ampla) ocupação urbanística sem, contudo, a programar –, potenciou o surgimento casuístico (ao sabor das iniciativas dos promotores) de operações urbanísticas, em regra concretizadas nos limites da propriedade de cada um, bem como de licenciamentos dispersos e desgarrados uns dos outros (ainda que conformes com os planos directores municipais em vigor). Ou seja, os planos limitaram-se a admitir ocupação urbanística, tendo-se os municípios remetido a uma atitude passiva, aguardando que os privados, nos seus próprios *timings* (isto é, de acordo com a sua própria ordem de prioridades) lhe apresentassem as suas concretas pretensões, em regra circunscritas aos limites da sua própria propriedade (a qual, por ser normalmente fraccionada, não tem as dimensões adequadas para permitir projectos que potenciem um desenvolvimento urbano integrado), limitando-se a licenciá-las desde que não contrariassem os planos.

A gestão urbanística ocorreu, assim, ao sabor da programação definida pelos privados e correspondeu ao licenciamento casuístico e fragmentado de operações urbanísticas, desde que não violassem os planos.

A única forma de contrariar esta tendência é a de introduzir no planeamento e na gestão urbanística aquilo que lhe faltou. Referimo-nos à *programação* das intervenções, que deve ser feita pelas próprias entidades públicas (em particular pelos municípios) e que passa não apenas por serem estes a definir os *timings* e os *termos* das intervenções no território, identificando o que importa concretizar de imediato, por ter prioridade absoluta, e aquilo que, por não ter o mesmo grau de importância, não interessa que ocorra ou apenas interessa que aconteça em determinadas circunstâncias.

Mais, numa óptica de que o limite da propriedade de cada um não é a unidade territorial (ou edificatória) apropriada para a concretização de intervenções urbanísticas racionais e integradas, a Administração (em especial os municípios) deve dispor de mecanismos que lhe permita incentivar (e "empurrar") os proprietários para processos executórios e, sempre que necessário, associativos, com vista a concretizar projectos de dimensão adequada a um crescimento harmonioso e racional da *urbe*.

As palavras de ordem para a concretização de um *novo modelo de ocupação territorial* são, assim, as de *programação*, de promoção ou condicionamento das operações urbanísticas a *soluções de conjunto* e de promoção de *parcerias* entre privados e destes com a Administração na concretização dos planos.[13]

É precisamente nesta lógica que o RJIGT determina que:

> (i) A transformação da ocupação do território – "execução do planeamento territorial" – deverá não apenas ser *coordenada*, mas também *programada* pelo município (artigo 118.º, n.º 1);
>
> (ii) Os particulares têm o *dever de concretizar*, cumprindo a *programação municipal* (artigo 118.º, n.º 2);

Os pressupostos de um novo paradigma: programação, soluções de conjunto e parcerias

---

[13] Neste sentido cfr. os nossos «Os Caminhos "a Direito" Para um Urbanismo Operativo», *in Revista do Centro de Estudos do Direito do Ordenamento, do Urbanismo e do Ambiente*, n.º 14, Ano VII_2.04, p. 9 e ss. e "As Virtualidades das Unidades de Execução num Novo Modelo de Ocupação do Território: Alternativa aos Planos de Pormenor ou Outra Via de Concertação de Interesses no Direito do Urbanismo?" *in Direito Regional e Local*, n.º 2, Abril/Junho, 2008, p. 17 e ss.

(iii) Por regra, as operações urbanísticas devem ocorrer através de parcerias entre proprietários, com eventual participação do município e/ou outros promotores ("unidades de execução" – artigos 119.º, 120.º e 122.º a 124.º);

(iv) Os proprietários têm o direito e o dever a uma distribuição perequativa dos benefícios (edificabilidade) e dos encargos (com infra-estruturas e equipamentos públicos) decorrentes de uma ocupação urbanística (artigos 135.º, 136.º e 118.º, n.º 3).

E é ainda nesta lógica que o Programa Nacional da Politica de Ordenamento do Território define, de entre os objectivos para as políticas urbanísticas, o de *cerzir as cidades*, promovendo a sua *coesão territorial* e permitindo a concretização de infra-estruturas imprescindíveis ao correcto funcionamento de toda ela.

c) Ora, este novo tipo de ocupação urbanística para que apontam os vários instrumentos jurídicos actuais pode bem ser alcançada por intermédio da reabilitação urbana, aqui no sentido de *requalificação* ou *revitalização* de áreas inseridas no interior das cidades, dotando-as das necessárias infra-estruturas e outras condições que permitam uma sua ocupação sustentável, a melhoria do respectivo ambiente urbano em geral e, ainda, de atractividade, centralidade e multifuncionalidade das mesmas.[14]

Com efeito, como veremos, também a concretização de operações de reabilitação urbana aponta para a necessária *programação* pública das intervenções a efectuar (de acordo com a sua ordem de prioridades e não em consonância com os *timings* dos proprietários), para a delimitação de *áreas que apontem para intervenções integradas* (áreas de reabilitação urbana e unidades de intervenção ou de execução) e para a promoção de *parcerias* entre privados e destes com a Administração ou com terceiros na concretização das operações em causa.

> A reabilitação urbana como adequada ao novo paradigma

---

[14] De acordo com a alínea j) do artigo 2.º a reabilitação urbana é a forma de intervenção integrada sobre o tecido urbano existente, em que o património urbanístico e imobiliário é mantido, no todo ou em parte substancial, e modernizado através da realização de obras de remodelação ou beneficiação dos sistemas de infra-estruturas urbanas, dos equipamentos e dos espaços urbanos ou verdes de utilização colectiva e de obras de construção, reconstrução, ampliação, alteração, conservação ou demolição dos edifícios.

Por este motivo a reabilitação urbana, posiciona-se também como uma via para contrariar o modelo de desenvolvimento urbanístico assente na expansão urbana (com todos os custos inerentes: territoriais, financeiros, ambientais e, mesmo, sociais), permitindo a *consolidação* e *ocupação do já edificado* integradamente com a intervenção em *espaços expectantes dentro das cidades*.

2. Instrumentos de planeamento e de programação da execução das operações de reabilitação urbana

a) O Regime Jurídico da Reabilitação Urbana encontra-se sistematizado de forma a dar tratamento a cinco aspectos fundamentais nos quais assenta: *áreas de reabilitação urbana* (artigo 7.º e Capítulo II); *operações de reabilitação urbana* com os respectivos *instrumentos de programação* (artigo 8.º e Capítulo III); *entidades gestoras* (artigos 9.º e 10.º e Capítulo IV); *modalidades de execução* (artigo 11.º e Capítulo V) e *instrumentos de execução* (Capítulo VI).

O funcionamento deste regime tem na sua base as *operações de reabilitação urbana* – conjunto articulado de intervenções que visam, de forma integrada, a reabilitação urbana de uma determinada área [alínea *h*) do artigo 2.º] – as quais ocorrem dentro de *áreas de reabilitação urbana* – áreas territorialmente delimitadas que, em virtude da insuficiência, degradação ou obsolescência dos edifícios, das infra-estruturas, dos equipamentos de utilização colectiva e dos espaços urbanos e verdes de utilização colectiva, designadamente no que se refere às suas condições de uso, solidez, segurança, estética ou salubridade, justifique uma intervenção integrada, dentro das quais são demarcadas ora *unidades de intervenção* – áreas geograficamente delimitadas a sujeitar a uma intervenção específica de reabilitação urbana, no âmbito de uma área de reabilitação urbana delimitada por instrumento próprio, com identificação de todos os prédios abrangidos, podendo corresponder à totalidade ou a parte de uma área de reabilitação urbana ou, em casos de particular interesse público, a um edifício – ora unidades de execução, se a delimitação da área de reabilitação urbana tiver sido operada por intermédio de um plano de pormenor, as quais são reguladas pelo RJIGT.

Os conceitos base da reabilitação: áreas e operações de reabilitação urbana

Nos termos do artigo 7.º, n.º 2 *"A cada* área de reabilitação urbana *corresponde uma* operação de reabilitação urbana".

Os conceitos base da reabilitação urbana

<small>Reabilitação urbana e gestão urbanística</small>

b) As operações de reabilitação urbana em que todo este regime assenta, configuram-se como um conjunto articulado de *operações urbanísticas integradas*, a concretizar numa determinada área do território (área de reabilitação urbana), correspondendo, deste modo, a intervenções directas no *território* e no *edificado*. Numa perspectiva urbanística que aqui convém não desconsiderar – na medida em que, estando em causa a concretização de *operações urbanísticas*, as mesmas são reguladas no Regime Jurídico da Urbanização e Edificação –, podemos afirmar que esta dimensão da reabilitação urbana se integra na noção genérica de *gestão urbanística*[15] pelo que, uma vez que não existe actualmente gestão urbanística à margem dos planos, aquelas operações devem, desde logo, ser devidamente *integradas nos instrumentos de planeamento em vigor*.

Ou seja, as operações de reabilitação urbana devem respeitar os instrumentos desta natureza, embora o nível de conformidade dos projectos deste tipo de operações aos planos dependa da escala destes: uma coisa há-de ser a concretização de uma operação de reabilitação urbana a concretizar numa área de reabilitação urbana delimitada a partir de um plano director municipal, outra a sua concretização em área abrangida por plano

---

[15] A qual corresponde, grosso modo, ao conjunto das actividades relacionadas com a concreta ocupação, uso e transformação dos solos, quer sejam realizadas directamente pela Administração Pública, quer pelos particulares sob a direcção, promoção, coordenação ou controlo daquela. Cfr. Fernando Alves Correia, *As Grandes Linhas da Recente Reforma do Urbanismo Português,* Coimbra, Almedina, 1997, Reimpressão, p. 65.

Programação e execução das operações...

de urbanização e outra, ainda, a sua realização em área inserida em plano de pormenor.

Por ser imprescindível esta conformidade, pode tornar-se necessário, ao mesmo tempo que se delimita uma área de reabilitação urbana em instrumento próprio, proceder à alteração ou revisão de instrumentos de planeamento territorial (cfr. n.º 6 do artigo 14.º) – o que sucederá sempre que as disposições destes não sejam as mais adequadas para enquadrar ou disciplinar as operações de reabilitação urbana pretendidas – ou, então, elaborar um plano de pormenor para o efeito (um plano de pormenor de reabilitação urbana).

Não basta porém a garantia desta conformidade, tornando-se necessário, para além dela, acautelar que as operações de reabilitação urbana *estejam enquadradas nas opções de desenvolvimento urbano do município* [artigo 13.º, a)]. Por isso, estas operações devem apresentar-se, elas próprias, como uma forma de cumprir a programação prevista nos instrumentos de planeamento urbanístico em vigor, em especial no plano director municipal. Mais, a necessidade de integrar as operações de reabilitação urbana nas opções de desenvolvimento urbano do município tem a ver com a necessidade de as integrar e articular com as demais políticas urbanas municipais (designadamente as políticas de habitação, ambientais, de protecção do património cultural, etc.), bem como de perspectivar *a cidade como um todo*, articulando as intervenções em que consistem as operações de reabilitação urbana com a gestão urbanística do resto da cidade, tudo com o pressuposto de que o planeamento e a ocupação do território e, por isso, a cidade, se devem apresentar como *sistemas de continuidades*.[16]

Nesta óptica, e como conclusão de tudo quanto foi afirmado até ao presente momento, não basta aqui, tal como sucede com a restante gestão urbanística, que a concretização das operações de reabilitação urbana não contrarie os instrumentos de planeamento em vigor, tornando-se indispensável, para além disso, que as mesmas correspondam a uma *programação definida pelo próprio município*, designadamente nos instrumentos de planeamento vigentes.[17]

---

[16] Expressamente neste sentido cfr. Adelino GONÇALVES, "Áreas Urbanas para (Re)habilitar as Relações entre a Cidade e o Património?", nesta publicação.

[17] De facto, exige-se hoje que se passe de uma gestão urbanística *que não contrarie planos* para uma gestão urbanística *que os execute*, no sentido de que as várias intervenções no território devem ocorrer nos termos, no momento e nas condições que forem

Esta forma de perspectivar as operações de reabilitação urbana – integrando-as na gestão urbanística normal, ainda que com particularidades decorrentes do objecto sobre que incidem – tem tradução no facto de o novo RJRU não corresponder já a um regime excepcional (como sucedia com o Decreto-Lei n.° 104/2004), mas ser antes perspectivado como um regime normal de intervenção no território, devendo ser devidamente articulado com os restantes regimes em vigor (de planeamento e de gestão urbanística).[18]

Os critérios para a delimitação de uma área de reabilitação urbana

c) As operações de reabilitação urbana apenas poderão cumprir as exigências acabadas de referir, se o município – a entidade gestora por natureza[19] – as cumprir aquando da delimitação das áreas de reabilitação urbana (as áreas dentro das quais se concretizam as operações de reabilitação urbana, correspondendo a cada uma daquelas áreas, uma destas operações – n.° 2 do artigo 7.°).

Com efeito, a delimitação destas – as quais incidem sobre espaços urbanos que, em virtude da insuficiência, degradação ou obsolescência dos edifícios, das infra-estruturas urbanas, dos equipamentos ou dos espaços

---

definidas pelos municípios nos seus instrumentos de planeamento. Nesta óptica, podem (ou devem, mesmo) os municípios, na elaboração dos seus instrumentos de planeamento, designadamente na revisão dos seus planos directores municipais, identificar unidades operativas de planeamento e gestão especialmente vocacionadas para a reabilitação urbana cuja concretização deva ser feita ora pela elaboração de um plano de pormenor (de reabilitação urbana) ora pela delimitação de uma área de reabilitação urbana em instrumento próprio. A identificação destas áreas logo ao nível do plano director municipal tem a vantagem de permitir uma adequada articulação das mesmas com as opções e as intervenções previstas para o restante território.

[18] No sentido aqui referido – da necessidade de articular a delimitação de uma área de reabilitação urbana com outras áreas e a programação municipal –, aponta o disposto na subalínea *ii*) da alínea *c*) do n.° 1 do artigo 24.°, de acordo com o qual, sendo a delimitação destas áreas efectuada por intermédio de plano de pormenor, este deve fixar os princípios e as regras de uso dos solos com vista à sua adequação à *estratégia de revitalização económica, social e cultural da sua área de intervenção*, em *articulação com as demais políticas urbanas do município*.

[19] Isto porque a existência de outras entidades gestoras (que deverão ser sempre empresas do sector empresarial local) depende da vontade do município, dependendo também desta os poderes que são exercidos por estas entidades, os quais são conferidos por delegação (ainda que tácita) expressa nos instrumentos estratégicos que são definidos para cada área de reabilitação urbana.

urbanos e verdes de utilização colectiva, justifiquem uma intervenção integrada, podendo abranger, designadamente (mas não necessariamente), áreas e centros históricos, património cultural imóvel classificado ou em vias de classificação e respectivas zonas de protecção, áreas urbanas degradadas ou zonas urbanas consolidadas (artigo 12.º) – deverá corresponder a *escolhas estratégicas do município* (programação municipal), isto é, à determinação de onde importa intervir com estes objectivos específicos, e estar em consonância com a ordem de prioridades por este identificadas para a intervenção no território, o que corresponderá não apenas à concretização de uma programação constantes dos instrumentos de planeamento em vigor, mas também à concretização de opções estratégicas que devem ser definidas para essas áreas, a integrar em instrumentos de programação próprios (que variam consoante estejam em causa operações de reabilitação urbana simples ou sistemáticas).

Mais, nesta decisão deve ter-se em conta, como referimos, a necessidade de garantir uma adequada articulação desta área com a restante cidade, isto é, uma adequada articulação com a restante gestão urbanística, de forma a perspectivar a cidade como um todo.

Para além do mais, de acordo com a definição legal que delas é dada, o conceito de áreas de reabilitação urbana é agora mais amplo que o que constava do Decreto-Lei n.º 104/2004 – no qual o regime da reabilitação urbana se aplicava a *zonas históricas* (aquelas como tal como tal classificadas por plano municipal de ordenamento do território) e a *áreas críticas de recuperação e reconversão urbanística* assim declaradas nos termos do artigo 41.º da Lei dos Solos (aquelas em que a falta ou insuficiência de infra-estruturas urbanísticas, de equipamento social, de áreas livres e espaços verdes, ou as deficiências dos edifícios existentes, no que se refere a condições de *solidez, segurança* ou *salubridade*, atinjam uma *gravidade* tal que só a intervenção da Administração, através de *providências expeditas*, permita obviar, eficazmente, aos *inconvenientes* e *perigos* inerentes às mencionadas situações).

Com efeito, de acordo com este novo *regime especial* (que não excepcional), as áreas de reabilitação urbana podem até, eventualmente, incidir sobre *áreas de colmatação de espaços urbanos* – isto é, áreas inseridas nos perímetros urbanos existentes, caracterizadas pela *ausência* ou *insuficiência* de infra-estruturas, de espaços verdes e de equipamentos –, as quais podem ser tratadas integradamente com as intervenções em espaços urbanizados a reabilitar ou renovar, potenciando, deste modo, uma

128   *Fernanda Paula Oliveira*

visão global e integrada do território e, desta forma, garantam o cumprimento de objectivos de coesão territorial que a reabilitação urbana também visa alcançar.[20]

As operações de reabilitação simples e sistemáticas

d) Por se partir de um conceito mais abrangente, em termos da realizada fáctica sobre que recai a reabilitação urbana, as operações respectivas tanto podem incidir sobre o *edificado existente* (intervenções integradas que se dirigem primacialmente à reabilitação de edifícios[21]) – operações de reabilitação urbana simples (artigo 8.º, n.º 2) –, como podem traduzir-se, também, ora na concretização de obras de *remodelação, beneficiação* ou *reabilitação* dos sistemas de infra-estruturas urbanas, de equipamentos e de espaços verdes de utilização colectiva existentes que se apresentem como *insuficientes* ou *degradados*, ora na sua *criação* quando inexistentes, com vista à revitalização do tecido urbano, independentemente de se encontrarem ou não associados à reabilitação do edificado existente na zona (operações de reabilitação urbana sistemáticas, que se encontram sempre associadas a um programa de investimento público) – artigo 8.º, n.º 3.

---

[20] Não obstante o regime pareça assentar, no seu essencial, numa ideia base de intervenção no edificado e no tecido urbano existente com vista à sua *manutenção* (*recuperação urbana*) e *modernização* [cfr. a definição constante da alínea j) do artigo 2.º], o mesmo admite também a substituição do existente por novos usos e nova ocupação [cfr. a noção ampla de protecção do existente constante do n.º 3 do artigo 51.º. que parece querer promover a substituição do existente (*renovação urbana*)] e a *reestruturação urbana* (o que sucede, em regra, quando estão em causa operações de reabilitação urbana sistemáticas). Em qualquer caso, os seus objectivos deverão ser sempre os da *reabilitação, revitalização* ou *requalificação* urbana: adequação do tecido urbano às exigências contemporâneas de qualidade de vida e de promoção de um saudável ambiente urbano. Com efeito, nos termos do Decreto Regulamentar n.º 9/2009, de 29 de Maio, a requalificação urbana e ambiental e a revitalização de áreas urbanas constituem objectivos de gestão urbana cuja prossecução pode ser realizada, entre outras formas, através da *renovação, reestruturação* e *reabilitação urbanas.*

[21] De acordo com o disposto na alínea i) do artigo 2.º do RJRU, a reabilitação de edifícios é a forma de intervenção destinada a conferir adequadas características de desempenho e de segurança funcional, estrutural e construtiva a um ou a vários edifícios, às construções funcionalmente adjacentes incorporadas no seu logradouro, bem como às fracções eventualmente neles integradas, ou a conceder-lhes novas aptidões funcionais, determinadas em função das opções de reabilitação urbana prosseguidas, com vista a permitir novos usos ou o mesmo uso com padrões de desempenho mais elevados, podendo compreender uma ou mais operações urbanísticas.

A opção por uma operação de reabilitação urbana *simples* ou por uma operação de reabilitação urbana *sistemática* condiciona grandemente a concreta delimitação da área de reabilitação urbana, designadamente a respectiva dimensão e a realidade sobre que incide: tratando-se de uma operação de reabilitação urbana sistemática pode até suceder que a área de reabilitação urbana integre simultaneamente uma área vazia que é necessário regenerar e reabilitar através da concretização de intervenções que a tratem de forma global e integrada com vista à reabilitação do tecido urbano. Nestes casos, a reabilitação urbana passará pela concretização de obras de urbanização e de edificação nova, em vez da (e não somente na) intervenção no consolidado.

Mais, as áreas de reabilitação urbana destinadas a integrar operações de reabilitação urbana sistemáticas correspondem, em regra, a áreas necessitadas de uma intervenção mais profunda e complexa. Por exemplo, sempre que seja necessário proceder a operações de reestruturação da propriedade – isto é, operações que implicam ora *emparcelamentos de prédios ou edifícios*, ora o *reparcelamento do espaço*, criando, designadamente, áreas para espaços verdes e equipamentos ou infra-estruturas onde elas não existiam –, torna-se obrigatória a opção por uma operação reabilitação urbana sistemática. Pelo contrário, tratando-se de uma área de reabilitação urbana tendente a integrar operações de reabilitação urbana simples (que correspondem, ao fim e ao cabo, numa intervenção edifício a edifício) a área de reabilitação urbana tende a ser mais contida e menos complexa.

De notar que a opção pelo tipo de operação de reabilitação urbana a concretizar assume um relevo particular na medida em que, em função dela, estarão disponíveis (ou não) determinadas *modalidades* e *instrumentos de execução*. Assim, a modalidade da *parceria com entidades privadas* (que pode assumir a configuração de *concessão de reabilitação* ou *contrato de reabilitação urbana*), apenas pode ser mobilizada quando esteja em causa uma operação de reabilitação urbana sistemática (e tenha sido delimitada uma unidade de intervenção) – n.º 5 do artigo 11.º. Por sua vez, instrumentos de execução como as *servidões*, a *expropriação*, a *venda forçada* e a *reestruturação da propriedade*, apenas podem ser utilizados nas operações de reabilitação urbana sistemáticas (cfr. n.º 3 do artigo 54.º).[22]

---

[22] A lei acaba por admitir uma situação de expropriação quando está em causa uma operação de reabilitação urbana simples: nos casos de não ressarcimento integral das

130 *Fernanda Paula Oliveira*

A delimitação das áreas de reabilitação urbana por instrumento próprio ou por via de um plano de pormenor de reabilitação urbana: o conteúdo desta deliberação

e) Nos termos da lei, a delimitação em concreto de uma área de reabilitação urbana, quer se destine a integrar uma operação de reabilitação urbana simples quer uma operação de reabilitação urbana sistemática, pode ser delimitada por *instrumento próprio* (n.° 1 do artigo 7.° e artigo 14.°) ou por intermédio de *plano de pormenor* (n.° 1 do artigo 7.°, artigo 15.° e artigo 21.° e ss.). Num e noutro caso esta delimitação deverá estar sempre associada à exigência da determinação (identificação) dos *objectivos* a prosseguir, do seu *enquadramento nas opções de desenvolvimento urbano do município* [artigo 13.°, alínea *a*)], da *estratégia da intervenção* [artigo 13.°, alínea *c*)], da *definição do tipo de operação de reabilitação urbana* a realizar [artigo 13.°, alínea *b*)] e da *escolha da entidade gestora* (artigo 10.°, n.° 3).

Daqui decorre que a deliberação de delimitação de uma área de reabilitação urbana tem um conteúdo complexo, já que incide não apenas sobre os concretos limites físicos da área a sujeitar a este regime particular, mas integra ainda a determinação do tipo de operação urbanística a prosseguir, em função dos objectivos, que também fixa, e a aprovação dos "instrumentos" programáticos (estratégicos) que orientam (enquadram) as operações de reabilitação urbana e densificam o dever de reabilitação que impende sobre os proprietários e titulares de outros direitos, ónus e encargos sobre edifícios e fracções compreendidos numa área de reabilitação urbana (n.° 5 do artigo 8.°).

Uma análise atenta do regime legal permite concluir que mais do que o início do procedimento de reabilitação urbana, a delimitação da respectiva área é a fase final de um procedimento que integra um conjunto de *decisões preliminares* à reabilitação urbana: a decisão quanto ao tipo da operação de reabilitação a concretizar (simples ou sistemática); em função desta, a definição da estratégia de intervenção (a *estratégia de reabilitação urbana*, se estiver em causa uma operação de reabilitação urbana simples, ou o *programa estratégico de reabilitação urbana*, se estiver em causa uma operação de reabilitação urbana sistemática), sendo certo que a decisão quanto à área de abrangência não poderá deixar de estar, como referi-

---

despesas ocorridas pela entidade gestora na realização de obras coercivas ao abrigo do n.° 2 do artigo 55.° e o proprietário, não tendo dado o imóvel ou fracção de arrendamento, se oponha à abertura de concurso para à celebração de arrendamento pela entidade gestora (cfr. n.° 2 do artigo 59.°).

Programação e execução das operações... 131

mos, devidamente enquadrada com as *opções de desenvolvimento urbano do município* e com a *programação* por este efectuada quanto às intervenções no território.[23]

Pelo contrário, no regime constante do Decreto-Lei n.º 104/2004, a delimitação de uma *unidade de intervenção* era o primeiro passo para o desencadeamento de um procedimento de reabilitação urbana. Apenas depois de delimitada esta, pela entidade gestora (sociedade de reabilitação urbana), se passava para a elaboração e aprovação do documento estraté-

---

[23] Nos casos em que a delimitação da área de reabilitação urbana é determinada por plano de pormenor, este, para além do conteúdo acabado de referir e do constante do artigo 91.º do RJGIT que lhe for adequado, deve integrar ainda os princípios e as regras de uso do solo e dos edifícios e a identificação e classificação sistemática dos edifícios, das infra--estruturas urbanas, dos equipamentos e dos espaços urbanos e verdes de utilização colectiva de cada unidade de execução, que também delimita, não obstante estas possam ser delimitadas em fase de execução (n.º 2 do artigo 24.º), estabelecendo as suas necessidades e finalidades de reabilitação e modernização ou prevendo a sua demolição, quando aplicável, sempre com o fito de promover e orientar a valorização e modernização do tecido urbano e a revitalização económica, social e cultural na sua área de intervenção.

Nos casos em que o plano de pormenor de reabilitação urbana desempenhe também as funções de plano de pormenor de salvaguarda – o que sucede sempre que a área de intervenção contenha ou coincida com património cultural imóvel classificado ou em vias de classificação, e respectivas zonas de protecção – deve este integrar ainda, no seu conteúdo material, as regras e os princípios de salvaguarda e valorização destes bens estabelecendo, a ocupação e usos prioritários; as áreas a reabilitar; os critérios de intervenção nos elementos construídos e naturais; a cartografia e o recenseamento de todas as partes integrantes do conjunto; as normas específicas para a protecção do património arqueológico existente; as linhas estratégicas de intervenção, nos planos económico, social e de requalificação urbana e paisagística; a delimitação e caracterização física, arquitectónica, histórico-cultural e arqueológica da área de intervenção; a situação fundiária da área de intervenção, procedendo, quando necessário, à sua transformação; as regras de alteração da forma urbana, considerando as operações urbanísticas e os trabalhos de remodelação dos terrenos; as regras de edificação, incluindo a regulação de volumetrias, alinhamentos e cérceas, o cromatismo e os revestimentos exteriores dos edifícios, as regras específicas para a protecção do património arqueológico, nomeadamente as relativas as medidas de carácter preventivo de salvaguarda do património arqueológico; as regras a que devem obedecer as obras de construção, ampliação, alteração, conservação e demolição; a avaliação da capacidade resistente dos elementos esculturais dos edifícios, nomeadamente no que diz respeito ao risco sísmico; as regras de publicidade exterior e de sinalética; a identificação dos bens imóveis, ou grupos de bens imóveis, que podem suscitar o exercício do direito de preferência em caso de venda ou dação em pagamento (cfr. artigos 53.º, n.º 3 da Lei n.º 107/2001, de 8 de Setembro e 66.º do Decreto-Lei n.º 309/2009, de 29 de Maio).

gico, não sem que antes se tivesse questionado a câmara municipal sobre a oportunidade e necessidade de elaboração de um plano de pormenor.

Não existe, contudo, uma plena correspondência entre a delimitação de uma área de reabilitação urbana para efeitos do Decreto-Lei n.º 307/2009 e a delimitação de uma unidade de intervenção ao abrigo do disposto no Decreto-Lei n.º 104/2004. As actuais áreas de reabilitação urbana correspondem, do ponto de vista dos objectivos, às *zonas de intervenção das sociedades da reabilitação urbana* do Decreto-Lei 104/2004 (neste sentido aponta o n.º 3 do artigo 79.º do Decreto-Lei n.º 307/2009, ainda que estas possam, quando demasiado extensas, dar origem a várias áreas de reabilitação urbana).

Não obstante este facto, da perspectiva do respectivo *conteúdo*, uma área de reabilitação urbana delimitada ao abrigo do Decreto-Lei n.º 307/2009 corresponde, no Decreto-lei n.º 104/2004, a uma *unidade de intervenção com documento estratégico aprovado,* ainda que esta unidade de intervenção, em termos de *área geográfica*, tenha correspondência com as unidades de intervenção do Decreto-Lei n.º 307/2009 — áreas geograficamente delimitadas a sujeitar a uma intervenção específica de reabilitação urbana podendo corresponder a vários prédios ou em casos particulares a um edifício.

	Do ponto de vista dos objectivos	Do ponto de vista do conteúdo	Do ponto de vista da área geográfica
Decreto-Lei n.º 104/2004	Zona de intervenção de uma SRU	Unidade de intervenção com documento estratégico aprovado	Unidade de intervenção
Decreto-Lei n.º 307/2009	Área de reabilitação urbana (uma ou várias)	Área de Reabilitação Urbana	Unidade de intervenção

O procedimento de delimitação de uma área de reabilitação urbana

f) A delimitação de uma área de reabilitação urbana (que, como vimos, integra um conjunto de decisões fundamentais, como a determinação do tipo de operação de reabilitação urbana e dos respectivos instrumentos estratégicos) obedece a um *procedimento específico* que varia consoante decorra de "instrumento próprio" ou de plano de pormenor.

Por via de plano de pormenor

α) Neste último caso, o procedimento previsto é o constante do RJIGT com as particularidades que decorrem do RJRU. Em causa está um típico procedimento de ponderação de interesses, no âmbito do qual é garantida a *participação dos interessados* (participação preventiva[24] e discussão pública) e a participação de outras *entidades públicas* (quer numa fase formal ou informal de acompanhamento, consoante a opção municipal quanto a este trâmite procedimental – uma vez que nos planos de pormenor o acompanhamento é agora facultativo) quer na *conferência de serviços* no âmbito da qual as entidades intervenientes devem indicar expressamente, sempre que se pronunciem desfavoravelmente ao projecto do plano, as razões da sua discordância e as alterações necessárias para a sua viabilização.

O procedimento é mais complexo no caso de o plano de pormenor de reabilitação urbana conter ou coincidir com o património cultural imóvel classificado ou em vias de classificação e respectivas zonas de protecção, já que, nestes casos, terá de ser elaborado um plano de pormenor *"dois em um"*: plano de pormenor de reabilitação urbana que integra um plano de pormenor de salvaguarda.

Nestes casos terá de intervir também a administração do património cultural competente, que *colaborará na elaboração* do plano de pormenor de reabilitação urbana *em parceria* com a câmara municipal[25], devendo esta entidade ser ouvida na definição dos termos de referência do plano no que diz respeito ao património cultural imóvel classificado ou em vias de classificação e respectivas zonas de protecção. Esta entidade deve *obrigatoriamente*

---

[24] A qual não terá de ocorrer se o plano de pormenor incidir sobre uma área de reabilitação urbana previamente definida e, por isso, esteja em vigor para a totalidade da área de intervenção do plano uma estratégia de reabilitação urbana ou um programa estratégico de reabilitação urbana e o plano não pretenda alterar os objectivos e acções nele definidos (n.º 4 do artigo 26.º).

Sobre a possibilidade de o plano de pormenor de reabilitação urbana poder incidir sobre uma área de reabilitação urbana previamente delimitada por instrumento próprio, redelimitando-a ou revogando-a parcialmente cfr. artigo 23.º, n.ºs 2 e 3.

[25] Nesta colaboração integra-se o apoio técnico que esta entidade deve prestar nos trabalhos de preparação e concepção do projecto do plano. Os termos desta colaboração podem ser objecto de protocolo a celebrar entre a câmara municipal e a administração do património cultural (n.º 1 e 2 do artigo 28.º).

acompanhar a elaboração do plano[26] e o parecer que emita sobre este nas áreas das suas atribuições é obrigatório e *vinculativo*. Verifica-se, a este propósito, um claro desvio às regras normais de elaboração dos planos de pormenor constantes do RJIGT nos termos do qual o acompanhamento é facultativo e os pareceres das entidades, sendo obrigatórios, são, contudo, facultativos.

Admite-se aqui, como para os restantes planos de pormenor em geral, a possibilidade de a sua elaboração ser (ou ter sido) objecto de contratação entre o município e interessados (contratos para planeamento, celebrados ao abrigo do disposto no artigo 6.°-A do RJIGT).[27] Valem aqui todos os limites e regras aplicáveis a este tipo de contratos. A este propósito, e como tivemos já oportunidade de afirmar noutro local[28], apenas está em causa a concertação com os interessados do conteúdo a conferir ao plano e não (nunca) a atribuição a estes da elaboração técnica do *projecto de plano* (com a consequente atribuição do poder de contratar as equipas técnicas, quando necessário), já que, dada a especial posição em que os particulares se encontram nestas situações, não podem *oferecer garantias de uma actuação desinteressada no exercício destes poderes públicos*. Admitir uma solução diferente seria conferir aos privados – claramente interessados na concretização de um determinado projecto urbanístico e, por isso, não desinteressados da solução a consagrar no plano –, uma ampla fatia do poder público de planeamento: o de elaboração do projecto do plano e, mais, de importantes de peças documentais que influenciam de forma decisiva as opções a tomar pela administração municipal (como é o caso do Relatório Ambiental nos casos em que o mesmo seja necessário, que tem uma influência indiscutí-

---

[26] Mais do que um *acompanhamento*, nos termos do RJIGT, o que ocorre é uma *colaboração* ou uma *elaboração do plano em parceria* com a entidades responsável do património cultural, o que torna estes planos de pormenor em planos municipais de ordenamento do território *sui generis*.

[27] Neste sentido o n.° 1 do artigo 26.° refere-se expressamente à possibilidade de a deliberação da elaboração do plano de pormenor de reabilitação urbana ter na sua base propostas apresentados por interessados.

[28] Cfr. o nosso, *Contratos para Planeamento. Da consagração Legal de uma Prática, às Dúvidas Práticas do Enquadramento Legal*, Coimbra, Almedina, 2009.

vel nas opções de planeamento, isto é, nos princípios e regras de uso do solo e dos edifícios a consagrar). As exigências de *transparência*, de *imparcialidade*, e da *prossecução exclusiva do interesse público*, impedem, assim, a atribuição daquela elaboração aos privados já, com isso, se estaria a potenciar o risco de *promiscuidade* entre os interesses privados e os interesses públicos, não permitindo garantir a preponderância destes (que são aqueles que, com o plano, se visam prosseguir em primeira linha).

Acresce que, com esta solução (com a consequente transferência para os privados da responsabilidade de contratação das equipas técnicas), permitir-se-ia a fuga, via contratualização de planos e por parte dos particulares, às regras da concorrência na escolha daquelas equipas.

Terá, assim, de se concluir que não resulta do artigo 6.º-A do RJIGT, nem poderia, do ponto de vista jurídico, resultar, que por intermédio do contratos para planeamento se possa incumbir o proponente privado da tarefa de elaboração de um *projecto de plano* (projecto de regulamento e respectivas plantas de implantação); de preparação e elaboração de todos os *trabalhos, estudos e projectos* (designadamente de natureza arquitectónica, geológica, paisagística) necessários à formação do plano e de elaboração dos restantes *estudos complementares ao plano* necessários à sua aprovação (como o Relatório Ambiental para efeitos da Avaliação Ambiental). Todas estas tarefas devem permanecer nas mãos do município, o qual, por isso mesmo, mantém os poderes (e os deveres associados) designadamente (e especialmente) os atinentes à contratação das equipas técnicas adjudicatárias. Estas serão escolhidas de acordo com os critérios por ele definidos e actuarão sob a sua responsabilidade e direcção directa, encontrando-se sujeitas a regras de concorrência sempre que a câmara municipal recorra à referida contratação. Neste último caso, o que está em causa é a celebração de contratos de aquisição de serviços os quais se subordinam às regras gerais de contratação pública.

A atribuição desta tarefa (de elaboração técnica do plano) a terceiras entidades que não os municípios apenas deve ser admitida quando exista uma clara e inequívoca previsão legal nesse sentido e estejam garantidas as condições de imparcialidade, de prossecução do interesse público e de concorrência na contratação das equipas. Tal é o que sucede com o disposto no n.º 3 do artigo 26.º do Decreto-Lei n.º 307/2009, que prevê expressamente a possibilidade de a câmara encarregar uma empresa do sector empresarial local "*da preparação do projecto de plano de pormenor e dos elementos que o acompanham*" ou seja, da "*execução técnica de planos de pormenor*", a qual integra também o poder de contratar as equipas técnicas, quando necessário, sendo que, para o efeito, e dada a natureza destas entidades, deverá ser dado cumprimento às exigências da contratação pública.

Por instrumento próprio

β) Fora da hipótese do plano de pormenor, a iniciativa para a delimitação da área de reabilitação urbana é da competência câmara, que elabora proposta a submeter a aprovação da assembleia municipal.[29]

Esta proposta [que deve conter também os instrumentos estratégicos que orientam a operação de reabilitação urbana que tiver sido determinada (simples ou sistemática)], são submetidos à apreciação do Instituto da Habitação e Reabilitação Urbana, I.P., cujo parecer deve ser devidamente ponderado pela câmara, sujeita a discussão pública nos termos do RJIGT e aprovada pela assembleia municipal. O acto de aprovação da delimitação da área de reabilitação urbana é, por fim, publicitado através de aviso publicado na 2.ª série do *Diário da República,* em jornal de circulação local ou nacional e na página electrónica do município, devendo mencionar expressamente os locais onde os instrumentos de cariz estratégico (estratégia e reabilitação urbana ou programa estratégico de reabilitação urbana) podem ser consultados.

Natureza jurídica da delimitação da área de reabilitação urbana por instrumento próprio

g) Tendo em consideração o *conteúdo* da deliberação de delimitação de uma área de reabilitação urbana por instrumento próprio – que, como vimos, incide não apenas sobre os concretos limites físicos da área a sujeitar a este regime particular, mas integra ainda, pelo menos, a determinação do tipo de operação de reabilitação urbana a concretizar, em função dos objectivos, que também fixa, e a aprovação dos "instrumentos" programá-

---

[29] A preparação deste projecto pode ser confiada pela câmara municipal a uma empresa do sector empresarial local (n.º 2 do artigo 14.º).

ticos (estratégicos) que orientam (enquadram) as operações de reabilitação urbana – e o respectivo *procedimentos*, terá de se concluir pela sua *natureza regulamentar*, embora não pela sua recondução aos instrumentos de gestão territorial, dado o princípio da tipicidade destes.[30] Podem, por isso, colocar-se a propósito destas áreas de reabilitação urbana e dos instrumentos estratégicos que a integram, as mesmas dúvidas que no Decreto-Lei n.° 104/2004 se colocavam a propósito da natureza jurídica dos documentos estratégicos das unidades de intervenção, em relação aos quais a doutrina vinha reconhecendo características muito próximas dos instrumentos de gestão territorial, designadamente dos planos de pormenor.[31]

Embora, por não serem planos municipais, estes instrumentos não possam produzir o mesmo tipo de efeitos que a estes são reconhecidos (designadamente, efeitos directos em relação aos particulares) – não podendo, por isso, ser utilizados como instrumentos autónomos para, com base neles, se indeferirem as concretas operações urbanísticas que os contrariem –, o Decreto-Lei n.° 307/2009 veio aditar, ao contrário do que sucedia ao abrigo do diploma de 2004, um novo motivo de indeferimento das licenças ou de rejeição das comunicações prévias[32]: a susceptibilidade de as operações *causarem um prejuízo manifesto à reabilitação do edifício* (no caso de operação de reabilitação urbana simples) ou de *causarem um prejuízo manifesto à operação de reabilitação urbana da área em que o mesmo se insere*, no caso de operações de reabilitação urbana sistemáticas (cfr. artigo 52.°). O que significa a possibilidade de mobilização *indirecta* da estratégia de reabilitação urbana ou do programa estratégico de reabili-

---

[30] Uma das consequências desta qualificação é a de não ser possível por esta via alterar os instrumentos de planeamento em vigor, designadamente os parâmetros constantes do plano director municipal, o que é possível por intermédio do plano de pormenor dada a hierarquia flexível que relaciona entre si os planos municipais. Sobre esta hierarquia flexível, mesmo depois das alterações do Decreto-Lei n.° 316/2007, cfr. o nosso *Regime Jurídico dos Instrumentos de Gestão Territorial. As Alterações do Decreto-Lei n.° 316/2007, de 19 de Setembro*, Coimbra, Almedina, 2008, pp. 31-32.

[31] Sobre estas dúvidas e algumas pistas de resposta à luz do Decreto-Lei n.° 104/2004, cfr. o nosso *Regime Jurídico dos Instrumentos de Gestão Territorial, cit.*, pp. 73 e ss.

[32] Temos algumas reservas quanto à introdução de critérios de apreciação que remetem para o exercício de poderes administrativos discricionários no âmbito dos procedimentos de comunicação prévia, os quais estão pensados para situações em que estes critérios estão pré-definidos de forma precisa.

138   *Fernanda Paula Oliveira*

tação urbana como parâmetros para a apreciação das concretas operações urbanísticas, já que, com base neles (no seu incumprimento) é possível invocar-se aqueles fundamentos genéricos e, assim, indeferir-se uma licença ou rejeitar-se uma comunicação prévia.[33]

Do ponto de vista jurídico consideramos que a estratégia de reabilitação urbana ou o programa estratégico de reabilitação urbana que integram a delimitação da área reabilitação urbana se apresentam como *instrumentos de programação vocacionados para a execução*[34] (motivo

---

[33] A contradição, ainda que indirecta, do projecto com os instrumentos estratégicos que enquadram e orientam as operações de reabilitação urbana, não tem a mesma consequência que a desconformidade do mesmo com os planos: anulabilidade, naquele caso, nulidade neste.

[34] Com efeito, estes documentos encontram-se particularmente vocacionados para a execução da reabilitação urbana, visando programá-la e orientá-la.

Nos termos do artigo 30.º, a estratégia da reabilitação urbana tem como conteúdo: apresentar as *opções estratégicas de reabilitação* da área de reabilitação urbana, compatíveis com as opções de desenvolvimento do município; estabelecer o *prazo de execução da operação de reabilitação urbana* (que não pode ser superior a 15 anos, sem prejuízo da possibilidade da sua prorrogação – artigo 18.º); *definir as prioridades e especificar os objectivos a prosseguir na execução* da operação de reabilitação urbana; determinar o *modelo de gestão da área de reabilitação urbana* e de *execução* da respectiva operação de reabilitação urbana; a*presentar um quadro de apoios e incentivos às acções de reabilitação executadas pelos proprietários* e demais titulares de direitos e propor soluções de financiamento das acções de reabilitação; *explicitar as condições de aplicação dos instrumentos de execução de reabilitação urbana;* identificar, caso o município não assuma directamente as funções de entidade gestora da área de reabilitação urbana, quais *os poderes delegados na entidade gestora,* juntando cópia do acto de delegação praticado pelo respectivo órgão delegante, bem como, quando as funções de entidade gestora sejam assumidas por uma sociedade de reabilitação urbana, quais *os poderes que não se presumem delegados*.

Por sua vez, nos termos do artigo 33.º é o seguinte o conteúdo do programa estratégico da reabilitação urbana: apresentar as *opções estratégicas de reabilitação* e de revitalização da área de reabilitação urbana, compatíveis com as opções de desenvolvimento do município; estabelecer o *prazo de execução da operação de reabilitação urbana* (que não pode ser superior a 15 anos, sem prejuízo da possibilidade da sua prorrogação – artigo 18.º); definir *as prioridades e especificar os objectivos a prosseguir* na execução da operação de reabilitação urbana; *estabelecer o programa da operação de reabilitação urbana*, identificando as acções estruturantes de reabilitação urbana a adoptar, distinguindo, nomeadamente, as que têm por objecto os edifícios, as infra-estruturas urbanas, os equipamentos, os espaços urbanos e verdes de utilização colectiva, e as actividades económicas; determinar o *modelo de gestão da área de reabilitação* urbana e de execução da

pelo qual devem cumprir e estar articulados com os instrumentos de planeamento em vigor na área), dando cumprimento às exigências de um novo paradigma de intervenção urbanística, em que as intervenções não ocorrem de acordo com a programação dos particulares (designadamente dos proprietários dos solos ou dos edifícios ou titulares de outros direitos que incidam sobre estes) – e, portanto, não devem ser realizadas casuisticamente e desarticuladas entre si –, mas de acordo com a ordem de prioridades e a programação definida pelo próprio município.

h) Podendo as áreas de reabilitação urbana ser delimitadas ora por via de um plano de pormenor ora por intermédio de um plano de reabilitação urbana, pode questionar-se qual a melhor opção e quais os critérios que devem estar subjacentes a esta escolha.

Na nossa óptica, a delimitação por intermédio de um procedimento próprio apresenta-se, em regra, como mais flexível (já que deixa maior margem de conformação à entidade gestora nas decisões de gestão urbanística que tenha de tomar do que nas situações em que se tenha elaborado um plano de pormenor o qual, dada a sua escala de intervenção no território e o respectivo conteúdo típico, condiciona de uma forma mais intensa a gestão urbanística).

Pode suceder, porém, que a elaboração de um plano de pormenor se apresente como a melhor via. Assim, se se tornar imprescindível, para a reabilitação urbana de uma determinada área, proceder à alteração dos ins-

> Vantagens da delimitação de uma área de reabilitação urbana por via de plano de pormenor ou por instrumento próprio

---

respectiva operação de reabilitação urbana; apresentar um *quadro de apoios e incentivos às acções* de reabilitação executadas pelos proprietários e demais titulares de direitos e propor soluções de financiamento das acções de reabilitação; descrever um *programa de investimento público* onde se discriminem as acções de iniciativa pública necessárias ao desenvolvimento da operação; definir o *programa de financiamento da operação de reabilitação urbana*, o qual deve incluir uma estimativa dos custos totais da execução da operação e a identificação das fontes de financiamento; identificar, caso não seja o município a assumir directamente as funções de entidade gestora da área de reabilitação urbana, quais os poderes que são delegados na entidade gestora, juntando cópia do acto de delegação praticado pelo respectivo órgão delegante, bem como, quando as funções de entidade gestora sejam assumidas por uma sociedade de reabilitação urbana, quais os poderes que não se presumem delegados; prever, se se pretender logo nesse momento, unidades de intervenção (no caso de área de reabilitação urbana delimitada por instrumento próprio) ou unidades de execução (no caso de delimitação por plano de pormenor), *definindo os objectivos a prosseguir em cada uma delas.*

140 Fernanda Paula Oliveira

trumentos de planeamento em vigor, a elaboração do plano de pormenor apresenta-se como uma via em regra mais célere para o efeito.[35]

Sempre que se considere fundamental definir princípios e regras de uso dos solos e dos edifícios, deve também optar-se pela via da elaboração de um plano de pormenor, por, por força do princípio da tipicidade dos planos, ser o único que pode ter estes efeitos. Em situações contadas, tratando-se de operações de reabilitação urbana sistemáticas e em que se pretenda proceder à reestruturação da propriedade, a elaboração de um plano de pormenor pode também torna-se a via mais célere por, se lhe forem atribuídos efeitos registais, permitir concretizar directamente (com o respectivo registo) a transformação da situação fundiária sem ser necessário desencadear operações de execução em momento posterior.

Sempre que a área de reabilitação urbana contenha ou coincida com património cultural imóvel classificado ou em vias de classificação, e respectivas zonas de protecção, que determine, nos termos da Lei n.º 107/2001, de 8 de Setembro, a elaboração de um plano de pormenor de salvaguarda do património cultural, será preferível optar pela elaboração de um plano de pormenor de reabilitação urbana já que, por este integrar aquele, pressupõe um só procedimento em curso em vez de dois, na medida em que a delimitação por instrumento próprio não dispensa (nem integra) o procedimento de elaboração de um plano de pormenor de salvaguarda (ao contrário do que sucede com o procedimento de elaboração de um plano de pormenor de reabilitação urbana).

Alteração dos limites da área de reabilitação urbana, da operação e dos instrumentos estratégicos

i) A alteração dos limites da área de reabilitação urbana obedece ao procedimento para a sua definição inicial (cfr. artigo 20.º, n.º 1 para a delimitação por instrumento próprio; quando esteja em causa a delimitação

---

[35] Dizemos a via mais célere e não a única via já que, sempre que se torne necessário proceder à alteração dos instrumentos de planeamento em vigor, o legislador admite que o procedimento de delimitação por instrumento próprio ocorra simultaneamente com a elaboração, alteração ou revisão de instrumentos de gestão territorial de âmbito, procedendo-se, neste caso, a uma articulação (*integração*) dos dois procedimentos (o n.º 6 do artigo 14.º determina que, nestes casos, o procedimento de delimitação da área de reabilitação urbana seja submetido ao procedimento de planeamento no que concerne ao acompanhamento, à participação e à aprovação pela assembleia municipal).

Em todo o caso, parece-nos, ainda assim, que a elaboração de um plano de pormenor nestes casos, se apresenta como mais célere e menos complexa.

por plano de pormenor, sendo a sua área de incidência um elemento inerente ao plano, a sua alteração apenas pode ser feita por intermédio do procedimento de alteração do plano estabelecido no RJIGT).

No que concerne à alteração da operação de reabilitação urbana definida por instrumento próprio, o n.° 2 do artigo 20.° determina a desnecessidade de discussão pública quando esteja em causa a alteração de uma operação sistemática para uma simples. Consideramos, porém, que esta solução não é a mais adequada, por a referida alteração ter maiores repercussões na esfera jurídica dos interessados (pressupondo aquela mudança uma responsabilidade mais directa dos proprietários na execução da operação de reabilitação urbana que justificaria, de forma mais marcada, a participação destes). Acresce que a referida alteração pressupõe uma "desistência" do município em intervir no espaço público e uma paralela desistência do programa estratégico que havia aprovado para a área, que justifica uma acrescida discussão pública comparativamente com a opção de sentido contrário.

Tendo sido elaborado um plano de pormenor de reabilitação urbana, o legislador parece assumir que têm autonomia, no seu seio, as decisões tomadas a propósito das operações de reabilitação urbana e dos respectivos instrumentos de programação ou estratégicos, ao admitir que eles possam ser alterados sem que tal implique uma alteração do plano (cfr. n.os 2 e 3 do artigo 25.°). Temos, no entanto, dúvidas quanto a este aspecto, já que aquelas decisões não podem deixar de se considerar parte integrante do plano que, por delimitar a área de reabilitação urbana, também as define, integrando-as no seu conteúdo.

j) A delimitação de uma área de reabilitação urbana, quer por intermédio de um plano de pormenor quer de instrumento próprio, tem algumas consequências imediatas:

<small>Consequências da delimitação de uma área de reabilitação urbana</small>

- Obriga a respectiva entidade gestora a promover a operação de reabilitação urbana (n.° 1 do artigo 17.°);
- Obriga à definição, pelo município, dos benefícios fiscais associados aos impostos municipais sobre o património, designadamente o imposto municipal sobre imóveis (IMI) e o imposto municipal sobre as transmissões onerosas de imóveis (IMT) – n.° 2 do artigo 17.°;
- Confere aos proprietários e titulares de outros direitos, ónus e encargos sobre os edifícios ou fracções nela compreendidos o

direito de acesso aos apoios e incentivos fiscais e financeiros à reabilitação urbana sem prejuízo de outros benefícios e incentivos relativos ao património cultural (n.º 3 do artigo 17.º).

- Confere ao município o poder de aceitar e sacar letras de câmbio, conceder avales cambiários, subscrever livranças, bem como conceder garantias pessoais e reais, relativamente a quaisquer operações de financiamento promovidas por entidades gestoras no âmbito de uma operação de reabilitação urbana (n.º 2 do artigo 76.º);
- Concede às entidades gestoras a possibilidade de contraírem empréstimos a médio e longo prazos destinados ao financiamento das operações de reabilitação urbana, os quais, caso autorizados por despacho do ministro responsável pela área das finanças, não relevam para efeitos do montante da dívida de cada município (n.º 1 do artigo 76.º).
- Permite, estando em causa uma operação de reabilitação urbana sistemática, o recurso às expropriações, à venda forçada dos imóveis existentes, bem como à constituição sobre os mesmos das servidões necessárias à execução da operação de reabilitação urbana (n.º 3 do artigo 54.º).

A entidade gestora

l) As operações de reabilitação urbana são sempre geridas e coordenadas por uma entidade gestora, que tanto pode ser o município, como uma entidade do sector empresarial local[36], a qual deverá ser devidamente identificada aquando da delimitação da área de reabilitação urbana (a identificação da entidade gestora, quando esta não seja o município, é feita no respectivo instrumento estratégico, consoante o tipo de operação de reabilitação urbana em causa, no âmbito do qual são logo identificados os poderes que lhe são delegados[37]).

---

[36] Se esta entidade tiver por objecto social exclusivo a gestão de operações de reabilitação urbana, adopta a designação de sociedade de reabilitação urbana (artigo 10.º, n.º 2). Estas entidades podem gerir mais do que uma operação de reabilitação urbana (cfr. n.º 3 do artigo 37.º).

[37] A propósito dos poderes que podem ser delegados nas empresas do sector empresarial local cfr. artigo 44.º. Tratando-se de uma sociedade de reabilitação urbana,

Programação e execução das operações... 143

Cabe a estas entidades, no âmbito da gestão da operação de reabilitação urbana:

(i) Delimitar unidades de intervenção quando previstas no programa estratégico (artigo 34.°, n.° 6);

(ii) Apoiar os particulares nas operações de reabilitação simples (artigo 11.°, n.° 3)

(iii) Promover e tomar a iniciativa das operações de reabilitação urbana sistemáticas (artigo 11.°, n.° 3 e artigo 31.°).

(iv) Exercer os poderes delegados (expressa ou tacitamente) pelos municípios).[38]

3. Os instrumentos de execução

Nomeados os principais *instrumentos de programação* da reabilitação urbana, incidamos agora a nossa atenção sobre a execução concreta das operações de reabilitação urbana.

---

existe uma delegação tácita dos poderes referidos no n.° 1 do artigo 45.° e nas alíneas *a*) e *c*) a *e*) do n.° 1 do artigo 54.° (cfr. n.° 4 do artigo 36.°).

A delegação tácita verifica-se quando a própria lei considera delegadas num determinado órgão competências que atribui a outro, mantendo neste (quando pré-exista entre ambos uma relação de supremacia/sujeição) o poder de revogar os actos praticados pelo "delegado" nessa matéria, bem como, em qualquer circunstância, o poder de fazer cessar a "delegação", chamando a si o exercício da competência. Aqui o delegado também é, indiscutivelmente, titular da competência, ao contrário da delegação de poderes propriamente dita. Como em qualquer delegação de poderes, o delegante pode avocar o exercício da competência como revogar a delegação. Por isso se prevê expressamente que na estratégia de reabilitação urbana ou no programa estratégico de reabilitação urbana o município identifique quais "*os poderes que não se presumem delegados*".

Sobre a delegação tácita cfr. José Eduardo Figueiredo DIAS e Fernanda Paula OLIVEIRA, *Noções Fundamentais de Direito Administrativo*, Coimbra, Almedina, p. 76.

[38] Para além do município e/ou das entidades gestoras, são ainda parte do processo de reabilitação urbana os *proprietários e titulares de outros direitos, ónus ou encargos* sobre os solos ou imóveis integrados na área de reabilitação urbana e, ainda, *terceiros* (o *concessionário da reabilitação urbana* e *entidades públicas ou privadas que intervêm em contratos de reabilitação urbana*) quando se trate de operações de reabilitação urbana sistemáticas com unidades de execução ou de intervenção delimitadas.

Unidades de execução versus unidades de intervenção

a) Antes de mais, para efeitos da execução das operações de reabilitação urbana, a lei admite que sejam delimitadas, nas áreas de reabilitação urbana e para a concretização de operações de reabilitação urbana sistemática, *unidades de intervenção* (no caso de a área ter sido delimitada por instrumento próprio) e *unidades de execução* (no caso de ter sido delimitada por intermédio de plano de pormenor), remetendo-se, quando a estas, para o disposto no RJIGT.[39]

Uma leitura atenta do disposto no artigo 34.° do RJRU permite concluir por uma *tendencial equiparação* entre estas duas realidades, quer quanto à *definição* que delas é feita (cfr. n.° 1 do artigo 120.° do RJIGT e n.° 2 do artigo 34.° do RJRU) quer quanto aos *objectivos* que com a sua delimitação se visam alcançar (cfr. n.° 2 do artigo 120.° do RJIGT e n.° 4 do artigo 34.° do RJRU) quer no que concerne à possibilidade de no seu seio funcionarem *mecanismos de perequação de benefícios e encargos* decorrentes da operação de reabilitação urbana quer, por fim, quanto às *consequências* que delas decorre em matéria de modalidades de execução a utilizar (nos termos do n.° 5 do artigo 11.° do RJRU a execução através de parcerias com entidades privadas só pode ser adoptada no âmbito de operações de reabilitação urbana sistemática e de unidades de intervenção ou de execução).

Pelo facto, porém, de as unidades de intervenção encontrarem a sua regulamentação específica no âmbito do RJRU e as unidades de execução no RJIGT, é possível apontar algumas diferenças.

Assim, nos termos do RJIGT as unidades de execução são unidades para um *projecto unitário* (intervenção urbanística – n.° 1 do artigo 120.°), enquanto as unidades de intervenção pressupõem a inclusão de um *programa de execução* o qual, nos termos do n.° 5 do artigo 34.° do RJRU, deve, nomeadamente, explicar sumariamente os fundamentos subjacentes à ponderação dos diversos interesses públicos e privados relevantes; identificar os edifícios a reabilitar, o seu estado de conservação e a extensão das intervenções neles previstas; identificar os respectivos proprietários e

---

[39] Nas situações em que a previsão das unidades de intervenção conste já do programa estratégico de reabilitação urbana, a sua delimitação é da competência da entidade gestora; nos demais casos esta delimitação é da competência da câmara municipal sob proposta da entidade gestora, se esta for distinta do município. No caso de unidades de execução, sendo aplicável o disposto no RJIGT (n.° 1 do artigo 34.°), a sua delimitação, esteja prevista ou não nos instrumentos estratégicos (estratégia ou programa estratégico da reabilitação urbana), é sempre da câmara municipal.

Programação e execução das operações... 145

titulares de outros direitos, ónus e encargos, ou mencionar, se for o caso, que os mesmos são desconhecidos; definir e calendarizar as várias acções de reabilitação urbana a adoptar no âmbito da unidade de intervenção, distinguindo, nomeadamente, as que têm por objecto os edifícios, as infra-estruturas urbanas, os equipamentos, os espaços urbanos e verdes de utilização colectiva e as actividades económicas; concretizar o financiamento da operação de reabilitação urbana no âmbito da unidade de execução; e especificar o regime de execução da operação de reabilitação urbana a utilizar na unidade de intervenção.

Por sua vez, as unidades de intervenção reguladas no RJRU encontram-se associadas a *modalidades de execução* – execução por iniciativa dos particulares (a qual pode assumir a modalidade de execução pelos parti-culares com apoio da entidade gestora ou de administração conjunta) e execução por iniciativa das entidades gestoras (que pode assumir a modalidade de execução directa pela entidades gestora, administração conjunta ou por recurso a parcerias com entidades privadas que podem, por seu turno, assumir a configuração do contrato de concessão de reabilitação ou contrato de reabilitação urbana).[40]

<small>Modalidades de execução</small>

	Programação	Execução propriamente dita	Controlo da programação e da execução
Iniciativa dos particulares	Municipal	Particulares (com apoio da entidade gestora)	Entidade gestora
↓ Administração conjunta ↑	Municipal	Particulares conjuntamente com a entidade gestora (dependente de decreto regulamentar)	Entidade gestora
Iniciativa das entidades gestoras	Municipal	- Execução directa - Parceria com entidades privadas[1]	Entidade gestora

---

[40] Não obstante a referência ao critério da *iniciativa* para diferenciar as modalidades de execução, o que está em causa não é propriamente a identificação da entidade a quem cabe o início da reabilitação urbana (esta é sempre pública, desencadeada por intermédio da delimitação de uma área de reabilitação urbana), mas da entidade a quem compete a concretização das operações ou intervenções de execução.

Por sua vez, parece denotar-se uma correspondência entre as modalidades de execução e os tipos de operação de reabilitação urbana a concretizar: às operações de reabilitação urbana simples corresponde a modalidade de execução de iniciativa privada (artigo 29.º e 39.º) e às operações de reabilitação urbana sistemáticas a modalidade de execução de iniciativa das entidades gestoras (artigo 31.º).

[41] O funcionamento desta modalidade de execução pressupõe, necessariamente, a delimitação de unidades de intervenção ou de execução.

Já as unidades de execução do RJIGT surgem como instrumentos para a *execução sistemática dos planos* (que se opõe a uma execução casuística destes, através do licenciamento ou admissão de comunicações prévias caso a caso de acordo com a ordem de prioridades dos interessados), isto é, encontram-se associadas a um dos três sistemas de execução identificados neste diploma (sistema de compensação, de cooperação e de imposição administrativa)[42] que assentam nas seguintes diferenças essenciais:

	Iniciativa	Programação	Execução propriamente dita	Controlo da programação e da execução
Sistema de compensação	Particulares	Particulares	Particulares	Administração
Sistema de cooperação	Administração	Administração	Administração e/ou particulares	Administração
Sistema de imposição administrativa	Administração	Administração	Administração (directamente ou por intermédio de concessionário)	Administração

O legislador procedeu a uma remissão directa das unidades de execução dos planos de pormenor de reabilitação urbana para o RJIGT, sem ter articulado os sistemas de execução deste diploma com as modalidades de execução do RJRU, embora tenha determinado que o regime do RJIGT

---

[42] A opção por cada um destes sistemas encontra-se associada à ordem de prioridades do município. Assim, deve a câmara optar pelo *sistema de imposição administrativa* para aquelas intervenções que assumam uma *prioridade absoluta* (embora esta opção não deva fechar as portas à possibilidade de se poder promover a execução da intervenção urbanística pelos interessados no caso de os mesmos assim o pretenderem, optando-se, nestes casos, por um sistema de compensação ou, pelo menos, de cooperação). Tratando-se, por sua vez, de *intervenções desejáveis*, o sistema a adoptar deverá ser, tendencialmente, o da *cooperação* (disponibilizando-se a administração para substituir os proprietários que se não queiram associar). No caso das intervenções apenas *admissíveis*, mas que, na óptica do município, apenas devam ser realizadas em determinadas condições, o sistema a adoptar deverá ser o da compensação, não se disponibilizando o ente autárquico para substituir qualquer proprietário. Tal significa que o licenciamento da intervenção urbanística deverá ficar condicionado à associação entre a totalidade dos proprietários, que, a acontecer, obrigará a soluções de conjunto e determinará a obrigatoriedade de estes arcarem com os custos de infra-estruturação da intervenção urbanística a realizar na unidade de execução. Caso tal associação não se alcance (o que será frequente), evita-se o surgimento de intervenções não desejáveis.

a este propósito tem as *especificidades introduzidas pelo Decreto-Lei n.º 307/2009* (cfr. parte final do n.º 1 do artigo 34.º). De onde decorre que, embora a uma primeira vista o legislador pareça apontar para dois regimes consoante se esteja perante *unidades de execução* (a que se aplica o RJIGT, por estar em causa a execução de um plano) ou unidades de intervenção (reguladas no RJRU), o regime não deve ser diferente, havendo toda a vantagem que os regimes destas duas *unidades*, porque visam os mesmos objectivos de reabilitação urbana, tenham um regime comum.

Assim, tratando-se de um plano de pormenor de reabilitação urbana, nas unidades de execução nele previstas ou que a partir dele venham a ser delimitadas devem funcionar não os sistemas de execução previstos no RJIGT, mas as modalidades de execução referidas no RJRU, podendo fazer-se as seguintes correspondências:

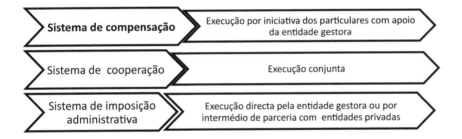

Mais, também as unidades de execução dos planos de pormenor de reabilitação urbana devem ter um *programa de execução*, definido nos termos do n.º 5 do artigo 34.º.

b) Incidindo agora a nossa atenção concretamente sobre os instrumentos de execução das operações de reabilitação urbana, sistematizá-los-emos, para efeitos da presente reflexão, distinguindo consoante esteja em causa a realização de operações urbanísticas sujeitas ao Regime Jurídico de Urbanização e Edificação (uma vez que as operações de reabilitação urbana, sejam simples ou sistemáticas, se traduzem numa multiplicidade de operações urbanísticas que ficam sujeitas a este regime jurídico) ou a mobilização de instrumentos de política dos solos.

A referência a cada um destes dois grupos de instrumentos de execução será aqui feita de forma necessariamente sumária, já que um seu

148   *Fernanda Paula Oliveira*

tratamento mais exaustivo vai muito para além dos objectivos do presente texto.

Os instrumentos de execução do RJUE

α) No que concerne aos instrumentos de execução do RJUE estão em causa os procedimentos de *controlo preventivo de operações urbanísticas* [licenciamentos, admissão de comunicações prévias e autorizações de utilização (artigo 45.°)], os procedimentos de *controlo sucessivos* destas operações [inspecções e vistorias de fiscalização (artigo 46.°)]; as *medidas de tutela de legalidade* (artigo 47.°); e a *cobrança de taxas urbanísticas* (artigo 48.°).[43] O regime aplicável no caso de operações de reabilitação urbana é o constante daquele regime jurídico, embora com algumas especificidades explicáveis pelos objectivos que com a reabilitação urbana se pretende alcançar.

Chamam-se aqui a atenção para as mais importantes.

Em primeiro lugar é acrescentada à lista das isenções subjectivas de controlo preventivo (licenças, comunicações prévias e autorizações) constantes do artigo 7.° do RJUE, as operações urbanísticas promovidas pela entidade gestora que se reconduzam à execução da operação de reabilitação urbana, independentemente do tipo de operação de reabilitação urbana (isto no caso de a entidade gestora não ser o município, caso contrário já estaria abrangido pela referida isenção) – cfr. artigo 49.°, n.° 1. Neste caso, porém, ao contrário do que decorre do n.° 2 artigo 7.° – em que estas operação ficam sujeitas a parecer prévio não vinculativo da câmara municipal –, as operações urbanísticas destas entidades apenas estão sujeitas a um mero *dever de informação do início dos trabalhos* (n.° 2 do artigo 49.°).

Também no domínio da consulta às entidades externas ao município nos procedimentos de licenciamento ou de comunicação prévia, pode ser estabelecido um regime especial já que a entidade gestora pode optar por constituir uma *comissão de apreciação*, cujo funcionamento é similar ao

---

[43] O importante deste regime é a admissibilidade expressa da delegação de alguns destes poderes nas entidades gestoras quando estas não sejam o município. Chama-se aqui particular atenção para a possibilidade de delegação, ao contrário do que resultava do regime jurídico anterior, da competência para cobrar as taxas e receber as compensações previstas em regulamento municipal. Supera-se, assim, a dificuldade que resultava do anterior regime, de as sociedades de reabilitação urbana terem a competência para os procedimentos de controlo preventivo das operações urbanísticas, mas já não o correspectivo poder de cobrar e receber taxas e compensações.

de uma conferência de serviços de todas as entidades que se devam pronunciar sobre os pedidos formulados, substituindo o regime previsto nos artigos 13.º a 13.º-B do RJUE (cfr. artigo 50.º). Ainda em matéria de pareceres, sempre que as operações de reabilitação urbana ocorram em áreas para as quais tenha sido elaborado um plano de pormenor de reabilitação urbana, dispensa-se, para efeitos de licenciamento ou comunicação prévia das respectivas operações urbanística, a consulta das entidades que, no âmbito da conferência de serviços realizada no procedimento de elaboração do plano, se tenham pronunciado favoravelmente ao seu projecto ou as suas propostas nele tenham tido acolhimento. Nas situações em que o plano de pormenor de reabilitação urbana em vigor integre um plano de pormenor de salvaguarda, haverá idêntica dispensa quanto ao parecer prévio da administração do património cultural (cfr. n.º 4 do artigo 28.º do RJRU e n.º 2 do artigo 54.º da Lei n.º 107/2001, de 8 de Setembro), a não ser que o próprio plano preveja expressamente – identificando em planta de localização as respectivas áreas de incidência – a necessidade de emissão deste parecer (n.º 5 do artigo 28.º do RJRU).

Em todo o caso, tratando-se de demolição total ou parcial de património cultural imóvel classificado ou em vias de classificação, terá necessariamente de ser emanada uma prévia e expressa autorização da administração do património cultural competente, aplicando-se as regras constantes do artigo 49.º da Lei n.º 107/2001 (cfr. n.º 6 do artigo 28.º do RJRU).

Prevê-se ainda a possibilidade de os municípios, no seus regulamentos municipais, criarem um regime especial de taxas urbanísticas com vista a incentivar a realização das operações urbanísticas que integrem operações de reabilitação urbana e/ou a incentivar a instalação, dinamização e modernização de actividades económicas, com aplicação restrita a acções enquadradas em operações de reabilitação urbana sistemática.

Do mesmo modo, pode ainda ser estabelecido, em regulamento municipal, um regime especial de cálculo das compensações devidas ao município pelo não cumprimento dos parâmetros para a previsão de infra-estruturas urbanas, equipamentos e espaços verdes de utilização colectiva em operações de loteamento, operações com impacte semelhante a um loteamento e operações com impacte urbanístico relevante, não cumprimento esse que se justifica frequentemente, dada a especial situação de consolidação urbanística de grande parte das áreas de reabilitação urbana, que não permite dar cumprimento aos parâmetros regulamentares fixados para as situações correntes.

É ainda criado um regime especial de protecção do existente comparativamente com o que consta do artigo 60.º do RJUE, uma vez que se admite um desvio à regra do *tempus regit actum* não apenas em relação a obras de alteração e de reconstrução, mas também relativamente a *obras de ampliação* e, ainda, de uma forma que nos parece excessiva, por dificilmente se poder falar, nestes casos, em garantia do existente, em relação a *obras de construção que visem substituir edifícios previamente existentes* (artigo 51.º).[44]

Refira-se, por fim, o alargamento dos motivos de indeferimento de licenças e de rejeição de comunicações prévias por forma a integrar o *prejuízo manifesto à reabilitação do edifício* (no caso de operações de reabilitação urbana simples) ou ao prejuízo para a reabilitação urbana da área em que se insere (no caso de operação de reabilitação sistemática), embora a amplitude da margem de apreciação (de discricionariedade) que este motivo de indeferimento integra seja, como referimos, pouco compaginável com a configuração actual das comunicações prévias.

Execução por intermédio de instrumentos de política urbanística

β) No que concerne aos instrumentos de política urbanística, o RJRU enumera a imposição da obrigação de reabilitar e obras coercivas; a empreitada única; a demolição de edifícios; o direito de preferência, o arrendamento forçado; a constituição de servidões; a expropriação; a venda forçada e a reestruturação da propriedade (apenas podendo os quatro últimos ser mobilizados quando estejam em causa operações de reabilitação urbana sistemática.

Vejamos, sucintamente cada um deles.

---

[44] Nestes casos consideramos muito importante a necessidade de uma fundamentação acrescida a qual se deve basear, em cada caso, na identificação das normas não cumpridas e no prejuízo que resulta do seu cumprimento para o respectivo promotor. A permissão de realização de uma nova obra em incumprimento de normas legais e regulamentares aplicáveis terá de se basear sempre não apenas no facto de a nova edificação traduzir uma melhoria das condições de desempenho, segurança funcional, estrutural e construtiva da edificação – o que em regra ocorrerá sempre – mas, principalmente, na demonstração de que na ponderação entre a desconformidade criada ou agravada com essas obras (prejuízo para o interesse público) e o sacrifício que o seu cumprimento acarreta para o interessado (prejuízo para os interesses privados), este seja manifestamente superior.

i) Imposição da obrigação de reabilitar, obras coercivas e arrendamento forçado

Nos termos do disposto no artigo 55.°, a entidade gestora pode impor ao proprietário a obrigação de reabilitação do edifício ou fracção, impondo um prazo para a conclusão das obras ou trabalhos necessários à restituição das características de desempenho e segurança funcional, estrutural e construtiva, do edifício. Em caso de incumprimento, pode a entidade gestora tomar posse administrativa dos edifícios ou fracções para a execução daquelas obras em substituição, aplicando-se o disposto nos artigos 107.° e 108.° RJUE.

Em caso de operações de reabilitação urbana sistemática a entidade gestora pode, em alternativa às obras coercivas, recorrer aos regimes de expropriação ou de venda forçada previstos nos artigos 61.° e 62.°, cumpridos que sejam os princípios fundamentais que regem a utilização destes instrumentos impositivos (designadamente o da necessidade e da proporcionalidade em sentido estrito).

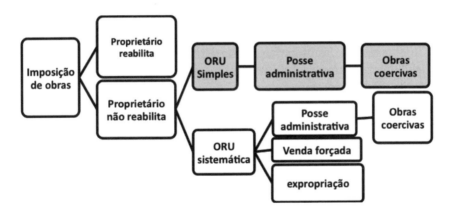

Terminada a obra pela entidade gestora no caso de incumprimento das obras impostas coercivamente ao proprietário, se este, no prazo máximo de quatro meses, não proceder ao ressarcimento integral das despesas incorridas pela entidade gestora, ou não der de arrendamento o edifício ou fracção por um prazo mínimo de cinco anos, afectando as rendas ao ressarcimento daquelas despesas, pode a entidade gestora arrendá-lo, mediante concurso público, igualmente por um prazo de cinco anos, renovável nos termos do artigo 1096.º do Código Civil.

O proprietário tem, contudo, o direito de se opor à celebração deste contrato de arrendamento forçado, requerendo a venda forçada ou a expropriação do edifício ou fracção em causa, deduzindo-se à quantia a entregar ao proprietário o valor das despesas com as obras realizadas. Neste caso, ao contrário do que parece decorrer da lei, a venda forçada e a expropriação são utilizadas ainda que apenas esteja em causa uma operação de reabilitação urbana simples.[45]

ii) Empreitada única

Havendo acordo dos proprietários, a entidade gestora, em representação destes, pode contratar e gerir uma empreitada única para promover a reabilitação de um conjunto de edifícios, a qual pode incluir a elaboração do projecto e a sua execução (podendo constituir parte de um contrato de reabilitação).

Se os proprietários se opuserem à representação pela entidade gestora, devem contratar com ela as obrigações a que ficam adstritos no processo de reabilitação urbana, designadamente quanto à fixação de prazos para efeitos de licenciamento ou comunicação prévia e para execução das

---

[45] É correspondentemente aplicável à relação entre os titulares dos contratos de arrendamento e a entidade gestora, o disposto no artigo 18.º do Decreto-Lei n.º 157/2006, de 8 de Agosto.

Programação e execução das operações...

obras, aplicando-se quanto a estas o disposto antes quanto à *imposição da obrigação de reabilitar, obras coercivas e arrendamento forçado.*

iii) Ordem de demolição

A entidade gestora pode ordenar a demolição dos edifícios a que faltem os requisitos de segurança e salubridade indispensáveis ao fim a que se destinam e cuja reabilitação seja técnica ou economicamente inviável, aplicando-se, nestes casos, com as necessárias adaptações, o regime estabelecido nos artigos 89.° a 92.° do RJUE (vistorias, deliberações e notificações).

Estando em causa património cultural imóvel classificado ou em vias de classificação, é necessária a prévia autorização da administração do património cultural competente (aplicando-se com as devidas adaptações, o artigo 49.° da Lei n.° 107/2001). No caso de imóvel arrendado, aplica-se o disposto no Decreto-Lei n.° 157/2006, de 8 de Agosto).

iv) Direito de preferência

A entidade gestora tem direito de preferência nas transmissões a título oneroso, entre particulares, de imóveis situados em área de reabilitação urbana, que devam ser objecto de intervenção no âmbito da operação (a qual não prevalece sobre a preferência prevista no n.° 1 do artigo 37.° da Lei n.° 107/2001 no caso de património cultural imóvel classificado ou em vias de classificação ou de imóveis localizados nas respectivas zonas de protecção). Aplica-se a esta preferência o disposto no artigo 126.° do RJIGT, podendo esta ser exercida com a declaração de não-aceitação do preço convencionado (cfr. n.° 4 do artigo 58.° e n.°s 3 e 4 do artigo 126.° do RJIGT)

Na declaração de preferência deve ser discriminado, nomeadamente, a intervenção de que o imóvel carece e o prazo dentro do qual se pretende executá-la.

Exercido o direito de preferência, primeiro o vendedor e depois o comprador, têm direito de reversão do bem quando não seja promovida a intervenção constante da declaração de preferência, e preferência na primeira alienação do bem.

v) Expropriações

A expropriação de edifícios e fracções pode ser desencadeada.
* Quando estes sejam necessários para operações de reabilitação urbana (n.° 1 do artigo 61.°)
* Por incumprimento pelos proprietários dos seus deveres de reabilitação (n.° 2 do artigo 61.°);
* A requerimento do proprietário no caso de se opor ao arrendamento forçado (artigo 59.°, n.° 2).[46]

Nestes casos aplica-se o disposto no Código das Expropriações, com as seguintes especificações:
* A competência para a resolução de expropriar é da entidade gestora[47];
* A competência para a declaração por utilidade pública é da câmara municipal ou do órgão executivo da entidade gestora, se tiverem sido nela delegados estes poderes.[48]
* A expropriação tem sempre carácter urgente.

No caso de a expropriação se destinar a permitir a reabilitação de imóveis para a sua colocação no mercado, os expropriados têm direito de preferência sobre a alienação dos mesmos, ainda que não haja perfeita identidade entre o imóvel expropriado e o imóvel colocado no mercado. Nestes casos, havendo mais do que um expropriado a querer exercer a preferência, abre-se licitação entre eles, revertendo a diferença entre o preço inicial e o preço final para os expropriados, na proporção das respectivas indemnizações.

---

[46] Esta é uma das poucas situações existentes no nosso ordenamento jurídico em que o procedimento expropriativo pode ser desencadeado a requerimento dos proprietários.

[47] O que comprova que o que está em causa no artigo 32.° do RJRU não é a declaração de utilidade pública – já que, se assim fosse, não faria sentido haver uma resolução de expropriar, que deve ocorrer em momento anterior àquela declaração.

[48] Há aqui um claro desvio às regras de competência constantes do artigo 14.° do Código das Expropriações.

vi) Servidões

Nos termos do artigo 60.° podem ser constituídas servidões administrativas necessárias à reinstalação e funcionamento das actividades localizadas nas zonas de intervenção, aplicando-se, com as necessárias adaptações o procedimento expropriativo, ou seja:

- É necessária a prática de um acto administrativo de individualização da servidão mesmo que em causa esteja uma servidão imposta por lei ou por um regulamento administrativo.
- É obrigatório o seu averbamento no registo predial
- Há lugar ao pagamento de indemnização nos termos do artigo 8.° do Código das Expropriações.

vii) Venda forçada

Inovadora é a previsão do mecanismo da venda forçada de imóveis, que obriga os proprietários que não realizem as obras e trabalhos ordenados, à sua alienação em hasta pública, permitindo assim a sua substituição por outros que, sem prejuízo da sua utilidade particular, estejam na disponibilidade de realizar a função social da propriedade, no caso, reabilitando o edifício.

O procedimento de venda forçada é conformado de forma próxima ao da expropriação, consagrando-se as garantias equivalentes às previstas no Código das Expropriações e garantindo-se o pagamento ao proprietário de um valor nunca inferior ao de uma justa indemnização (cfr. preâmbulo do Decreto-Lei n.° 307/2009).

O procedimento da venda forçada apresenta-se como complexo, com várias vias possíveis, mas podendo, no final, determinar a necessidade da entidade gestora *expropriar o bem* ou *pagar a diferença* entre o valor do bem determinado na hasta pública (valor da arrematação) e aquele que venha a ser determinado nos termos do Código das Expropriações, no caso de o proprietário ter apresentado contraproposta de valor superior a esta e não chegue a acordo com a entidade gestora.

viii) Reestruturação da propriedade

Nos termos do artigo 64.º, a entidade gestora pode proceder à reestruturação da propriedade, expropriando por utilidade pública, ao abrigo do artigo 61.º.

- *as faixas adjacentes contínuas, com a profundidade* prevista nos planos municipais de ordenamento do território, destinadas a edificações e suas dependências, nos casos de abertura, alargamento ou regularização de ruas, praças, jardins e outros lugares públicos;
- *os terrenos que, após as obras que justifiquem o seu* aproveitamento urbano, não sejam assim aproveitados, sem motivo legítimo, no prazo de 12 meses a contar da notificação que, para esse fim, seja feita ao respectivo proprietário;
- *os terrenos destinados a construção adjacentes a vias* públicas de aglomerados urbanos quando os proprietários, notificados para os aproveitarem em edificações, o não fizerem, sem motivo legítimo, no prazo de 12 meses a contar da notificação;
- *os prédios urbanos que devam ser reconstruídos* ou remodelados, em razão das suas pequenas dimensões, posição fora do alinhamento ou más condições de salubridade, segurança ou estética, quando o proprietário não der cumprimento, sem motivo legítimo, no prazo de 12 meses, à notificação que, para esse fim, lhes seja feita.

Os prazos referidos ficam suspensos com o início do procedimento de licenciamento ou de comunicação prévia, sempre que estes procedimentos sejam aplicáveis, cessando a suspensão caso a realização da operação urbanística não seja licenciada ou admitida.

Nos procedimentos de reestruturação da propriedade que abranjam mais que um edifício ou que um terreno, o procedimento de expropriação deve ser precedido da apresentação aos proprietários de uma proposta de acordo para estruturação da compropriedade sobre o ou os edifícios que substituírem os existentes, bem como de, relativamente aos bens a expropriar que revertam para o domínio público, uma proposta de aquisição por via do direito privado, sem prejuízo do seu carácter urgente.

Programação e execução das operações...

ix) Outros instrumentos

Para além dos instrumentos sumariamente referidos, o RJRU prevê ainda a possibilidade de determinação do nível de conservação dos prédios urbanos (artigo 65.°), a identificação de prédios ou fracções devolutos (artigo 66.°) e a constituição de fundos de compensação sempre que sejam adoptados mecanismos de perequação compensatória no âmbito das operações de reabilitação urbana, os quais têm como objectivo receber e pagar as compensações devidas pela aplicação daqueles mecanismos (artigo 68.°).

4. Conclusão

Uma leitura atenta do Regime Jurídico da Reabilitação Urbana permite concluir que a *programação das operações de reabilitação urbana* se concretiza num conjunto de decisões interdependentes, que se condicionam entre si: a opção pelo tipo de reabilitação urbana (simples ou sistemática) *está dependente* e *condiciona* a área de reabilitação a delimitar bem como a estratégia que tenha de ser definida, embora esta estratégia condicione grandemente o tipo de operação a determinar. A opção pela delimitação de uma área de reabilitação urbana por intermédio de plano de pormenor de reabilitação urbana ou em "instrumento próprio" condiciona aquelas opções e a previsão ou existência, nestas áreas, de unidades de execução ou de intervenção, consoante o caso, influencia decisivamente as modalidades de execução a mobilizar, estando os instrumentos de execução, por sua vez, dependentes do tipo de operação de reabilitação urbana que tiver sido decidida.

O caminho terá, pois, *"de se fazer caminhando"*: mais fácil do que explicitar todo o regime, com as suas várias alternativas de concretização, será tomar, caso a caso, consoante a situação concreta, cada uma daquelas decisões, as quais, consoante forem sendo adoptadas, vão "abrindo algumas portas e fechando outras".

Uma coisa é certa: a reabilitação urbana integra agora a gestão urbanística corrente do território, sendo necessário que a sua lógica seja devidamente assumida pelas várias entidades. De regime excepcional, o Decreto-Lei n.° 307/2009 passou a integrar uma das formas normais de actuação dos municípios e de gestão urbanística destes, embora esteja aqui

> A reabilitação urbana como gestão urbanística corrente

pressuposta uma nova forma de gestão urbanística: programada e coordenada (comandada) pelos órgãos municipais. Esta passa por distinguir os instrumentos de gestão em função das características das áreas. Assim:

- nas *zonas urbanizadas* (bem) *consolidadas*, a gestão urbanística processar-se-á preferentemente por intermédio de operações urbanísticas realizadas nos termos do RJUE;
- *nas zonas urbanizadas a consolidar* (colmatar) a gestão deve ser operada por intermédio da prévia delimitação de unidades de execução nos termos do RJIGT, quando se justifique que as intervenções sejam suportadas por uma solução integrada de conjunto (v.g. quando existe um espaço vazio no meio da cidade que deve ser preenchida por um projecto conjunto);
- nas *zonas urbanizadas* (mal ou deficientemente) *consolidadas* (designadamente degradadas) ou nas *zonas urbanizadas a renovar*, a gestão é feita por intermédio de áreas de reabilitação urbana nos termos do RJRU, as quais podem abranger em parte zonas de colmatação;
- nas *zonas de urbanização programada* (zonas urbanizáveis), a gestão operará por intermédio de unidades de execução a delimitar pelo município nos termos do RJIGT, a não ser que estejam em causa parcelas situadas em contiguidade com a zona urbanizada ou com áreas que tenham adquirido características semelhantes àquela através de acções de urbanização ou edificação, onde a gestão pode ser feita por intermédio de operações urbanísticas avulsas nos termos do RJUE, desde que o município considere que as soluções propostas asseguram uma correcta articulação formal e funcional com a zona urbanizada e não prejudicam o ordenamento urbanístico da área envolvente.

A reabilitação urbana apresenta-se assim como uma das formas (normais) de gestão urbanística dos municípios. Necessário é que assim seja assumida por estes.

PROGRAMAÇÃO E EXECUÇÃO DAS OPERAÇÕES DE REABILITAÇÃO URBANA: PERSPECTIVA TÉCNICA

João Paulo Craveiro
(Coimbra Viva SRU)

Em Outubro de 2009 foi publicado o Dec. Lei n.º 307/09, que estabeleceu o "Novo Regime Jurídico da Reabilitação Urbana" o qual entrou em vigor em 26 de Dezembro, tendo sido revogado o Dec. Lei n.º 104/2004 de 7 de Maio.

Pretende-se neste texto, abordar o novo regime jurídico, na perspectiva de quem o vai aplicar, quer seja Município, quer seja Sociedade de Reabilitação Urbana. Após várias considerações iniciais sobre o novo regime que pretendem dar a conhecer os seus princípios gerais, a partir do ponto 4 será seguida uma linha de continuidade que, em princípio, será aquela que os seus utilizadores seguirão para o levar à prática.

1. Linhas de força da reforma

As principais linhas de força da reforma são as seguintes (prólogo do Dec. Lei):

– "Articular o dever de reabilitação dos edifícios que incumbe aos privados com a responsabilidade pública de qualificar e modernizar o espaço, os equipamentos e as infra-estruturas das áreas urbanas a reabilitar". Os proprietários continuam assim a ser os primeiros responsáveis pela reabilitação dos seus prédios, enquanto as autoridades públicas cuidarão dos espaços públicos com vista à sua qualificação e modernização.

- "Garantir a complementaridade e coordenação entre os diversos actores, concentrando recursos em operações integradas de reabilitação nas áreas de reabilitação urbana, cuja delimitação incumbe aos municípios e nas quais se intensificam os apoios fiscais e financeiros"
- "Diversificar os modelos de gestão das intervenções de reabilitação urbana, abrindo novas possibilidades de intervenção dos proprietários e outros parceiros privados"
- "Desenvolver novos instrumentos que permitam equilibrar os direitos dos proprietários com a necessidade de remover os obstáculos à reabilitação associados à estrutura de propriedade nestas áreas"

2. Objectivo

"Concentrar a disciplina das áreas de intervenção das sociedades de reabilitação urbana (SRU) contida no Decreto-Lei n.º 104/2004, de 7 de Maio, e a figura das áreas críticas de recuperação e reconversão urbanística (ACRRU), prevista e regulada no capítulo XI da Lei dos Solos, aprovada pelo Decreto-Lei n.º 794/76, de 5 de Novembro". Aquelas figuras contidas na legislação revogada pelo presente Dec. Lei são abandonadas, procedendo-se à definição da nova figura de "área de reabilitação urbana" que passa a agregar, quer as áreas de intervenção de reabilitação urbana das SRU e concomitantemente das respectivas "unidades de intervenção", quer as "ACRRU" que têm um prazo de dois anos para ser convertidas em áreas de reabilitação urbana.

3. Dois conceitos fundamentais

O novo regime baseia-se em dois conceitos fundamentais:

- Temos em primeiro lugar a «área de reabilitação urbana» – cuja delimitação pelo município tem como efeito determinar a parcela territorial que justifica uma intervenção integrada

Programação e execução das operações... 161

– Para a área de reabilitação urbana vai definir-se uma «operação de reabilitação urbana» – que corresponde à estruturação concreta das intervenções a efectuar no seu interior e que é função do grau de intervenção pretendido

4. Os passos da reabilitação urbana

4.1. *Delimitação de área de reabilitação urbana (ARU)*

A delimitação de área de reabilitação urbana é feita pelo Município:

- Através de **instrumento próprio**, precedida de parecer do Instituto da Habitação e da Reabilitação Urbana,
ou
- Por via da aprovação de um **plano de pormenor de reabilitação urbana**, correspondendo à respectiva área de intervenção

A delimitação de ARU através de **Instrumento Próprio** é da competência da assembleia municipal, sob proposta da câmara municipal

– A câmara municipal pode encarregar, por exemplo, uma sociedade de reabilitação urbana da preparação do projecto de delimitação das áreas de reabilitação urbana, estabelecendo os respectivos objectivos e os prazos para a conclusão dos trabalhos

– O projecto de delimitação da área de reabilitação urbana e da respectiva estratégia de reabilitação urbana ou do respectivo programa estratégico de reabilitação urbana são submetidos à apreciação do Instituto da Habitação e da Reabilitação Urbana, I. P., que dispõe do prazo de 20 dias para emitir parecer, findo o qual se considera nada ter a opor

– Após a **ponderação** do parecer do Instituto da Habitação e da Reabilitação Urbana, o projecto de delimitação da área de reabilitação urbana e da respectiva estratégia de reabilitação urbana ou do programa estratégico de reabilitação urbana são submetidos a **discussão pública**

– O acto de aprovação da delimitação da área de reabilitação urbana é publicitado através de aviso publicado na 2.ª série do Diário da República, em jornal de circulação local ou nacional e na página electrónica do município

No caso de o Município optar por **Plano de Pormenor de Reabilitação Urbana**, a sua aprovação habilita a dispensa de audição das entidades públicas a consultar no âmbito dos procedimentos de controlo prévio das operações urbanísticas na área de intervenção do plano sempre que aquelas entidades hajam dado parecer favorável ao mesmo. As razões da opção pelo Plano de Pormenor de Reabilitação Urbana não são explicitadas no diploma. No entanto, não se andará muito longe da verdade se se disser que estarão ligadas a uma desadequação do PDM ou Plano de Urbanização aos objectivos a atingir com a operação de reabilitação urbana. A outra vantagem do PPRU sobre o Instrumento próprio prende-se com a simplificação dos procedimentos de licenciamento e comunicação prévia das operações urbanísticas que permite. O tempo habitual de aprovação dos planos de pormenor será o óbice dessa alternativa.

A aprovação de uma ARU tem efeitos, quer para a entidade gestora, quer para o município, quer ainda para os proprietários (Art. 17.º). Obriga desde logo a entidade gestora a promover a operação de reabilitação urbana, enquanto o município deverá definir benefícios fiscais em sede de IMI e de IMT. Já os proprietários acedem aos benefícios fiscais e financeiros à reabilitação urbana que venham a ser definidos. De notar que, sempre que se opte por uma operação de reabilitação urbana sistemática, tem ainda como imediata consequência a declaração de utilidade pública da expropriação ou da venda forçada dos imóveis existentes ou, bem assim, da constituição de servidões.

Salienta-se ainda que, a cada área de reabilitação urbana corresponde uma operação de reabilitação urbana e que a esta delimitação é associada a exigência da determinação dos objectivos e da estratégia da intervenção, sendo este também o momento da definição do tipo de operação de reabilitação urbana a realizar e da escolha da entidade gestora.

4.2. *Escolha do tipo de Operação de Reabilitação Urbana*

Há dois tipos de Operação de Reabilitação Urbana:

– **«operação de reabilitação urbana simples»** – consiste numa intervenção integrada de reabilitação urbana de uma área, dirigindo-se primacialmente à reabilitação do edificado, num quadro articulado de coordenação e apoio da respectiva execução. Neste tipo de operação o Município deverá elaborar a chamada **Estratégia de reabilitação urbana**
– **«operação de reabilitação urbana sistemática»** – consiste numa intervenção integrada de reabilitação urbana de uma área, dirigida à reabilitação do edificado e à qualificação das infra-estruturas, dos equipamentos e dos espaços verdes e urbanos de utilização colectiva, visando a requalificação e revitalização do tecido urbano, associada a um programa de investimento público. Caso opte pela reabilitação urbana sistemática, o Município deverá elaborar um **Programa estratégico de reabilitação urbana.**
Neste caso de **operação de reabilitação urbana sistemática** em áreas de reabilitação urbana que correspondem à área de intervenção de plano de pormenor de reabilitação urbana podem ser delimitadas unidades de execução.
Também no âmbito das **operações de reabilitação urbana sistemática** em áreas de reabilitação urbana aprovadas em **instrumento próprio** podem ser delimitadas **unidades de intervenção** que consistem na fixação em planta cadastral dos limites físicos do espaço urbano a sujeitar a intervenção, com identificação de todos os prédios abrangidos, podendo corresponder à totalidade ou a parte de uma área de reabilitação urbana ou, em casos de particular interesse público, a um edifício.

4.3. *Escolha do modelo de execução das operações de reabilitação urbana*

Podem ser adoptados os seguintes modelos de execução das operações de reabilitação urbana:

- Por iniciativa dos particulares:
  - Execução pelos particulares com o apoio da entidade gestora
  - Administração conjunta
- Por iniciativa das entidades gestoras:
  - Execução directa pela entidade gestora
  - Execução através de administração conjunta
  - Execução através de parcerias com entidades privadas

Salienta-se que **as parcerias com entidades privadas** só podem ser adoptadas no âmbito de operações de reabilitação urbana sistemática, no âmbito de unidade de intervenção ou de execução e concretizam-se através de:

- Concessão da reabilitação
- Contrato de reabilitação urbana

4.4. **Escolha da entidade gestora das operações de reabilitação**

As entidades gestoras das operações de reabilitação urbana podem ser:

- O próprio **Município**
  ou
- Entidades do **sector empresarial local** existentes ou a criar
  ou
- As **sociedades de reabilitação urbana** criadas ao abrigo do Decreto-Lei n.° 104/2004, de 7 de Maio

Se as entidades gestoras de tipo empresarial tiverem por objecto social exclusivo a gestão de operações de reabilitação urbana, revestem a qualidade de sociedades de reabilitação urbana, admitindo-se, em casos excepcionais, a participação de capitais do Estado nestas empresas municipais

Cabe ao município, sempre que não promova directamente a gestão da operação de reabilitação urbana, determinar os poderes da entidade gestora, por via do instituto da delegação de poderes

Os actos de delegação de poderes devem acompanhar a estratégia de reabilitação urbana ou do programa estratégico de reabilitação urbana; sendo certo que se **presume**, caso a entidade gestora revista a qualidade de **sociedade de reabilitação urbana** e o município nada estabeleça em contrário, a delegação de determinados poderes na gestora:

- **Controlo prévio de operações urbanísticas**
- **Imposição da obrigação de reabilitar e obras coercivas**
- **Demolição de edifícios**
- **Direito de preferência**
- **Arrendamento forçado**

4.5. *Execução da reabilitação urbana*

Para a execução da reabilitação urbana, a entidade gestora de uma operação de reabilitação urbana sistemática pode celebrar **contratos de reabilitação urbana** com entidades públicas ou privadas, mediante os quais estas se obriguem a proceder à elaboração, coordenação e execução de projectos de reabilitação **numa ou em várias unidades de intervenção ou de execução**

A formação e a execução do contrato de reabilitação urbana regem--se pelo disposto no Código dos Contratos Públicos. O contrato de reabilitação urbana **pode** prever a **transferência para a entidade contratada dos direitos de comercialização dos imóveis reabilitados** e de **obtenção dos respectivos proventos**, bem como, nomeadamente, a aquisição do direito de propriedade ou a constituição do direito de superfície sobre os bens a reabilitar por esta, ou a atribuição de um mandato para a venda destes bens por conta da entidade gestora. O **Contrato de reabilitação urbana** deve regular, designadamente:

- A transferência para a entidade contratada da obrigação de aquisição dos prédios existentes na área em questão sempre que tal aquisição se possa fazer por via amigável
- A preparação dos processos expropriativos que se revelem necessários para aquisição da propriedade pela entidade gestora

- A repartição dos encargos decorrentes das indemnizações devidas pelas expropriações
- A obrigação de preparar os projectos de operações urbanísticas a submeter a controlo prévio, de os submeter a controlo prévio, de promover as operações urbanísticas compreendidas nas acções de reabilitação e de requerer as respectivas autorizações de utilização
- Os prazos em que as obrigações das partes devem ser cumpridas
- As contrapartidas a pagar pelas partes contratantes, que podem ser em espécie
- O cumprimento do dever, impendente sobre a entidade contratada, de procurar chegar a acordo com os proprietários interessados na reabilitação do respectivo edifício ou fracção sobre os termos da reabilitação dos mesmos, bem como a cessão da posição contratual da entidade gestora a favor da entidade contratada, no caso de aquela ter já chegado a acordo com os proprietários
- O dever de a entidade gestora ou da entidade contratada proceder ao realojamento temporário ou definitivo dos habitantes dos edifícios ou fracções a reabilitar
- As garantias de boa execução do contrato a prestar pela entidade contratada_

4.6. *Instrumentos de execução da reabilitação urbana*

Nas operações de reabilitação urbana **simples** a entidade gestora pode utilizar, os seguintes instrumentos de execução:

- **Imposição da obrigação de reabilitar e obras coercivas**
- **Empreitada única**
- **Demolição de edifícios**
- **Direito de preferência**
- **Arrendamento forçado**

Para além destes, nos casos de operações de reabilitação urbana **sistemática,** a entidade gestora pode ainda utilizar os seguintes instrumentos:

- **Servidões**
- **Expropriação**

* **Venda forçada**
* **Reestruturação da propriedade**

Salienta-se que, quando não seja o município a assumir directamente as funções de entidade gestora da área de reabilitação urbana, a entidade gestora apenas pode utilizar os instrumentos de execução cujos poderes hajam sido expressa ou tacitamente **delegados pelo município**, sem prejuízo de poder requerer directamente ao órgão municipal competente, quando tal se revele necessário, o exercício dos demais.

Descrição sumária dos diversos instrumentos:

OBRIGAÇÃO DE REABILITAR E OBRAS COERCIVAS

A entidade gestora pode impor ao proprietário de um edifício ou fracção a obrigação de o reabilitar, determinando a realização e o prazo para a conclusão das obras ou trabalhos necessários à restituição das suas características de desempenho e segurança funcional, estrutural e construtiva, de acordo com critérios de necessidade, adequação e proporcionalidade

EMPREITADA ÚNICA

A entidade gestora de uma operação de reabilitação urbana pode promover a reabilitação de um conjunto de edifícios através de uma empreitada única, nos termos da qual, salvo oposição dos proprietários, a entidade gestora, em representação daqueles, contrata e gere a empreitada única, a qual pode incluir a elaboração do projecto e a sua execução, podendo igualmente constituir parte de um contrato de reabilitação

DEMOLIÇÃO DE EDIFÍCIOS

A entidade gestora pode ordenar a demolição de edifícios aos quais faltem os requisitos de segurança e salubridade indispensáveis ao fim a que se destinam e cuja reabilitação seja técnica ou economicamente inviável

DIREITO DE PREFER NCIA

A entidade gestora tem preferência nas transmissões a título oneroso, entre particulares, de terrenos, edifícios ou fracções situados em área de reabilitação urbana

ARRENDAMENTO FORÇADO

Após a conclusão das obras realizadas pela entidade gestora, se o proprietário, no prazo máximo de quatro meses, não proceder ao ressarcimento integral das despesas incorridas pela entidade gestora, ou não der de arrendamento o edifício ou fracção por um prazo mínimo de cinco anos afectando as rendas ao ressarcimento daquelas despesas, pode a entidade gestora arrendá-lo, mediante concurso público, igualmente por um prazo de cinco anos, renovável.

SERVIDÕES

Podem ser constituídas as servidões administrativas necessárias à reinstalação e funcionamento das actividades localizadas nas zonas de intervenção

EXPROPRIAÇÃO

Na estrita medida em que tal seja necessário, adequado e proporcional, atendendo aos interesses públicos e privados em presença, os terrenos, os edifícios e as fracções que sejam necessários à execução da operação de reabilitação urbana podem ser expropriados

VENDA FORÇADA

Obriga os proprietários que não realizem as obras e trabalhos ordenados à sua alienação em hasta pública, permitindo assim a sua substituição por outros que, sem prejuízo da sua utilidade particular, estejam na disponibilidade de realizar a função social da propriedade

REESTRUTURAÇÃO DA PROPRIEDADE

A entidade gestora da operação de reabilitação urbana pode promover a reestruturação da propriedade de um ou mais imóveis, expropriando por utilidade pública da operação de reabilitação urbana

No âmbito do controlo das operações urbanísticas, deve salientar-se o estipulado no Art. 51.° referente à **protecção do existente**, importante em obras de reconstrução, alteração de edifício ou de ampliação.

4.7. *Financiamento*

– Em operações de reabilitação simples, a estratégia de reabilitação urbana deverá "apresentar um quadro de apoios e incentivos às acções de reabilitação executadas pelos proprietários e propor soluções de financiamento das acções de reabilitação" (al. *e*) do n.° 2 do Art. 30.°)

– Nas operações de reabilitação sistemática, o programa estratégico de reabilitação urbana deverá "definir o programa de financiamento da operação, o qual deve incluir uma estimativa dos custos totais da execução da operação e a identificação das fontes de financiamento" (al. *h*) do n.° 2 do Art. 33.°)

– "O Estado pode, nos termos previstos na legislação sobre a matéria, conceder apoios financeiros e outros incentivos aos proprietários e a terceiros que promovam acções de reabilitação de edifícios e, no caso de operações de reabilitação urbana sistemática, de dinamização e modernização das actividades económicas" (n.° 1 do Art. 74.°)

– "O Estado pode também conceder apoios financeiros às entidades gestoras, nos termos previstos em legislação especial" (n.° 2 do Art. 74.°)

– "Os municípios podem, nos termos previstos em legislação e regulamento municipal sobre a matéria, conceder apoios financeiros a intervenções no âmbito das operações de reabilitação urbana" (n.° 1 do Art. 75.°)

– Os apoios financeiros podem ser atribuídos aos proprietários, às entidades gestoras da operação de reabilitação urbana e a terceiros que promovam acções de reabilitação urbana, incluindo as que se destinam à dinamização e modernização das actividades económicas (n.° 2 do Art. 75.°)

– As entidades gestoras podem contrair empréstimos a médio e longo prazos destinados ao financiamento das operações de reabilitação urbana, os quais, caso autorizados por despacho do ministro responsável pela área das finanças, não relevam para efeitos do montante da dívida de cada município (n.° 1 do Art. 76.°)

4.8. *Fundos de investimento imobiliário (Art. 77.°)*

Para a execução das operações de reabilitação urbana, podem constituir-se **fundos de investimento imobiliário**, nos termos definidos em legislação especial. A subscrição de unidades de participação nos fundos referidos no número anterior pode ser feita em dinheiro ou através da entrega de prédios ou fracções a reabilitar

– O valor dos prédios ou fracções é determinado pela entidade gestora do fundo, dentro dos valores de avaliação apurados por um avaliador independente registado na Comissão do Mercado de Valores Mobiliários e **por aquela designado**; de referir que na legislação genérica dos FII, as avaliações são realizadas por dois avaliadores e que é a entidade gestora a escolhê-los, diferentemente do que aqui se estipula.

– A entidade gestora da operação de reabilitação urbana pode participar no fundo de investimento imobiliário

5. Regime transitório

5.1. *Áreas críticas de recuperação e reconversão urbanística*

No Art. 78.º descrevem-se os procedimentos para converter as ACRRUs existentes em uma ou mais áreas de reabilitação urbana, o que deverá ocorrer num prazo de dois anos a contar da data em vigor do diploma.

5.2. *Sociedades de reabilitação urbana (Art. 79.º)*

As **sociedades de reabilitação urbana** criadas ao abrigo do Decreto-Lei n.º 104/2004, de 7 de Maio, prosseguem o seu objecto social até ao momento da sua extinção, nos termos da legislação aplicável, podendo vir a ser designadas como entidades gestoras em operações de reabilitação urbana determinadas nos termos do Decreto-Lei n.º 309/2007, de 23 de Outubro

Principais aspectos a ter em conta:

– Consideram-se equiparadas às áreas de reabilitação urbana as zonas de intervenção das sociedades de reabilitação urbana, delimitadas nos termos do Decreto-Lei n.º 104/2004, de 7 de Maio, equiparando-se as **unidades de intervenção com documentos**

estratégicos aprovados ao abrigo do mesmo decreto-lei às unidades de intervenção reguladas no Decreto-Lei n.° 309/2007, de 23 de Outubro
– Relativamente às unidades de intervenção <u>com documentos estratégicos já aprovados</u>, as sociedades de reabilitação urbana consideram-se investidas nos seguintes poderes:
  – Poderes relativos ao controlo de operações urbanísticas
  – Imposição da obrigação de reabilitar e obras coercivas
  – Empreitada única
  – Demolição de edifícios
  – Direito de preferência
  – Arrendamento forçado
  – Servidões
  – Expropriação
  – Venda forçada
  – Reestruturação da propriedade

Deve-se ainda realçar que relativamente às unidades de intervenção <u>sem documentos estratégicos já aprovados</u>, as sociedades de reabilitação urbana consideram-se <u>apenas</u> investidas nos seguintes poderes:

– Poderes relativos ao controlo de operações urbanísticas
– Imposição da obrigação de reabilitar e obras coercivas
– Demolição de edifícios
– Direito de preferência
– Arrendamento forçado

Coimbra, Março de 2010
João Paulo da Silva Craveiro
(jpaulocraveiro@gmail.com)

FINANCIAMENTO DA REABILITAÇÃO URBANA
Os Fundos de Investimento Imobiliário de Reabilitação Urbana

ANA MARIA DE ALMEIDA

O **Decreto-lei 307 de 2009 de 23 de Outubro**, aprovou o novo Regime Jurídico da Reabilitação Urbana que pretende dar resposta a **cinco grandes desafios** que se colocam à reabilitação urbana:

I. **Articular o dever de reabilitação dos edifícios**, que incumbe aos respectivos proprietários privados, **com a responsabilidade pública de qualificar e modernizar** o espaço, os equipamentos e as infra-estruturas das áreas urbanas a reabilitar;

II. **Garantir a complementaridade e coordenação entre os diversos actores**, concentrando recursos em operações integradas de reabilitação nas "áreas de reabilitação urbana" nas quais se intensificam os apoios fiscais e financeiros;

III. **Diversificar os modelos de gestão das intervenções de reabilitação urbana, abrindo novas possibilidades de intervenção dos proprietários e outros parceiros privados**;

IV. Criar mecanismos que permitam agilizar **os procedimentos de controlo prévio** das operações urbanísticas de reabilitação;

V. **Desenvolver novos instrumentos** que permitam equilibrar os direitos dos proprietários com a necessidade de remover os obstáculos à reabilitação associados à estrutura de propriedade nessas áreas.

O regime jurídico, ora consagrado, tendo em conta os referidos desafios, tem como **objectivos**:

- Assegurar a reabilitação dos imóveis degradados ou funcionalmente desadequados;
- Reabilitar e regenerar áreas urbanas degradadas ou em degradação, melhorando as suas condições de habitabilidade e de funcionalidade;
- Garantir a protecção, promoção e valorização do património cultural protegendo os valores patrimoniais, materiais e simbólicos como factores de identidade, diferenciação e competitividade urbana;
- Modernizar as infra estruturas urbanas;
- Promover a sustentabilidade ambiental, cultural, social e económica dos espaços urbanos desenvolvendo novas soluções de acesso a uma habitação condigna;
- Promover a melhoria das acessibilidades e mobilidade através de uma gestão adequada da via pública e demais espaços de circulação;
- Fomentar a adopção de critérios de eficiência energética em edifícios públicos e privados.

Assim, tendo em vista alcançar estes objectivos, este novo regime jurídico assenta num **conjunto de princípios** que o enquadram enquanto instrumento de política urbanística:

Princípio da responsabilização dos proprietários e titulares de outros direitos, ónus e encargos sobre os imóveis – a sua iniciativa assume um papel preponderante em todo o processo;

Princípio da subsidariedade da acção pública – as entidades públicas actuam na exacta medida em que os particulares não as assegurem ou não as possam assegurar;

Princípio da solidariedade intergeracional – assegurando-se às gerações vindouras centros urbanos cuidados e conservados;

Princípio da sustentabilidade económico financeira – desenvolvendo-se modelos equilibrados através de soluções inovadoras;

Princípio da coordenação – pela articulação, compatibilização e complementaridade entre acções de iniciativa pública e acções de iniciativa privada;

Princípio da contratualização – desenvolvendo parcerias público-privadas

Princípio da protecção do existente – através da intervenção no edificado melhorando em toda a linha as suas condições de desempenho e segurança funcional, estrutural e construtiva;

Princípio da justa ponderação – entre todos os interesses em presença face às operações de reabilitação;

Princípio da equidade – assegurando a justa repartição dos encargos e benefícios de correntes da execução das operações de reabilitação urbana.

MODELO DE FINANCIAMENTO

Aspecto essencial e determinante da realização de operações de reabilitação urbana é a **matéria relacionada com financiamento** – prevê-se a possibilidade de concessão de **apoios financeiros** por parte do Estado e dos municípios:

- aos proprietários e a terceiros que promovam acções de reabilitação de edifícios;
- às entidades gestoras e,
- no caso de operações de reabilitação urbana sistemática à dinamização e modernização das actividades económicas.

O presente regime jurídico permite ainda aos municípios a **criação de um regime especial de taxas** de forma a criar um incentivo à realização de operações urbanísticas.

Proprietários e terceiros – apoios financeiros e outros incentivos nos termos previstos na legislação.

Entidades Gestoras – Podem contrair empréstimos a médio e longo prazos destinados ao financiamento das operações de reabilitação urbana os quais não relevam para efeitos do montante da dívida de cada município. Podem ainda aceitar e sacar letras de câmbio, conceder avales cambiários, subscrever livranças, conceder garantias pessoais e reais, relativamente a quaisquer operações de financiamento promovidas por entidades gestoras no âmbito das operações de reabilitação urbana.

CONSTITUIÇÃO DE FUNDOS
DE INVESTIMENTO IMOBILIÁRIO (FII)

Os fundos de investimento imobiliário são instituições de investimento colectivo, cujo único objectivo consiste no investimento dos capitais obtidos junto dos investidores. Os FII constituem patrimónios autónomos, pertencentes, no regime especial de comunhão, a uma pluralidade de pessoas singulares ou colectivas – os participantes.

A Comissão de Mercados e Valores Imobiliários (CMVM) fiscaliza a constituição e funcionamento dos FII, sem prejuízo da competência do Banco de Portugal em matéria de supervisão das Instituições de Crédito e das Sociedades Financeiras e do Instituto do Consumidor em matéria de publicidade.

O **regime financeiro e a contabilidade** dos FII é organizada de harmonia com as normas emitidas pela CMVM sendo os seus Relatórios e Contas e os respectivos Relatórios dos auditores publicados e enviados à CMVM.

Os FII fechados podem ter **duração determinada e indeterminada**. No caso de FII fechados de duração determinada esta não pode exceder 10 anos, sendo permitida a sua prorrogação uma ou mais vezes, por períodos não superiores ao inicial, desde que obtida a deliberação favorável da Assembleia de Participantes.

Os FII são divididos em partes de conteúdo idêntico e denominam--se **"unidades de participação"**.

A administração dos FII é exercida por uma **sociedade gestora** de fundos de investimento imobiliário com sede principal e efectiva em Portugal e o seu objecto principal é a administração, em representação dos participantes, de um ou mais fundos de investimento imobiliário.

As sociedades gestoras não podem transferir totalmente para terceiros os poderes de administração e gestão das carteiras, colectivas ou individuais, que lhe são conferidos por lei.

Os valores mobiliários que constituam património do FII são confiados a um único depositário – uma instituição de crédito – a quem compete, entre outros, assumir uma função de vigilância e garantir perante os participantes o cumprimento da lei e do regulamento de gestão do FII, pagar aos participantes a sua quota parte dos resultados do Fundo e executar as instruções da sociedade gestora....

Para a execução das operações de reabilitação urbana podem constituir-se Fundos de Investimento Imobiliário, nos termos definidos em legislação especial, beneficiando de concretos incentivos económico-fiscais (isenções várias em IMI e IMT, bonificação nas taxas de IRC e IRS, taxa reduzida de IVA, reduções nas taxas e licenças municipais).

A subscrição de unidades de participação nos FII pode ser feita em dinheiro ou através da entrega de prédios ou de fracções a reabilitar.

O valor dos prédios ou fracções é determinado pela entidade gestora do FII, dentro dos valores de avaliação apurados por um avaliador independente registado na Comissão dos Mercados de Valores Imobiliários por ela designado.

A Entidade Gestora da operação de reabilitação urbana pode participar no FII.

Regime Jurídico dos FII:

Aprovado pelo Decreto Lei n.º 60/2002, de 20 de Março, com as alterações introduzidas pelo Decreto Lei n.º 252/2003 de 17 de Outubro. Foi alterado e republicado pelo Decreto Lei n.º 13/2005, de 7 de Janeiro e pelo Decreto Lei n.º 357-A/2007, de 31 de Outubro.

A Lei 64-A/2008, de 31 de Dezembro, consagra os incentivos fiscais à reabilitação urbana.

FUNDOS DE INVESTIMENTO IMOBILIÁRIO DE REABILITAÇÃO URBANA – 2 CASOS PRÁTICOS

CASO 1

A Operação: Reabilitação do Quarteirão Caso 1, dando cumprimento às opções preconizadas em Documento Estratégico aprovado.

O INVESTIDOR, venceu o concurso público lançado pela Sociedade de Reabilitação Urbana (SRU) para a reabilitação do referido Quarteirão Caso 1 e estudou a possibilidade de promover a constituição de um Fundo de Investimento Imobiliário (FUNDO) por si detido a 100% para domiciliar o respectivo projecto de reabilitação urbana.

As intenções do INVESTIDOR com a constituição do FUNDO para a prossecução da operação são:

Fiscalidade – com a optimização fiscal do projecto de reabilitação do Quarteirão Caso 1, beneficiando do regime fiscal mais favorável proporcionado pelo regime fiscal dos Fundos de Investimento Imobiliário de Reabilitação Urbana (FIIRU).

Optimização fiscal de outros projectos, beneficiando da possibilidade de domiciliar num FIIRU projectos que não são de reabilitação urbana, beneficiando igualmente do regime fiscal do FIIRU

Operacionalidade de reporte – Constituição de uma estrutura capaz de responder eficiente e tempestivamente a todas as solicitações do contrato de reabilitação urbana subscrito, decorrente dos termos do caderno de encargos do concurso público, não só a nível da empreitada como do reporte à SRU.

Assim o FIIRU permite atingir concretamente três objectivos:

1. **Fiscalidade/Quarteirão Caso 1** – A domiciliação do projecto Caso 1 num FIIRU, ao beneficiar do especial regime fiscal consagrado, permite aumentar o montante distribuído aos investidores relativamente à domiciliação numa sociedade anónima;

2. **Fiscalidade/Outros projectos INVESTIDOR** – Os benefícios fiscais à reeabilitação urbana levam a que fiquem isentos de IRC os rendimentos de qualquer natureza obtidos por FII que operem de acordo com a legislação nacional, desde que se constituam entre 1 de Janeiro de 2008 e 31 de Dezembro de 2012 e pelo menos 75% dos seus activos sejam bens imóveis sujeitos a acções de reabilitação realizadas nas áreas de reabilitação urbana, ou seja, pelos FIIRU.

   Por exemplo, um FIIRU com activo de €5 milhões permite obter isenção de IRC e de IMI em outros projectos que levem ao aumento do activo do Fundo para €6,66 milhões, ou seja, por cada €1,00 investido num FIIRU em projectos de reabilitação urbana o investidoir beneficia de isenções fiscais em quaisquer outros investimentos imobiliários no valor de €0,33.

3. **Operacionalidade de reporte/Quarteirão Caso 1** – O contrato de reabilitação assinado com a SRU é extenso e impõe pesadas obrigações de reporte, muito para além das decorrentes de um normal contrato de empreitada ou de uma promoção imobiliária convencional.

A implementação do contrato através de um FIIRU dá acesso à estrutura da respectiva sociedade gestora, e às respectivas capacidades de reporte no que respeita ainda, às exigidas pelas autoridades portuguesas.

Atentos os objectivos do INVESTIDOR configurou-se o FUNDO da seguinte forma:

– Um fundo fechado, de investimento imobiliário em reabilitação urbana e de subscrição particular, nos termos consagrados no respectivo regime jurídico;
– Com um capital inicial de €5 milhões, correspondente ao mínimo legalmente exigível;
– Subscrito em dinheiro, ou em espécie, com os imóveis cuja posse decorre da implementação do contrato de reabilitação;
– Com a duração de cinco anos, renovável por períodos sucessivos de dois, para adequar a maturidade do FUNDO ao ritmo de desenvolvimento dos projectos que nele serão domiciliados.

Configuração proposta – relações contratuais:
⇨ INVESTIDOR — (Regulamento de Gestão) — FUNDO Caso1
⇨ FUNDO Caso 1 — (Contrato de Empreitada) — EMPREITEIRO
⇨ FUNDO Caso 1 — (Contrato de Reabilitação Urbana) — SRU
⇨ FUNDO Caso 1 — (Contratos de compra e venda) — CLIENTES FINAIS/Comercialização

Configuração proposta – fluxos financeiros:
⇨ INVESTIDOR — (Subscrição do capital) — FUNDO Caso1
⇨ FUNDO Caso 1 — (pagamento da empreitada) — EMPREITEIRO — (rendimentos) — INVESTIDOR/Subscritor
⇨ FUNDO Caso 1 — (Profit share contratual) — SRU
⇨ FUNDO Caso 1 — (Comercialização) — CLIENTES FINAIS

Configuração proposta – fluxo de imóveis
⇨ FUNDO Caso 1 — (Imóveis para reabilitar)
⇨ FUNDO Caso 1 — (Comercialização) — CLIENTES FINAIS

QUARTEIRÃO Caso 1 está reabilitado e comercializado

CASO 2

A Operação: A SRU, no exercício da missão que lhe está confiada está a estudar alternativas de estruturação da reabilitação urbana de uma Unidade de Intervenção (UI Caso 2), nomeadamente a oportunidade de a domiciliar num FIIRU.

Configuração do Fundo Caso 2:
Será um fundo fechado, de investimento imobiliário em reabilitação urbana e de subscrição particular, com um capital inicial de €16 milhões, correspondente a 67% da estimativa de investimento do projecto (€23 milhões).

O FIIRU terá a duração de cinco anos, renovável por períodos sucessivos de dois, para adequar a maturidade do Fundo ao ritmo de desenvolvimento dos projectos que nele serão domiciliados.

O Fundo Caso 2 será subscrito pelos actuais proprietários (particulares e institucionais) através da entrega dos imóveis a reabilitar, no seu estado actual e, pela SRU.

A SRU assumirá o papel de "investment advisor" atento o seu ímpar conhecimento do projecto a empreender.

Estrutura da subscrição:
Cada proprietário que o deseje, subscreve unidades de participação pelo valor da sua propriedade – seu activo, tornando-se investidor no Fundo Caso 2 num total máximo de €5,4 milhões.

O capital remanescente para perfazer o total do capital inicial do Fundo Caso 2 (€16 milhões) é subscrito pela SRU com financiamento do banqueiro da operação, garantido por penhor das unidades subscritas.

Deste modo, cada proprietário:
– passa a ser co-proprietário da carteira do Fundo Caso 2; e
– passa a beneficiar da diversificação dos seus investimentos e a partilhar riscos com os seus co-proprietários

Estrutura durante o processo de reabilitação:
O Fundo Caso 2 contrata com o banqueiro da operação financiamento com garantia hipotecária:
– pagamento das indemnizações
– custo da intervenção nas propriedades

– custo da disponibilização de estacionamentos

– custos de estrutura

A garantia hipotecária concedida vai fortalecer o penhor das unidades de participação previamente contratado com o banqueiro da operação (*loan to value* – ratio financeiro que relaciona o valor da hipoteca com o valor do imóvel dado como garantia) – e estamos num processo de reabilitação que vai seguramente acrescentar valor aos imóveis.

Opção de reversão da operação para os proprietários originais depois da reabilitação:

Os proprietários originais que o desejem:

– contratam mútuos com o banqueiro da operação para adquirir os seus ex-imóveis reabilitados e valorizados pelo montante correspondente à valorização, e entregam as suas unidades de participação como capitais próprios;

– contratam um simples crédito para aquisição de um imóvel em estado novo e não um complexo financiamento à construção.

As propriedades que não sejam readquiridas pelos seus proprietários originais são colocadas no mercado.

Finalizada a colocação, o Fundo Caso 2 fica com uma **carteira líquida**, detida **i)** pelo banqueiro da operação; **ii)** pela SRU; **iii)** pelos proprietários originais que não pretendam readquirir as suas propriedades

Interacção entre proprietários e o banqueiro da operação:

PROPRIETÁRIO

À entrada: Subscrição em espécie, troca imóvel por unidades de participação

À saída: reaquisição do imóvel ao fundo, por um preço máximo prefixado, em contrapartida da entrega das unidades de participação e com o diferencial financiado em condições conhecidas à partida – troca unidades de participação e dívida bancária por imóvel reabilitado.

BANQUEIRO DA OPERAÇÃO

À entrada: é o banco depositário do Fundo e o financiador da subscrição da SRU

Durante a reabilitação é o financiador do Fundo

À saída: troca financiamento ao Fundo por um pacote de Unidades de participação e financiamento hipotecário aos proprietários originais que recompram os imóveis com que realizaram capital no Fundo; e

Recupera o valor das unidades quando da liquidação do Fundo, e o capital mutuado no fim do prazo do empréstimo hipotecário.

UNIDADE DE INTERVENÇÃO Caso 2 está **reabilitada e comercializada**

REABILITAÇÃO URBANA – PATRIMÓNIO E AMBIENTE

PAULA CABRAL OLIVEIRA
Jurista na Direcção Regional de Cultura do Centro

1. Introdução

A reabilitação urbana é, actualmente, um tema incontornável, quer se fale de conservação e defesa do património arquitectónico e arqueológico, de desenvolvimento sustentável, de ordenamento do território ou de coesão nacional.

Com efeito, a reabilitação urbana, ao actuar sobre as áreas urbanas degradadas, promovendo o seu desenvolvimento local, contribui para contrabalançar os efeitos da reestruturação económica; ao promover a melhoria, a reutilização e o aproveitamento dos edifícios e infra-estruturas urbanas existentes, contribui para controlar a expansão urbana e para a gestão eficaz dos recursos e ao controlar a expansão urbana, promovendo um melhor ambiente urbano, facilita a conservação e valorização do património cultural.[1]

Em suma, a reabilitação urbana tem um papel decisivo no aumento do bem-estar social e económico, no desenvolvimento regional e local propiciando, em última análise, uma melhoria da qualidade de vida das populações.

O tema da reabilitação urbana, tendo emergido da política de conservação do património arquitectónico, rapidamente ultrapassou esse âmbito.

---

[1] ANA CLÁUDIA DA COSTA PINHO, em "Conceito e Políticas Europeias de Reabilitação Urbana: análise da experiência portuguesa dos Gabinetes Técnicos Locais".

Prova disso mesmo é o facto de o Decreto-Lei n.º 307/2009, de 23 de Outubro, que estabelece o novo regime jurídico da reabilitação urbana, partir hoje em dia de um conceito amplo de reabilitação urbana que envolve diferentes dimensões da política urbanística e do património cultural e natural, mas não só.

De facto, o conceito não se circunscreve apenas à vertente imobiliária ou patrimonial da reabilitação, mas à integração e coordenação dessa integração, por forma a atingir soluções coerentes entre os aspectos funcionais, económicos, sociais, culturais e ambientais das áreas a reabilitar.

Não é assim de estranhar que, no âmbito da reabilitação urbana, nos deparemos hoje, sistematicamente, com os conceitos de património cultural, imóveis classificados ou em vias de classificação e respectivas zonas de protecção, sustentabilidade ambiental, desenvolvimento sustentável, ambiente urbano, entre muitos outros.

2. Relação entre património cultural, ambiente e urbanismo

Partindo da concepção que a reabilitação urbana é um capítulo especial do direito do urbanismo (e não um ramo de direito autónomo) comecemos por perceber de que forma se relacionam os conceitos/realidades de património cultural, ambiente e urbanismo, enquanto ramos especiais do direito administrativo.

Em primeiro lugar, como refere Carla Amado Gomes[2], o património cultural, o urbanismo e o ambiente são exemplos de áreas que o Estado Social tem chamado a si, representando domínios via de regra ignorados mas que, de algum tempo a esta parte, exigiram a necessária regulamentação.[3]

---

[2] Em "Direito do Património Cultural, Direito do Urbanismo e Direito do Ambiente: O que os une e o que os separa", in RFDUL, 2001, pp. 353 e segs.

[3] Esta assunção de novas tarefas por parte do Estado tem expressão:

– No âmbito do Património Cultural, na Constituição da República Portuguesa (CRP), onde resulta expressamente que incumbe ao Estado, em colaboração com todos os agentes culturais, promover a salvaguarda e valorização do património cultural, tornando-o elemento vivificador da identidade cultural comum (alínea c) do n.º 2 do artigo 78.º) e no artigo 3.º da Lei n.º 107/01, de 8 de Setembro, nos termos do qual a salvaguarda e valorização do património cultural surge como uma tarefa fundamental do Estado, assu-

A tutela destes valores por parte do Estado Social traduz a preocupação de gerar laços de identidade entre os membros de uma comunidade, ou seja, de reforçar a coesão nacional, por via do reforço da coesão local, municipal ou regional, numa perspectiva de cascata.

De facto, para o Estado Social, o cidadão não é um homem isolado, mas um homem com direitos e também com responsabilidades pela preservação e promoção de valores de identidade.

Por outro lado, esta renovada postura do Estado induziu nos cidadãos um crescente interesse pela melhoria da qualidade de vida espelhado através da afirmação de valores de solidariedade comunitária, valores estes que se foram perdendo com o crescimento das zonas urbanas.

A este propósito recorde-se a definição de qualidade de vida constante da Lei de Bases do Ambiente[4] como sendo o resultado da interacção de múltiplos factores no funcionamento das sociedades humanas e que se traduz na situação de bem estar físico, mental e social e na satisfação e afirmação culturais, bem como em relações autênticas entre o indivíduo e a comunidade.

Finalmente, e em consequência, estas (novas) tarefas do Estado e interesses do indivíduo enquanto inserido numa comunidade geraram, da

---

mindo-se como instrumento de realização da dignidade da pessoa humana e como veículo de transmissão da herança nacional.

– Ao nível do Direito do Ambiente, no artigo 66.º da CRP, que consagra a promoção do ambiente e da qualidade de vida como uma tarefa do Estado, por meio de organismos próprios, e com a participação dos cidadãos e no artigo 2.º da Lei de Bases do Ambiente (LBA), nos termos do qual todos os cidadãos têm direito a um ambiente humano e ecologicamente equilibrado e o dever de o defender, incumbindo ao Estado, por meio de organismos próprios e por apelo a iniciativas populares e comunitárias, promover a melhoria da qualidade de vida, quer individual, quer colectiva.

– Ao nível do Urbanismo, surgindo as políticas urbanísticas, no artigo 65.º CRP, como um objectivo a concretizar através da actuação concertada das entidades públicas – o Estado, as regiões autónomas e as autarquias locais – que definirão as regras de ocupação, uso e transformação dos solos urbanos, designadamente através de instrumentos de planeamento, no quadro das leis respeitantes ao ordenamento do território e do urbanismo e na Lei de Bases do Ordenamento do Território e Urbanismo (LBOTU), nos termos da qual o Estado, as Regiões Autónomas e as autarquias locais devem promover, de forma articulada, políticas activas de ordenamento do território e de urbanismo, (...) de acordo com o interesse público e no respeito pelos direitos, liberdades e garantias dos cidadãos.

[4] Lei n.º 11/87, de 7 de Abril, n.º 1 do artigo 5.º.

parte do legislador, um reconhecimento de novos bens jurídicos, como é o caso do património cultural, do ambiente e do correcto ordenamento do território e do urbanismo e da necessidade de os tutelar enquanto bens de natureza colectiva.

Em síntese, as matérias relativas ao património cultural, ambiente e urbanismo, assumindo-se embora como tarefas do Estado, não constituem reserva do mesmo, nem das demais entidades públicas territoriais. Antes representam uma dinâmica transversal à sociedade, o que não implica que sejam aqueles (o Estado e os demais entes públicos territoriais) os primeiros e principais responsáveis pela tutela destes valores/matérias.

O direito do património cultural, enquanto ramo do direito que tutela a memória de um povo, valores de civilização ou cultura, disciplinando a intervenção de entidades públicas e privadas em bens de interesse cultural, tem sido classificado como um ramo especial do direito administrativo que se encontra especialmente relacionado com o direito do ambiente e com o direito do urbanismo.

De facto, nos termos do previsto na alínea c) do artigo 6.º da Lei n.º 107/01, de 8 de Setembro, a política do património cultural obedece, entre outros, ao Princípio da Coordenação, devendo articular-se e compatibilizar-se com as restantes políticas que se dirigem a idênticos ou conexos interesses públicos e privados, em especial às políticas de ordenamento do território, de ambiente, de educação e formação e de apoio à criação cultural e de turismo.

Trata-se de coordenar e integrar a política do património cultural com as que com ela interferem ou se sobrepõem, sendo necessário proceder a uma constante ponderação dos interesses presentes entre a defesa e valorização dos bens culturais e a primazia de bens jurídicos superiores, designadamente os direitos, liberdades e garantias fundamentais, como os direitos de propriedade privada, entre outros.

3. O património cultural no âmbito da reabilitação urbana

3.1. *O conceito de património cultural*

Nos termos do n.º 1 do artigo 2.º da Lei n.º 107/01, de 8 de Setembro (Lei de Bases da Política e do Regime de Protecção e Valorização do

Património Cultural) integram o património cultural todos os bens que, sendo testemunhos com valor de civilização ou cultura portadores de interesse cultural relevante, devam ser objecto de especial protecção ou valorização.

O interesse cultural relevante deve demonstrar, separada ou conjuntamente, valores de memória, antiguidade, autenticidade, originalidade, raridade, singularidade ou exemplaridade, conforme plasma o n.º 3 do artigo 2.º da Lei n.º 107/01, de 8 de Setembro conjugado com o n.º 2 do artigo 21.º do Decreto-Lei n.º 309/2009, de 23 de Outubro.

O património cultural deixou, contudo, de ser uma disciplina fechada, alargou e multiplicou as suas valências, tornando-se progressivamente a base de sustentação das sociedades futuras.

A dinâmica social, ideológica e económica determina inevitavelmente uma alteração de princípios, critérios e práticas na salvaguarda e valorização do património cultural, o que justifica em parte que a gestão do património cultural assente, hoje, num modelo partilhado, moderno e eficaz, potenciando a assunção, pela comunidade nacional, da questão do património cultural, na sua incontornável importância cívica, educativa, económica e, sobretudo, como elemento vivificador da identidade nacional pela salvaguarda da memória histórica e civilizacional, pelo enriquecimento da participação comunitária na sua protecção e valorização.

O património cultural deve ser cada vez mais encarado como condição indispensável para o desenvolvimento da nação e das comunidades locais, pela criação que inspira, pelo emprego que pode gerar e pelo reforço do sentimento de pertença considerado como elo fundamental da coesão social e nacional. E isto passa, não só pela existência de um quadro legal coerente e eficaz, mas também pela necessidade de transmitir a todos os elementos da comunidade a consciência da sua importância para o presente e para o futuro.

3.2. *O património cultural no âmbito da reabilitação urbana*

A estrutura sistemática do novo regime da reabilitação urbana começa por definir os objectivos essenciais a alcançar e determinar os princípios a que aquela deve obedecer.

Um dos objectivos essenciais a alcançar através da reabilitação urbana é, justamente, o de garantir a protecção e promover a valorização do património cultural (cfr. alínea *d*) do artigo 3.º do Decreto-Lei n.º 307/2009, de 23 de Outubro).

Comecemos por perceber o que é isto de garantir a protecção e promover a valorização do património cultural.

No domínio do património cultural, podemos distinguir três planos: um dever de preservar, que consiste na obrigação de não atentar contra; um dever de defender, que se traduz na obrigação de impedir a destruição e um dever de valorizar, ou seja, de agir por forma a que o património cultural seja fruído por todos e, em último termo, promover o enriquecimento da herança cultural do país[5].

O dever de preservar, não atentando contra a integridade física dos bens culturais ou a sua disponibilidade pela comunidade, traduz-se num conjunto de acções e omissões que devem ser observada s por todos para defesa dos bens que integram o património cultural.

No que se refere aos deveres de defender e de valorizar o património cultural, estes servem de limite ou restrição a outros direitos fundamentais mas são, sobretudo, uma plataforma de intervenção nos procedimentos administrativos no âmbito da classificação, da execução de obras ou da sua afectação.

O património cultural é uma tarefa fundamental do Estado, mas também de outras entidades e instituições, designadamente as autarquias locais, nestas, com especial relevância para as Câmaras Municipais.

Neste último domínio, assumem particular relevância as disposições conjugadas do artigo 20.º da Lei n.º 159/99, de 14 de Setembro e alínea *m*) do n.º 2 do artigo 64.º da Lei n.º 169/99, de 18 de Setembro, relativas à transferência de atribuições e competências para as autarquias locais nos domínio da classificação de imóveis, conjuntos e sítios de Interesse Municipal, sua manutenção e recuperação.

A tarefa fundamental do Estado, delineada na alínea *e*) do artigo 9.º e na alínea *c*) do n.º 2 do artigo 78.º, da C.R.P., estrutura-se, dicotomicamente, em protecção e valorização do património cultural.

---

[5] HELENA VAZ DA SILVA MARQUES, "Protecção do Património Cultural, Natural e Ambiental", Volume I, Coimbra, CEFA, 2007.

Reabilitação urbana – património e ambiente

O dever de defender consubstancia uma função conservativa, isto é, impedir que a intervenção do Homem possa retirar aos bens culturais um valor que lhes é intrínseco.

A função conservativa cabe em primeira linha aos proprietários ou detentores de bens classificados ou em vias de classificação, que deverão "conservar, cuidar e proteger devidamente o bem, de forma a assegurar a sua integridade e a evitar a sua perda, destruição ou deterioração"[6], sendo o Estado apenas chamado a intervir em última instância.

O dever de conservação operacionaliza-se, da parte do Estado, nomeadamente na introdução de providências jurídicas de carácter sancionatório, que imponham aos detentores de bens culturais o respeito das suas obrigações, nessa qualidade, sem que os encargos decorrentes da posse de tais bens, os coloquem em situação objectiva de desigualdade perante os outros cidadãos.

Desde logo, a isenção de IMI, IMT e Imposto de Selo para os imóveis individualmente classificados, embora variando a isenção em função do grau de classificação e do tipo.

Anualmente o Orçamento de Estado, através de alterações ao Estatuto dos Benefícios Fiscais, vem determinando e operacionalizando estas isenções, dado que continua por regulamentar o artigo 97.º da Lei n.º 107/01, de 8 de Setembro.

De facto, à luz dos princípios participativo e da proporcionalidade, decorrentes do direito administrativo, num Estado de Direito Democrático, a Lei de Bases do Património Cultural fixou o regime que permite, sempre que possível, ser a imposição resultante de uma classificação substituída por métodos de preparação concertada das decisões, ou seja, a contratualização, a que acresce o direito à justa indemnização.

Por último, o dever de valorizar traduz-se numa função de engrandecimento do património cultural, visando a transmissão, às gerações futuras, de um património mais rico do que o que recebemos.

O dever de valorizar apresenta duas dimensões: por um lado visa permitir que o património seja fruído pelo maior número de pessoas, por outro, procura-se, através dele, promover o enriquecimento da herança cultural do País.

---

[6] Conforme previsto na alínea *b*) do n.º 1 do artigo 21.º da Lei n.º 107/01, de 8 de Setembro.

Suzana Tavares da Silva[7] distingue, a este propósito, dois conceitos: o de valorização económica – entendida como o conjunto de actividades que devem ser desenvolvidas tendo em vista a divulgação e fruição do património cultural, numa perspectiva de rendibilização dos bens culturais (por exemplo, através da instalação de uma loja ou de um restaurante num monumento); e o de valorização cultural – enquanto conjunto de actividades que privilegiam formas alternativas de exploração dos bens visando aproximar as pessoas do património cultural (o que pode passar, a título exemplificativo, pela realização de uma feira medieval num castelo ou de um concerto num anfiteatro romano).

A importância da valorização do contexto em que o monumento se insere pode determinar a realização de intervenções de requalificação ou ainda de construção de equipamentos de uso colectivo que fixem o visitante ao monumento ou ao sítio classificado.

Por este motivo, é vulgar ouvir dizer-se que o património cultural apresenta-se hoje como uma realidade viva e em permanente mutação.

Como refere Casalta Nabais[8], o conjunto de bens que integram o património cultural não pode ser visto de uma forma estática, que se esgota na mera conservação e preservação ou defesa dos bens culturais herdados das gerações passadas para serem usufruídos pela geração presente e transmitidos às gerações vindouras. Antes deve ser entendido em termos abertos, dinâmicos e vivos, compreendendo não só o tradicional direito de acesso à fruição dos bens culturais, mas também a sua valorização ou enriquecimento.

Esclarecidas as questões conceptuais estamos agora em condições de analisar de que forma pode a reabilitação urbana actuar como meio de protecção e valorização do património cultural.

Em Portugal, as acções de reabilitação levadas a cabo ao longo do século XX incidiram, sobretudo, sobre os Monumentos Nacionais, só a partir de 1974 se tendo reconhecido a importância de alterar as práticas da política de salvaguarda do património cultural, por forma a perspectivar uma ideia de cidade que integrasse os aspectos sócio-económicos, culturais e ambientais nas intervenções de reabilitação, que não se restringem aos monumentos, mas se estendem a conjuntos de edifícios.

---

[7] "Da Contemplação da Ruína" ao Património Sustentável. Contributo para uma Compreensão Adequada dos Bens Culturais, em RevCEDOUA, n.º 10, pp. 69 a 73.

[8] Em "Introdução ao Direito do Património Cultural", Almedina, 2004.

A esta mudança de atitude não terá sido certamente alheia a Carta Europeia do Património Arquitectónico, adoptada pelo Conselho da Europa em Outubro de 1975, nos termos da qual "o património arquitectónico europeu é formado, não só pelos monumentos mais importantes, mas também pelos conjuntos de construções das nossas cidades antigas e aldeias tradicionais nas suas envolventes naturais ou construídas pelo Homem".

Como já foi supra referido, o Decreto-Lei n.° 307/2009, de 23 de Outubro, assenta num conceito amplo de reabilitação urbana.

De facto, reabilitar não significa apenas remodelar os edifícios individualmente considerados, pintar fachadas, mudar caixilharias. Reabilitar significa, em última linha, criar condições económicas, sociais, culturais e ambientais que fixem as pessoas nas áreas objecto de operações de reabilitação urbana, e isto passa por modernizar as infra-estruturas e equipamentos; remodelar ou criar espaços verdes; intervir ao nível do património cultural existente de modo a que ele possa ser fruído por cada vez mais público.

Os instrumentos de gestão territorial podem assim (e devem) ser encarados como um veículo privilegiado em matéria de promoção, gestão e valorização do património cultural edificado, sobretudo do que se encontra classificado, em vias de classificação ou o situado nas respectivas zonas de protecção.

Suzana Tavares da Silva fala, nesta medida, de um papel simultaneamente activo e passivo dos instrumentos de gestão territorial no que concerne ao património cultural.

Para a autora, os instrumentos de gestão territorial têm a potencialidade de orientar (papel activo) o desenvolvimento territorial e da edificação, tendo em consideração todos os interesses que confluem no ordenamento do território por eles abrangido, e onde se incluem as necessidades de valorização do património cultural, ao mesmo tempo que podem assumir um papel passivo de fixação de parâmetros que visam proteger e salvaguardar os bens existentes no terreno[9], como acontece, nomeadamente, com os planos de pormenor de salvaguarda ou com os planos de reabilitação urbana, sobre os quais nos debruçaremos mais à frente.

---

[9] SUZANA TAVARES DA SILVA, "Reabilitação Urbana e Valorização do Património Cultural: dificuldades na articulação dos regimes jurídicos", in Boletim da Faculdade de Direito da Universidade de Coimbra, 2006, pp. 349-389.

192 Paula Cabral Oliveira

A reabilitação pode fazer-se, assim, em dois níveis distintos de actuação: a um nível primário e a um nível secundário.

A um nível primário de intervenção, meramente urbanístico, a reabilitação urbana pode incidir, apenas, sobre o edificado na perspectiva da reformulação dos edifícios existentes de forma a melhorar as suas condições de uso – dimensão de intervenção ao nível de edifícios isoladamente considerados.

A um nível secundário de intervenção, em que a intervenção sobre o edificado assume, para além da função urbanística, uma função acessória social ou de protecção e valorização do património cultural, a reabilitação urbana pode estender-se a áreas e centros históricos, património cultural imóvel classificado ou em vias de classificação e respectivas zonas de protecção – dimensão de intervenção nos conjuntos.

Concordamos com a opinião defendida por Suzana Tavares da Silva, segundo a qual a reabilitação urbana encerra duas componentes no âmbito de uma mesma finalidade: uma componente urbanística e uma componente de valorização do património cultural.[10]

Não obstante o exposto, e apesar de a política de reabilitação urbana se centrar, num nível primário, na vertente urbanística, certo é que ela não pode bastar-se com a mera recuperação física dos imóveis e dos centros históricos degradados, uma vez que, dessa forma, não se actua sobre o verdadeiro problema dos centros urbanos actuais, marcado pela desertificação social, envelhecimento da população, mau estado de conservação do património edificado e descaracterização do seu tecido produtivo.

Incumbe ainda realçar que a reabilitação urbana, além de actuar como meio de protecção e valorização do património cultural, deverá ainda ser encarada como um veículo de promoção da sustentabilidade ambiental, cultural, social e económica dos espaços urbanos (cfr. decorre da alínea g) do artigo 3.º do Decreto-Lei n.º 307/2009, de 23 de Outubro).

Este objectivo decorre do princípio da sustentabilidade sócio--cultural e ambiental a que obedece a política da reabilitação urbana e que está expresso na alínea d) do artigo 4.º do Decreto-Lei n.º 307/2009, de 23 de Outubro, princípio esse que se funda na preservação dos vestígios do passado, mas também das práticas sociais que com ele se relacionem.

---

[10] SUZANA TAVARES DA SILVA, em "Reabilitação Urbana e Valorização do Património Cultural: Dificuldades na articulação dos regimes jurídicos".

Reabilitação urbana – património e ambiente   193

A propósito de saber o que deve entender-se por "promoção da sustentabilidade cultural dos espaços urbanos", atente-se ao plasmado na Convenção Quadro do Conselho da Europa relativa ao Valor Patrimonial Cultural para a Sociedade, assinada em Faro em 27 de Outubro de 2005[11], a qual refere que para tornar sustentável o património cultural é necessário:

a) Promover o respeito da integridade do património cultural, velando por que as decisões de adaptação incluam a compreensão dos valores culturais que lhe são inerentes;

b) Definir e promover princípios de gestão sustentável e encorajar a manutenção;

c) Velar por que as necessidades específicas da conservação do património sejam tidas em conta em toda a regulamentação técnica geral;

e) Promover a utilização de materiais, técnicas, e aptidões tradicionais e explorar as suas potencialidades para aplicações contemporâneas;

f) Promover uma elevada qualidade nas intervenções através dos sistemas de qualificação e acreditação profissional das pessoas, das empresas e das instituições.

De tudo o que acima vem exposto resulta, em suma, que a política de reabilitação urbana e os usos e programas por ela propostos têm de adequar-se à especificidade dos imóveis com valor patrimonial e respectivas zonas de protecção, e não ao contrário, sob pena de não se respeitar a sustentabilidade cultural dos mesmos.

3.4. *A classificação de património cultural imóvel*

Sendo certo que a política de protecção de bens culturais imóveis assenta, sobretudo, na sua classificação (conf. decorre do artigo 18.° da Lei n.° 107/01, de 8 de Setembro) é igualmente acertado dizer que a reabilitação urbana permite salvaguardar, sobretudo, o património imóvel que

---

[11] Aprovada pela Resolução da Assembleia da República n.° 47/2008, de 12 de Setembro.

se encontre classificado ou em vias de classificação, bem como o situado nas respectivas zonas de protecção.

O procedimento de classificação dos bens imóveis de interesse cultural, estando previsto na Lei n.° 107/01, de 8 de Setembro, foi objecto da regulamentação há muito necessária, através do Decreto-Lei n.° 309/2009, de 23 de Outubro, que entrou em vigor no dia 1 de Janeiro de 2010.

A classificação incidirá sobre bens imóveis, que possuam incontornável valor cultural, cuja degradação ou subtracção às formas desejáveis de fruição cultural em Portugal, constitua perda grave para a identidade e património culturais e como tal devam estar sujeitos a medidas adequadas de salvaguarda.

Os bens imóveis podem ser classificados nas categorias de monumento, conjunto ou sítio, nos termos em que tais categorias se encontram definidas no Direito Internacional, nomeadamente, na Convenção para a Salvaguarda do Património Arquitectónico Europeu, Granada, 1985.

Nos termos da supra citada Convenção a designação "Monumento" corresponde a todas as construções particularmente notáveis pelo seu interesse histórico, arqueológico, artístico, científico, social ou técnico, incluindo as instalações ou os elementos decorativos que fazem parte integrante de tais construções.

Por sua vez a categoria "Conjunto arquitectónico" abrange agrupamentos homogéneos de construções urbanas ou rurais, notáveis pelo seu interesse histórico, arqueológico, artístico, científico, social ou técnico, e suficientemente coerentes para serem objecto de uma delimitação topográfica.

Finalmente, a classificação como "Sítio" engloba as obras combinadas do homem e da natureza, parcialmente construídas e constituindo espaços suficientemente característicos e homogéneos para serem objecto de uma delimitação topográfica, notáveis pelo seu interesse histórico, arqueológico, artístico, científico, social ou técnico.[12]

A classificação de um bem imóvel pode abranger, designadamente, prédios rústicos e prédios urbanos, edificações ou outras construções que se incorporem no solo com carácter de permanência, bem como jardins, praças ou caminhos.

---

[12] Artigo 1.° da Convenção para a Salvaguarda do Património Arquitectónico Europeu, Granada, 1985.

Em termos de graduação, e atentos a critérios de classificação gerais, (histórico cultural, estético social, técnico científico) associados a outros critérios, (integridade, autenticidade e exemplaridade) os bens culturais poderão ser classificados como de interesse nacional, de interesse público ou de interesse municipal.

Um bem considera-se de interesse nacional quando a respectiva protecção e valorização, no todo ou em parte, represente um valor cultural de significado para a Nação (n.º 4 do artigo 15.º da Lei n.º 107/01).

Um bem considera-se de interesse público quando a respectiva protecção e valorização represente ainda um valor cultural de importância nacional, mas para o qual o regime de protecção inerente à classificação como de interesse nacional se mostre desproporcionado (n.º 5 do artigo 15.º da Lei n.º 107/01).

Por último, consideram-se de interesse municipal os bens cuja protecção e valorização representem, no todo ou em parte, um valor cultural de significado predominantemente para determinado município (n.º 6 do artigo 15.º da Lei n.º 107/01).

Um bem imóvel é considerado em vias de classificação a partir da notificação da decisão de abertura do procedimento de classificação ou da publicação do respectivo anúncio, consoante o que ocorra em primeiro lugar[13].

A abertura da instrução do procedimento de classificação de um bem imóvel desencadeia mecanismos de protecção que se traduzem em limitações à livre utilização do bem, designadamente:

– Pedido de autorização prévia para a execução de inscrições ou pinturas, colocação de anúncios, cartazes ou outro tipo de material informativo fora dos locais reservados para o efeito;
– Regime de suspensão relativo aos procedimentos de concessão de licenças ou autorizações, bem como a suspensão dos procedimentos de admissão de comunicações prévias;
– Restrições previstas para a zona geral de protecção ou zona especial de protecção provisória;
– Pedido de autorização de obras ou intervenções no bem imóvel;

---

[13] Cfr. n.º 5 do artigo 25.º da Lei n.º 107/01, de 8 de Setembro conjugado com o n.º 1 do artigo 14.º do Decreto-Lei n.º 309/2009, de 23 de Outubro.

- Cumprimento das regras relativas a projectos, obras e intervenções de conservação, modificação, reintegração e restauro;
- Cumprimento das qualificações legalmente exigidas para a autoria de estudos, projectos e relatórios, bem como para a execução de obras ou intervenções.

Importa, no entanto, salientar que a classificação, sendo actualmente o principal mecanismo de salvaguarda do património cultural imóvel ao dispor da administração do património cultural, é um instrumento de eficácia relativa.

Concordamos assim, com Fernanda Araújo[14] quando diz que a garantia de eficácia do instrumento da classificação não se resume à boa exequibilidade das normas que o constituem, antes dependendo do acolhimento destas normas por parte da comunidade. Sem esta aceitação, a classificação falhará em absoluto.

3.5. *As zonas de protecção*

Seja qual for o bem classificado ou a classificar, a importância da sua envolvente é determinante para a sua preservação – aquilo a que chamamos contexto.

Actualmente[15], há três tipos de zonas de protecção: as zonas gerais de protecção, as zonas especiais de protecção provisória e as zonas especiais de protecção.

Os bens imóveis em vias de classificação beneficiam automaticamente de uma zona geral de protecção de 50 metros contados dos respectivos limites externos.

Os bens imóveis em vias de classificação podem beneficiar, em alternativa à zona geral de protecção, de uma de uma zona especial de protecção provisória, que é fixada quando a zona geral de protecção se revele insuficiente ou desadequada para a protecção e valorização do bem imóvel, podendo incluir zonas *non aedificandi*.

---

[14] Em "O Actual Regime Jurídico da Protecção e Salvaguarda do Património Arquitectónico Português. Património/Território – Interacções".

[15] Com as alterações introduzidas à Lei n.º 107/01, de 8 de Setembro pelo Decreto-Lei n.º 309/2009, de 23 de Outubro.

A fixação de uma zona especial de protecção provisória pode ocorrer em simultâneo com a decisão de abertura do procedimento de classificação ou durante a instrução do mesmo.

Conforme decorre do n.° 1 do artigo 40.° do Decreto-Lei n.° 309/2009, de 23 de Outubro, os efeitos da zona geral de protecção ou da zona especial de protecção provisória de um bem imóvel classificado, de interesse nacional ou de interesse público, mantêm-se até à publicação da respectiva zona especial de protecção.

Finalmente, a zona especial de protecção aplica-se a bens imóveis classificados, podendo a sua definição iniciar-se oficiosamente ou a requerimento de qualquer interessado e decorrer em simultâneo com o procedimento de classificação.

A zona especial de protecção assegura o enquadramento paisagístico do bem imóvel e as perspectivas da sua contemplação, devendo abranger os espaços verdes, nomeadamente jardins ou parques de interesse histórico, que sejam relevantes para a defesa do contexto do bem imóvel classificado.

Uma das inovações do novo regime é que a zona especial de protecção tem agora a extensão e impõem as restrições adequadas em função do bem classificado que, em concreto, se visa proteger e salvaguardar, estabelecendo zonamentos específicos, podendo incluir zonas non aedificandi, áreas de sensibilidade arqueológica com graduação das restrições, indicação dos bens imóveis ou grupos de bens imóveis que podem ser objecto de obras de alteração quanto à morfologia, cromatismo e revestimento exterior, que devem ser preservados, que, em circunstâncias excepcionais, podem ser demolidos, ou que podem ser objecto de direito de preferência, identificação das condições e da periodicidade de obras de conservação de bens imóveis ou grupos de bens imóveis e as regras genéricas de publicidade exterior[16].

Esta definição antecipada das restrições necessárias a cada zona tem um papel relevante no âmbito da reabilitação urbana, na medida em que limita a discricionariedade da administração central na apreciação das operações urbanísticas.

As zonas de protecção dos imóveis classificados, ou em vias de classificação, nos termos atrás indicados, são servidões administrativas,

---

[16] Cfr. decorre do artigo 43.° do Decreto-Lei n.° 309/2009, de 23 de Outubro.

nas quais não podem ser concedidas pelo Município, nem por outra entidade, licenças para obras de construção e para quaisquer trabalhos que alterem a topografia, os alinhamentos e as cérceas e, em geral, a distribuição de volumes e coberturas ou o revestimento exterior dos edifícios sem prévio parecer favorável da administração do Património Cultural competente, sendo excepcionadas as obras de mera alteração no interior dos edifícios.

Os bens imóveis classificados, ou em vias de classificação, como de interesse municipal, podem dispor de uma zona especial de protecção provisória ou de uma zona especial de protecção, quando os instrumentos de gestão territorial não assegurem o enquadramento necessário à protecção e valorização do bem imóvel, mediante deliberação do órgão autárquico competente[17], sendo esta outra grande novidade da regulamentação da Lei n.º 107/01, de 8 de Setembro, nesta matéria.

De facto, até à entrada em vigor do Decreto-Lei n.º 309/2009, de 23 de Outubro, os bens imóveis classificados como de Interesse Municipal não dispunham de zona de protecção, face às disposições conjugadas dos artigos 123.º e 124.º do RGEU e n.º 6 do artigo 60.º da Lei n.º 107/01, de 8 de Setembro.

4. Articulação entre o plano de pormenor de reabilitação urbana e plano de pormenor de salvaguarda

Um dos aspectos especialmente regulamentados no novo regime jurídico da reabilitação urbana é o da articulação entre os planos de pormenor de reabilitação urbana (PPRU) e os planos de pormenor de salvaguarda (PPS) do património cultural.

Este era, justamente, um dos pontos que maiores críticas suscitava em relação à anterior disciplina jurídica da reabilitação urbana, na sua relação com as políticas culturais.

A falta de articulação invocada manifestava-se, do lado da reabilitação urbana, na criação sistemática de regimes excepcionais que contribuíam para a dispersão legislativa e se encontravam, na maior parte das

---

[17] Cfr. decorre do n.º 1 do artigo 58.º do Decreto-Lei n.º 309/2009, de 23 de Outubro.

Reabilitação urbana – património e ambiente

vezes, desprovidos de articulação entre si[18] e do lado da legislação do património cultural, na falta de regulamentação do conteúdo e alcance dos planos de pormenor de salvaguarda previstos no artigo 53.º da Lei n.º 107/01, de 8 de Setembro, acompanhada de políticas culturais de estrita protecção do património, em detrimento de políticas integradas de "planeamento de salvaguarda" em que o valor do conjunto se deve sobrepor ao valor singular de cada edifício.

4.1. *Abordagem sintética sobre o plano de pormenor de reabilitação urbana*

Nos termos do previsto nos n.ºs 1 e 2 do artigo 7.º do Decreto-Lei n.º 307/209, de 23 de Outubro, a reabilitação urbana é promovida pelos municípios através da delimitação de áreas de reabilitação urbana em instrumento próprio, precedida de parecer do IHRU I.P.[19], ou através da aprovação de um PPRU.

A elaboração do PPRU compete à câmara municipal, por iniciativa própria ou mediante proposta apresentada pelos interessados.

O PPRU é acompanhado pela delimitação da área de reabilitação urbana e respectiva estratégia de reabilitação urbana ou programa estratégico de reabilitação urbana, já existentes ou a aprovar em simultâneo e incide sobre uma área do território municipal que, em virtude da insuficiência, degradação ou obsolência dos edifícios, das infra-estruturas, dos equipamentos de utilização colectiva e dos espaços urbanos e verdes de utilização colectiva, justifique uma intervenção integrada, designadamente no que se refere às suas condições de uso, solidez, segurança, estética ou salubridade.

---

[18] Capítulo XI da Lei dos Solos, aprovada pelo Decreto-Lei 794/76, de 5 de Novembro, que regulamentava a disciplina das Áreas críticas de Recuperação e Reconversão Urbanística; o regime excepcional criado pela Lei n.º 91/95, de 2 de Setembro para as Áreas Urbanas de Génese Ilegal, o Decreto-Lei n.º 104/2004 de 7 de Maio – que regula o regime jurídico excepcional de zonas históricas e de áreas críticas de recuperação e reconversão urbanística; a Lei n.º 6/2006, de 27 de Fevereiro que aprovou o novo RAU, e as disposições do próprio RJUE e RJIGT, entre outras.

[19] O Instituto de Habitação e Reabilitação Urbana, I.P. tem por missão assegurar a política definida pelo Governo para as áreas da habitação e da reabilitação urbana de forma articulada com a política de salvaguarda e valorização do património.

O PPRU estabelece a estratégia integrada de actuação e as regras de uso e ocupação do solo e dos edifícios necessários para promover e orientar a valorização e modernização do tecido urbano e a revitalização económica, social e cultural na sua área de intervenção, devendo definir, nomeadamente, os princípios e as regras de uso do solo e dos edifícios com vista à valorização e protecção dos bens patrimoniais, culturais, naturais e paisagísticos existentes na sua área de intervenção e à sua adequação à estratégia de revitalização económica, social e cultural da sua área de intervenção em articulação com as demais políticas urbanas do município.

A aplicação do PPRU é de natureza facultativa e, portanto, dependente da decisão do município, no entanto, da sua existência decorrerá uma espécie de «via verde» para o licenciamento das operações urbanísticas de reabilitação.

Com efeito, a aprovação do PPRU dispensa a audição das entidades públicas a consultar no âmbito dos procedimentos de controlo prévio das operações urbanísticas na área de intervenção do plano, sempre que aquelas entidades tenham dado parecer favorável ao plano.

4.2. *O plano de pormenor de salvaguarda.*

No lado oposto, no âmbito das políticas culturais, a Lei n.º 107/01, de 8 de Setembro previu a elaboração de planos, definidos como planos de pormenor de salvaguarda (PPS), para a área a proteger, decorrentes da classificação dos bens culturais como monumentos, conjuntos e sítios.

Importa salientar que o conteúdo dos PPS foi alvo da tão aguardada densificação com a publicação do Decreto-Lei n.º 309/2009, de 23 de Outubro que, regulamentando a Lei n.º 107/01, de 8 de Setembro, veio estabelecer, nomeadamente, o regime jurídico daqueles[20].

Os PPS obedecem ao disposto no regime jurídico dos instrumentos de gestão territorial (RJIGT), aprovado pelo Decreto-Lei n.º 380/99, de 22 de Setembro, com as especificidades constantes da Lei n.º 107/01, de 8 de Setembro e do Decreto-Lei n.º 309/2009, de 23 de Outubro.

Nos termos do artigo 64.º do Decreto-Lei n.º 309/2009, de 23 de Outubro, estes planos estabelecem as orientações estratégicas de actuação

---

[20] Capítulo VI, artigos 63.º a 70.º do Decreto-Lei n.º 309/2009, de 23 de Outubro.

Reabilitação urbana – património e ambiente

e as regras de uso e ocupação do solo e edifícios necessários à preservação e valorização do património cultural existente na sua área de intervenção, desenvolvendo as restrições e os efeitos estabelecidos pela classificação do bem imóvel e pela zona especial de protecção.

Sem prejuízo do conteúdo material próprio dos planos de pormenor nos termos do artigo 91.º do RJIGT, o PPS deve adoptar o conteúdo material específico apropriado à protecção e valorização dos bens imóveis classificados e respectivas zonas especiais de protecção, estabelecendo, nomeadamente:

a) A ocupação e os usos prioritários;

b) As áreas a reabilitar;

c) Os critérios de intervenção nos elementos construídos e naturais;

d) A cartografia e o recenseamento de todas as partes integrantes do bem imóvel e zona especial de protecção;

e) As linhas estratégicas de intervenção, nos planos económico, social e de requalificação urbana e paisagística;

f) A delimitação e caracterização física, arquitectónica, histórico--cultural e arqueológica da área de intervenção;

g) A situação fundiária da área de intervenção, procedendo, quando necessário, à sua transformação;

h) As regras de alteração da forma urbana, considerando as operações urbanísticas e os trabalhos de remodelação dos terrenos;

i) As regras de edificação, incluindo a regulação de volumetrias, alinhamentos e cérceas, o cromatismo e os revestimentos exteriores dos edifícios;

j) As regras específicas para a protecção do património arqueológico, nomeadamente as relativas as medidas de carácter preventivo de salvaguarda do património arqueológico;

k) As regras a que devem obedecer as obras de construção, ampliação, alteração, conservação e demolição

l) A avaliação da capacidade resistente dos elementos esculturais dos edifícios, nomeadamente no que diz respeito ao risco sísmico;

m) As regras de publicidade exterior e de sinalética;

n) A identificação dos bens imóveis, ou grupos de bens imóveis, que podem suscitar o exercício do direito de preferência em caso de venda ou dação em pagamento.

202 *Paula Cabral Oliveira*

A elaboração do PPS compete à câmara municipal e é objecto de parceria com o IGESPAR I.P.[21], e com a direcção regional de cultura territorialmente competente.

Após a respectiva entrada em vigor, a câmara municipal pode conceder licença para as operações urbanísticas, admitir comunicação prévia, ou emitir autorização de utilização prevista no RJUE (aprovado pelo Decreto--Lei n.º 555/99, de 16 de Dezembro) sem prejuízo do dever de comunicar ao IGESPAR I.P., e à direcção regional de cultura territorialmente competente, os alvarás concedidos no prazo de 15 dias.

O PPS não dispensa o parecer obrigatório e vinculativo do IGESPAR I.P. em relação a projectos, obras ou intervenções em imóveis individualmente classificados de interesse nacional e de interesse público, nos termos do Decreto-Lei n.º 140/2009, de 15 de Junho, podendo ainda prever expressamente a necessidade de emissão de parecer prévio favorável por parte daquele instituto relativamente a operações urbanísticas que incidam sobre bens imóveis classificados ou em vias de classificação como de interesse nacional ou de interesse público ou sobre imóveis situados nas respectivas zonas de protecção, procedendo à sua identificação em anexo ao regulamento e em planta de localização.

Em qualquer caso, não pode ser efectuada a demolição total ou parcial de um bem imóvel classificado ou em vias de classificação sem prévia e expressa autorização do IGESPAR I.P., aplicando-se as regras constantes do artigo 49.º da Lei n.º 107/01, de 8 de Setembro.

4.3. *Articulação entre planos de pormenor de reabilitação urbana e planos de pormenor de salvaguarda*

Em primeiro lugar, importa referir que ambos são modalidades específicas de planos de pormenor, ou seja, planos que desenvolvem e concretizam propostas para a ocupação de qualquer área do território municipal, estabelecendo regras sobre a implantação das infra-estruturas, desenho dos espaços de utilização colectiva, forma da edificação e disciplina da sua integração na paisagem, localização e inserção urbanística dos equipamentos de utilização colectiva e a organização espacial das demais actividades de

---

[21] Instituto de Gestão do Património Arquitectónico e Arqueológico.

Reabilitação urbana – património e ambiente

interesse geral. (cfr artigo 90.º do Decreto-Lei n.º 380/99, de 22 de Setembro na versão dada pelo Decreto-Lei n.º 46/2009, de 20 de Fevereiro).

Por outro lado, não será por acaso que tanto o novo regime da reabilitação urbana como a regulamentação da lei de bases do património cultural tenham sido publicados no mesmo dia. Da leitura conjugada de ambos retira-se a sua evidente articulação.

No que concerne ao Decreto-Lei n.º 307/2009, de 23 de Outubro, este começa por distinguir duas situações possíveis para posteriormente avançar com a solução de articulação – a de ainda não existir PPS para a área objecto de PPRU e a de já existir.

Plasma o n.º 2 do artigo 21.º do Decreto-Lei n.º 307/2009, de 23 de Outubro que sempre que a área de intervenção do PPRU contenha ou coincida com o património cultural imóvel classificado ou em vias de classificação, e respectivas zonas de protecção, que determinem, nos termos da Lei n.º 107/01, de 8 de Setembro, a elaboração de um PPS, cabe ao PRU a prossecução dos seus objectivos e fins de protecção, dispensado a elaboração daquele.

Nestes casos, e nos termos do previsto no artigo 28.º do citado diploma, a administração do património cultural competente[22] colabora, em parceria, com o município na elaboração do PPRU que, na parte que respeita ao património cultural imóvel classificado ou em vias de classificação e respectivas zonas de protecção, obedece ainda ao disposto no n.º 1 e 3 do artigo 53.º da Lei n.º 107/01, de 8 de Setembro.

A pronúncia da administração do património cultural diz respeito ao património cultural imóvel classificado ou em vias de classificação e respectivas zonas de protecção, é obrigatória e vinculativa, devendo, em caso de pronúncia desfavorável, ser indicadas expressamente as razões da sua discordância e, sempre que possível, quais as alterações necessárias para a viabilização das soluções do PPRU.

A vigência do PPRU determina, em regra, a dispensa de consulta da administração do património cultural competente em sede de controlo prévio das operações urbanísticas conformes com o previsto no plano, nos termos do n.º 2 do artigo 54.º da Lei n.º 107/01, de 8 de Setembro, o que se compreende bem, uma vez que um dos objectivos do regime jurídico da reabilitação urbana ora aprovado é criar mecanismos que permitam agi-

---

[22] Ou seja, a entidade responsável pela abertura do procedimento de classificação.

204   *Paula Cabral Oliveira*

lizar os procedimentos de controlo prévio das operações urbanísticas de reabilitação.

Não obstante o exposto, o plano pode prever expressamente a necessidade de emissão de parecer prévio favorável por parte da administração do património cultural competente relativamente a operações urbanísticas que incidam sobre património cultural imóvel classificado ou em vias de classificação como de interesse nacional ou de interesse público ou sobre imóveis situados nas respectivas zonas de protecção, procedendo à sua identificação em anexo ao regulamento e em planta de localização.

Reforçamos que, em qualquer caso, não pode ser efectuada a demolição total ou parcial de património cultural imóvel classificado ou em vias de classificação sem prévia e expressa autorização da administração do património cultural competente, aplicando-se as regras constantes do artigo 49.º da Lei n.º 107/01 de 8 de Setembro, nos termos do qual: *"A autorização de demolição por parte do órgão da administração do património cultural competente tem como pressuposto obrigatório a existência de ruína ou a verificação em concreto da primazia de um bem jurídico superior ao que está presente na tutela dos bens culturais, desde que, em qualquer dos casos, se não mostre viável nem razoável, por qualquer outra forma, a salvaguarda ou o deslocamento do bem"*.

Verificados um ou ambos os pressupostos (ruína ou primazia de bem jurídico superior) devem ser decretadas medidas adequadas à manutenção de todos os elementos que se possam salvaguardar, autorizando-se apenas as demolições estritamente necessárias.

Note-se, no entanto, que a autorização de demolição não deve ser concedida quando a situação de ruína seja causada pelo incumprimento do disposto no Capítulo II (referente à protecção dos bens culturais) da Lei n.º 107/01, de 8 de Setembro, impondo-se aos responsáveis a reposição, nos termos da lei.

Diferente é a solução preconizada pelo Decreto-Lei n.º 307/2009, de 23 de Outubro caso já exista PPS para a área objecto de PPRU.

Plasma o n.º 3 do artigo 24.º deste normativo que os PPRU cuja área de intervenção contenha ou coincida com património imóvel classificado ou em vias de classificação e respectivas zonas de protecção, prosseguem os objectivos e os fins do PPS, tendo também para aquelas áreas o conteúdo deste plano, consagrando as regras e os princípios de salvaguarda e valorização do património classificado e em vias de classificação e

Reabilitação urbana – património e ambiente

respectivas zonas de protecção, estabelecidos na Lei n.° 107/01, de 8 de Setembro, e respectiva legislação de desenvolvimento.

A mesma articulação é confirmada no seio da regulamentação da Lei de Bases do Património Cultural.

Nos termos do previsto no artigo 70.° do Decreto-Lei n.° 309/2009, de 23 de Outubro os PPRU cuja área de intervenção contenha ou coincida com bens imóveis classificados, ou em vias de classificação, e respectivas zonas de protecção, prosseguem os objectivos e fins dos PPS, tendo também para aquelas áreas o respectivo conteúdo, e dispensando a elaboração destes.

Nos casos em que o PPRU abranja imóveis classificados ou em vias de classificação, com de interesse nacional ou público, e respectivas zonas de protecção, o mesmo depende de parecer obrigatório e vinculativo do IGESPAR I.P, ouvida a direcção regional de cultura territorialmente competente.

Refira-se, por último, que assunção, por parte do PPRU, dos objectivos e fins dos PPS, no caso em que as áreas de intervenção coincidam, reflecte, na nossa óptica, o "plano integrado" previsto no n.° 2 do artigo 53.° da Lei n.° 107/01, de 8 de Setembro, e que até agora não tinha o seu conteúdo definido.

5. O ambiente no âmbito da reabilitação urbana

Dos princípios da Carta Urbana Europeia[23] pode ler-se, a propósito do ambiente e da natureza das cidades, o seguinte:

"Grande número de cidades são hoje conjuntos de pedra, de betão, de aço, de vidro e de asfalto com, eventualmente, pedaços de relva ou terrenos vazios com pouca utilidade. A sua atmosfera e o solo estão poluídos por emissões e efluentes tóxicos da indústria, das centrais eléctricas, pela circulação rodoviária, pelas actividades domésticas. A fauna e flora afastadas das cidades e dos bairros residenciais".

A prossecução de objectivos de protecção ambiental e a promoção do desenvolvimento urbano sustentável não podem, assim, ser relegadas

---

[23] Aprovada pelo Conselho da Europa a 18 de Maio de 1992.

206   *Paula Cabral Oliveira*

para segundo plano ao nível dos instrumentos de gestão territorial em geral.

A Carta Urbana Europeia ao referir que "os conceitos de natureza e de cidade não se excluem mutuamente" reflecte a estreita conexão existente entre ambiente e urbanismo, sendo cada vez mais claro que os interesses ambientais têm de ser incorporados no âmbito do planos urbanísticos, ainda que estes não sejam um mero instrumento da política do ambiente.

Prova disso mesmo é o facto do novo regime jurídico da reabilitação urbana prever, como objectivos essenciais a prosseguir, "a promoção da sustentabilidade ambiental, cultural, social e económica dos espaços urbanos" (cfr. alínea *g*) do artigo 3.° do Decreto-Lei n.° 307/2009, de 23 de Outubro).

De facto, a reabilitação urbana apresenta-se hoje como um conceito geral integrado no âmbito das mais recentes correntes urbanístico ambientais de promoção do ambiente urbano, da sustentabilidade cultural e da revitalização da cidade[24].

Esta integração consegue-se, designadamente, através da promoção da qualidade do espaço urbano, mantendo e expandindo as áreas verdes e os espaços públicos e de lazer nas cidades; utilizando os recursos de forma parcimoniosa, em particular os não renováveis; reduzindo a poluição e a degradação ambiental e promovendo as energias renováveis e a eficiência energética.

Pelo contrário, a má qualidade ambiental, aliada a uma gestão urbana deficiente e à falta de planeamento estratégico podem levar a uma diminuição significativa da qualidade de vida.

A política de ordenamento do território deverá, assim, prever mecanismos de apoio à prevenção ou minimização dos diferentes tipos de danos ambientais, nomeadamente através da requalificação das áreas urbanas degradadas e da reabilitação do seu ambiente.[25]

Alves Correia fala, a este propósito, no papel dos planos urbanísticos, dos espaços verdes urbanos, do combate à poluição urbana e da reno-

---

[24] SUZANA TAVARES DA SILVA: Reabilitação Urbana e Valorização do Património Cultural: dificuldades na articulação dos regimes jurídicos.

[25] Como consta, aliás, dos Princípios orientadores para o Desenvolvimento Territorial Sustentável do Continente Europeu, referidos na nota de rodapé n.° 10.

Reabilitação urbana – património e ambiente

vação urbana (conceito mais amplo em mais adequado, para o autor, do que as noções de "recuperação", "reabilitação", "reconversão", "requalificação" ou "revitalização urbanas"), como os principais instrumentos de melhoria e de tutela do "ambiente urbano" [26].

Para Alves Correia, são três os aspectos do regime jurídico dos planos urbanísticos que contribuem, ou podem contribuir, de modo significativo para a melhoria do ambiente urbano:

- a consagração de um princípio de limitação da urbanização dos solos, com vista a atingir um equilíbrio entre a preservação do ambiente e o desenvolvimento urbano, numa tarefa de permanente ponderação de interesses;
- a necessidade das previsões, indicações e determinações dos planos serem estabelecidas tendo por base o conhecimento sistematicamente adquirido das circunstâncias concretas, nomeadamente, das características físicas, morfológicas e ecológicas do território, dos recursos naturais e do património arquitectónico e arqueológico;
- a observância do princípio da separação das utilizações urbanisticamente incompatíveis, optando-se pelo distanciamento entre as áreas de habitação e as áreas industriais.

Em suma, os espaços verdes, a protecção da natureza e das paisagens são elementos chave nas zonas urbanas, contribuindo decisivamente para o aumento da qualidade de vida dos habitantes das cidades, razão pela qual a sustentabilidade ambiental é um dos objectivos essenciais a prosseguir através da política de reabilitação urbana.

---

[26] FERNANDO ALVES CORREIA, "Principais Instrumentos da Tutela do Ambiente Urbano em Portugal", in Studia Juridica 81, 2005, p. 88-115.

ÍNDICE

NOTA PRÉVIA 5

REABILITAÇÃO URBANA: CONCEITO E PRINCÍPIOS
SUZANA TAVARES DA SILVA 7

REABILITAÇÃO URBANA EM PORTUGAL:
EVOLUÇÃO E CARACTERIZAÇÃO
DULCE LOPES 21

ÁREAS URBANAS PARA (RE)HABILITAR
AS RELAÇÕES ENTRE CIDADE E PATRIMÓNIO?
ADELINO GONÇALVES 75

CONCERTAÇÃO, CONTRATAÇÃO
E INSTRUMENTOS FINANCEIROS NA REABILITAÇÃO URBANA
JORGE ANDRÉ ALVES CORREIA 93

PROGRAMAÇÃO E EXECUÇÃO DAS OPERAÇÕES
DE REABILITAÇÃO URBANA: PERSPECTIVA JURÍDICA
FERNANDA PAULA OLIVEIRA 117

PROGRAMAÇÃO E EXECUÇÃO DAS OPERAÇÕES
DE REABILITAÇÃO URBANA: PERSPECTIVA TÉCNICA
JOÃO PAULO CRAVEIRO 159

FINANCIAMENTO DA REABILITAÇÃO URBANA
OS FUNDOS DE INVESTIMENTO IMOBILIÁRIO DE REABILITAÇÃO URBANA
ANA MARIA DE ALMEIDA 173

REABILITAÇÃO URBANA – PATRIMÓNIO E AMBIENTE
PAULA CABRAL OLIVEIRA 183

ÍNDICE 209